Universale Economica

D1572386

Silvio Ceccato

Cibernetica per tutti

Gli orizzonti che un modello della mente
offre alle scienze dell'uomo

VOLUME SECONDO

A cura di Vittoria Giuliani e Bruna Zonta

Feltrinelli Editore   Milano

Avvertenza

Questo secondo volume di Cibernetica **per tutti** *racco-glie gli articoli che* Silvio Ceccato *ha pubblicato su "Il Giorno" nei tre anni successivi all'uscita del primo volume (1968-70). Questa volta la raccolta include però anche scritti, o loro parti, apparsi nello stesso periodo su altre pubblica-zioni. (Oltre ai congressi, di volta in volta citati, ricordiamo l'*Archivio di filosofia, *la* Rivista Shell italiana, *l'*Informa-zione radio tv *e* Pensiero e linguaggio in operazioni.*) Co-me già nel primo caso, le curatrici hanno eseguito un "mon-taggio" compositivo, con eliminazione di ripetizioni ed ag-giunta di qualche riga di "collegamento," in corsivo nel testo.*

V. G. e B. Z.

1.

L'errore filosofico

È parso opportuno aprire la raccolta con un articolo che pur essendo fra i piú recenti, si presta per varie ragioni a fare da premessa al volume. Esso tratta infatti di quella "svista iniziale" che l'A. ha individuato alla base dell'intera speculazione filosofica, facendone il motivo conduttore del suo pensiero critico. Inoltre, queste poche pagine riprendono una problematica già ampiamente presente nel primo volume (capitolo 2 e passim), cioè la storia del "conoscere" e delle sue conseguenze nelle scienze sia naturalistiche che mentali. Infine, l'articolo fu sollecitato dalla lettera di uno studente che chiedeva all'A. chiarimenti su questi temi. Si vedrà come gran parte degli scritti di questa seconda raccolta sia nata proprio in seguito a richieste dei lettori che, con domande, dubbi e dissensi hanno suggerito alcuni fra gli argomenti nuovi e la ripresa di altri già trattati secondo prospettive diverse.

Mi scrive uno studente dell'ultimo anno dell'Istituto magistrale di Trento, Luciano Bazzoli: "Lei ha parlato diverse volte di un errore, o vizio di fondo, insito nella filosofia sin dalle sue origini. Sostiene inoltre che non dobbiamo abbandonare la filosofia, sebbene essa contenga in sé tale fallo, ma che è sufficiente esserne consapevoli. Lo giudica infatti 'un errore non stupido, ma intelligente.' Quanto lei dice non mi è del tutto chiaro, e sarei contento se mi rispondesse al proposito."

Rispondere in termini accademici, scrivendo i grossi volumi e rimandando ad essi, è abbastanza facile, e l'ho fatto piú volte. Tuttavia, a parte la svolta di pensiero, non tanto piccola, che richiede la comprensione dell'errore filosofico, il mettersene fuori, sono sempre piú convinto che si può e si deve riuscire a chiarire la situazione filosofica in parole semplici, alla portata di tutti.

Supponiamo che lei, Bazzoli, si interessi di piante, anche per i motivi piú elementari: perché crescono sul terreno, vi affondano le radici, abbisognano d'acqua e cosí via.

Quando la sua curiosità potrà venire soddisfatta? Anzi quando si potrà destare?

Non credo ci siano dubbi sulla risposta: non prima di aver percepito piante, terreni, radici, ecc.; e non prima di avere localizzato spazialmente questi percepiti, l'uno in rapporto all'altro. Per fare questo, lei si sarà dunque avvalso della percezione, almeno due volte, e della localizzazione. Anche per dire semplicemente che la pianta sta in piedi, ritta, ferma, dobbiamo vederla in quel certo posto, lo stesso, almeno due volte. Ecco qui sotto lo schema operativo applicato:

PERCEPITO 1 LOCALIZZATO SPAZIAL- MENTE	RAPPORTO	PERCEPITO 2 LOCALIZZATO SPAZIAL- MENTE

Provi inoltre a chiedersi di quale natura siano le cose di cui ci stiamo occupando in questo modo: sono le cose fisiche, le situazioni fisiche, costituite, appunto, mediante almeno due percezioni, la localizzazione spaziale dei percepiti ed un loro rapporto.

L'esecuzione di queste operazioni deve essere per l'uomo, dai piú lontani millenni, un affare di tutti i giorni; altrimenti non sarebbe diventato l'*homo habilis, faber, sapiens*. Teoria e prassi fisica di chi osserva e lavora alla buona o di chi vi si specializza, ma davvero comuni a tutti. Immagini ora che qualcuno, pur continuando ad operare fra le cose fisiche, allarghi il suo orizzonte in altre direzioni. Egli potrebbe infatti interessarsi dei risultati anche delle singole percezioni, prima cioè di localizzarli e di metterli in rapporto: oppure interessarsi di ciò che non proviene dalla percezione.

Io non la conosco, Bazzoli, e non vorrei che a questo punto cominciasse ad arricciare il naso. Come potrebbe esserci qualcosa che non proviene dalla percezione?! Ebbene, mi segua in un piccolo esperimento. Se le dico "Attento!," lei che cosa fa? Non si mette forse in uno stato di attenzione non focalizzata, vuota? Ed anche se, dopo averle detto "Attento!," vi aggiungessi un "Ecco!," forse che l'attenzione si focalizzerebbe su un suono, un colore, ecc.? No, si focalizza solo su se stessa, aggiungendo un secondo stato di attenzione al primo, che viene fatto perdurare. Questi sono esempi di costrutti mentali che non provengono dalla percezione. Gli stessi familiarissimi "a destra" ed "a sinistra," come potrebbero provenire dalla percezione se lo stesso percepito può venire considerato nell'uno o nell'altro modo, senza mutare alcunché delle sue caratteristiche di percepito?

Quanto ai percepiti singoli, pensi di passare da una curiosità a proposito del rapporto fra una determinata corda ed un certo suono, una questione di fisica acustica, di interesse per il vecchio Pitagora, ad una curiosità a proposito del semplice suono: "Come si fa a sentire un suono?," la domanda che si pose Alcmeone di Crotone. Fermiamoci un momento. Ci pensi e mi dica. Per rispondermi non è forse tentato di applicare il vecchio e sicuro schema della fisica, cioè dei due percepiti localizzati spazialmente e del rapporto fra loro? Non è tentato di supporre che in un certo suo posto fuori di noi si trovi il suono e che da quel posto esso venga dentro di noi attraverso l'orecchio? E quindi, secondo uno schema che ricorda, anzi ripete arricchito quello adoperato quando ci occupiamo non di un solo percepito e prima di localizzarlo spazialmente, ma di almeno due percepiti, localizzati fra loro spazialmente e messi in rapporto. In tal modo la singola percezione viene inserita in una situazione fisica secondo lo schema seguente:

SUONO 2, INTERNO, LOCALIZZATO IN RAPPORTO ALL'ORECCHIO

SUONO 1, ESTERNO, LOCALIZZATO IN RAPPORTO ALL'ORECCHIO

E cosí, infatti, si immaginò di poter rispondere Alcmeone, e tanti altri negli anni, anzi nei secoli che seguirono. È davvero difficile resistere alla tentazione. Al posto del suono, mettiamo l'"essere." Che cosa è l'essere? L'applicazione dello schema della fisica non la porta ad immaginare qualcosa di solido e di opaco e di esteso, caratteristiche di molte particolari cose fisiche, in rapporto spaziale con noi che ne occuperemmo una specie di centro, e quindi qualcosa di rotondeggiante? Non ho qui la possibilità di intrattenerla sulla provenienza mentale dell'"essere," dovuta

9

cioè ad una combinazione di stati di attenzione; ma mi basta che lei confessi quella tentazione, fisicalistica, alla quale non rinunciò certo Parmenide.

È difficile resistervi, per vari motivi. Non solo cioè, perché sino ad allora si era lavorato per le situazioni fisiche, ove i percepiti sono assunti come già fatti, ma anche perché le operazioni mentali scorrono senza fatica e molto rapide, perché siamo attenti al risultato e non ad esse, perché non se ne vedono gli organi, perché si cominciano ad eseguire nella prima età, perché con l'apprendimento di una lingua le persone che la parlano imparano ad eseguirle più o meno eguali, e mancano quindi le differenze che denuncerebbero l'intervento operativo individuale, e cosí via. Inoltre, nessuno allora poteva sapere che la curiosità si estendeva ad un campo differente; ed infine è proprio dell'intelligenza applicare al nuovo ciò che ha avuto successo nel vecchio, avvalersi cioè dell'esperienza.

Ma intanto l'inganno, la trappola è scattata e le difficoltà compaiono a frotte, fra l'altro dando l'impressione di trovarsi di fronte a chissà quale problema, di cui quindi lo studioso si compiace, riesca o no a risolverlo. Il percepito era uno e sono diventati due; dovrebbero essere eguali, ma è impossibile che dentro la testa si collochi tal quale quello che sta fuori, per esempio un cavallo. Ma allora, quale è la differenza fra i due, che rispetti l'eguaglianza? Che cosa perde il secondo per trovar posto nel cervello, già esso stesso un corpo fisico? Perderà la fisicità per diventare il magico concetto, l'universale, l'idea, immateriali? Ma come si fa a passare dal materiale all'immateriale e viceversa, e congiungerli?

Per rispondere alle tormentose domande si è ricorsi a tutti gli espedienti; ed intanto piovono espressioni metaforiche e negative in ogni descrizione, in quanto esse sono prese dai rapporti fisici fra cose fisiche. Già Alcmeone aveva parlato di una eco, per spiegare il suono immaginato dentro la testa in rapporto a quello immaginato fuori. Ma l'eco comporta la percezione di due suoni e non di uno solo; e quindi il suo uso ora è diverso e metaforico. Il rapporto generico fra la supposta entità interna e quella esterna viene affidato ad un soggetto che lo porrebbe attraverso il conoscere.

Ma nel linguaggio corrente "conoscere" indica che sappiamo fare una cosa in quanto l'abbiamo già fatta: allude cioè ad un rapporto in cui c'entrano il tempo e la memoria.

Cosí diciamo di conoscere Parigi, il latino, un certo signore, ecc. Ora il suo uso è metaforico, perché designa un rapporto spaziale ed il passaggio da qualcosa di ignoto a qualcosa di noto, non l'avvalersi di qualcosa di noto.

Caro Bazzoli, ecco l'errore di fondo della filosofia. Esso incatena anche i piú moderni movimenti filosofici: idealismi ed attualismi, materialismi e fisicalismi, intuizionismi, criticismi, problematicismi, neopositivismi e neoempirismi, transazionismi, operativismi.

Tuttavia, se essi non avessero intaccato il vecchio sbaglio, nessuno sarebbe ancora riuscito a liberarsene. Ed è meglio essere ben consapevoli di questo passato per non ricadervi. Per questo esso va studiato. Preferibilmente, certo, in una chiave che, individuato l'errore, ne faccia una guida, una forza per sbagliare meno. (A parte che, finché esso devia lo studio del mentale, è escluso che della mente che percepisce, si rappresenta le cose, categorizza, pensa e parla, si riesca mai a costruire un modello.)

2.

Informazione e conoscenza

Abbiamo visto come per un filosofo la nozione di "conoscenza" comporti molti piú problemi di quanti non appaiano all'uomo della strada. A queste difficoltà altre se ne aggiungono quando la nozione di conoscenza venga posta in rapporto con quella di informazione, come è stato proposto un paio d'anni fa dall'"Archivio di filosofia,"[1] nell'intento di raccogliere alcune analisi sulla funzione dell'informazione e della conoscenza nelle scienze umane e in quelle naturalistiche.

Come molti sanno, un problema dell'informazione e della comunicazione sorse quando cominciarono ad aumentare sensibilmente le distanze fra la sorgente ed il ricevitore dell'informazione e si cominciò a tener conto anche della velocità e dei costi delle trasmissioni.

Alla base, naturalmente, la situazione rimane sempre quella. In breve, l'uomo svolge due tipi di attività, per intenderci, quella intellettuale, o costitutiva delle cose, quando percepisce, si rappresenta, categorizza, pensa, e simili, e quella per antonomasia manuale, o trasformativa delle cose, quando, agendo sulle cose fisiche, le modifica all'interno od all'esterno *(si veda il vol. I, p. 32 e sgg.).* Ora, le attività costitutive ed i loro risultati non sono presenti, come è noto, se non a chi le svolge, sono cioè private, intime, non essendo percepibili in alcunché di fisico, e come tali rimarrebbero incomunicabili se non si provvedesse a darvi una veste, un accompagnamento di cose fisiche, percepibili agli altri ed ottenibili per mezzo della nostra attività trasformativa, cioè per lo piú modulando suoni, tracciando grafie sulla carta, agitando gli arti, od attraverso questi sventolando bandiere, spegnendo ed accendendo lampade, vale a dire ricorrendo al noto materiale sonoro, o grafico, o gestuale, o luminoso, convenuto per le parole o segnali.

[1] "Filosofia e informazione," n. 1, 1967.

Quale è la condizione minima affinché ci sia informazione? Le condizioni sono due. Bisogna che dalle due parti ci si possa avvalere almeno di una differenza di tipo appunto fisico, che è percettibile e pubblico, e quindi bisogna che in entrambi i posti avvenga qualcosa di fisico, diverso da quello che c'è, cioè che muti la situazione esistente, e che fra i due eventi sia stabilita una corrispondenza egualmente fisica. Quale caso estremo, naturalmente, ci si può avvalere anche di una eguaglianza, aggiungendovi un battitempo, un orologio, e stabilendo che il non mutamento in quel posto, durante quel tempo, va interpretato in quel certo modo (come avviene nel proverbio "nessuna nuova, buona nuova"). Inoltre bisogna che (a) questi eventi fisici siano considerati parole, simboli, segnali, ciò che avviene attraverso un nostro lavoro mentale (non si dimentichi che ogni cosa può essere considerata come simbolo o come simbolizzato, e cosí pure perdere lo stato semantico ricevuto), e (b) si stabilisca fra l'operare di pensiero designato e gli eventi percettibili designanti una connessione, un passaggio fisso, o, come oggi si usa dire, un codice, attraverso una esplicita od implicita convenzione.

Venendo meno questa seconda condizione, si avranno ancora i due eventi fisici nei due posti, e che modificano le situazioni fisiche che li precedevano, ma ci si sarà allora limitati a stabilire fra di essi una connessione per esempio meccanica (caso della cinghia fra le due pulegge), o causale, di tipo deterministico (caso della palla che colpita in quel modo va in quel posto), o probabilistico (caso della palla che, lanciata sempre nello stesso modo, una volta va in un posto ed un'altra in un altro), ecc.

La situazione poi in cui una persona modifica qualcosa di fisico e chiede che il risultato della trasformazione sia percepito, o comunque guida a percepire qualcosa di fisico, sul piano della complessità viene ancora prima dell'applicazione di questi schemi, in quanto si rimane allora sul semplice piano della percezione unica, non solo al di fuori di schemi causali, ma anche di qualsiasi rapporto fra percepiti.

A proposito dell'informazione, si ricordi dunque che i suoi problemi non sono di natura linguistica, bensí di natura fisica, e concernono la possibilità che quanto viene distinto in un posto permetta di operare una distinzione in un altro, sicché ciò che in un posto compare per esempio come un A ed un B, si tratti di grafia o suono, ricompaia in un altro o come quell'A e B, o come un'altra coppia di eventi pur sempre distinti. È noto infatti che, se si è vicini alla persona che parla, se ne isolano bene le singole parole, ma quando se ne è lontani, od anche quando l'ambiente in cui si parla è rumoroso, la percezione dei suoni emessi non è piú cosí netta; essi si possono confondere, per esempio non riuscendo ad essere sicuri se il numero pronunciato sia un sessanta od un settanta, e cosí via. Ecco allora la necessità di occuparsi, da parte del teorico e del pratico dell'informazione, cioè da parte di chi appresta le vie di trasmissione di quei dati, di quali siano i mezzi migliori, cioè i piú sicuri, rapidi ed economici, tenendo conto delle distanze ed eventualmente dei passaggi obbligati, e del modo di eliminare o superare le interferenze, i cosiddetti rumori di fondo, in breve di tutto ciò che riduca all'arrivo le distinzioni effettuate in partenza. Valga un caso per tutti. Supponiamo che alla partenza l'evento che si alterna consista nel mutare la posizione della levetta dell'interruttore della luce, una volta in basso ed una in alto. Se il passaggio avviene ad una certa velocità, anche a distanza di chilometri si potrà far corrispondere a questa differenza quella di una lampadina che si accende e si spegne. Ma, aumentando la velocità dei cambiamenti di posizione della levetta, ad un certo punto la lampadina non li seguirà piú, perché impiega un certo tempo sia ad accendersi che a spegnersi. Ecco cosí un limite posto a questo sistema dal punto di vista della distinguibilità, della separabilità, dell'isolamento, ecc.: le situazioni al posto di partenza sono piú ricche di quelle al posto di arrivo. (*Si veda la figura alla pagina seguente.*)

Il problema è davvero importante perché, per quanto un sistema di trasmissione possa essere migliore di un altro, una certa perdita di discriminazione si potrà sempre avere, ed al di là di una certa misura essa comincerà a pesare negativamente sulla comunicazione.

Naturalmente, se dagli eventi che si producono al posto di arrivo potessimo sapere quanto è dovuto all'evento prodotto al posto di partenza e quanto al disturbo, al rumore di fondo, applicheremmo uno schema deterministico e tutto andrebbe bene. Ma è proprio questo che non si può fare; e non solo perché l'intervento estraneo (basti pensare agli agenti atmosferici) ha una sua variabilità non facilmente controllabile, ma perché si tratta di discriminare fra due o piú eventi di partenza che si sono confusi. Ne è discesa l'opportunità di applicare alle trasmis-

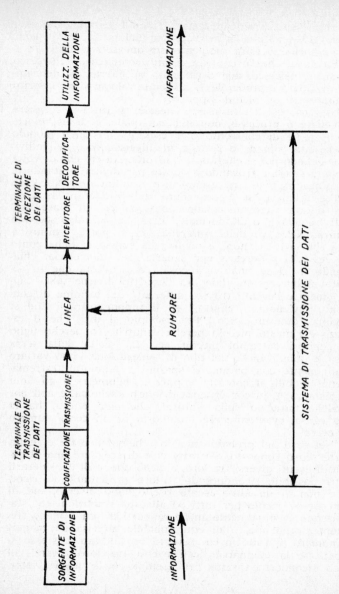

Schema a blocchi di un generico sistema di comunicazione.

15

sioni di questi eventi un altro schema, che in un certo senso rovescia quello della probabilità.

Soffermiamoci un momento su questi schemi.

Va da sé che l'evento, in quanto semplice evento fisico od anche psichico, non è né causa né effetto, né determinato o libero o probabile, ecc. Risulta tale se viene inserito mentalmente in alcuni rapporti.

Nel caso del determinismo causale, si tratta di scegliere uno stato o processo, non importa quale, e di usarlo come termine di confronto; per esempio un certo modulo di crescita, altezza, o peso, o intelligenza, ecc., dell'individuo. Quando poi si effettua il confronto fra ciò che di volta in volta si viene trovando e questo paradigma, o standard, ne potranno risultare eguaglianze o differenze. Nel caso dell'eguaglianza, si è convenuto di considerare la cosa confrontata e trovata eguale come qualcosa di "naturale," o di "regolare," o di "normale," cioè che si svolge secondo natura. Nel caso della differenza, ci si potrà limitare a dire che la cosa "non" è quella, ma spesso si tiene conto invece della differenza per sanarla, per bilanciarla, chiamando in gioco una terza cosa; ed è questa che in seguito all'operare mentale ora descritto diviene una "causa," mentre l'evento trovato differente dal termine di confronto diviene un "effetto," ed il rapporto fra i due si chiama "deterministico." Per esempio si dirà che il ragazzo è rimasto piccolo perché denutrito, o perché figlio di genitori entrambi piccoli, ecc. La scelta della terza cosa, e quindi anche del tipo di "spiegazione," può variare ampiamente con parametri spaziali e temporali estremamente mobili, il contatto oppure i chilometri o gli anni di distanza. È in conseguenza di questo schema, e non per qualche miracolo della Natura!, che ogni effetto ha la sua causa, eventualmente scomposta in un certo numero di eventi.

Nel caso del probabilismo, lo schema mentale è in un certo senso l'opposto. Si tratta cioè di scegliere una pluralità di eventi diversi fra loro, almeno due, e di considerarli tutti possibili, riconducendo il loro presentarsi al ricorrere non di un altro evento per ognuno diverso, ma di uno stesso evento per tutti ed alla sua ripetizione. Si stabiliscono eventualmente anche rapporti di più o meno frequente, probabile, o di equiprobabile, precisando magari il numero di volte in cui l'evento considerato lo stesso si ripete, e la comparsa degli eventi fra loro diversi ad esso ricondotti. Questa per esempio è la nostra interpretazione della roulette, ove appunto il lancio della pallina ed il ruotare del piatto sono considerati sempre eguali, mentre il posto dove finisce la pallina è distinto in trentasette caselle.

Anche lo schema suggerito dal bisogno di connettere in due posti due serie di eventi egualmente distinguibili ed in cui si debba tener conto di un rumore di fondo, di un disturbo, si oppone, in un certo senso, sia allo schema deterministico, per i motivi per cui vi si oppone quello probabilistico, cioè perché si opera su una pluralità di eventi, sia a quello probabilistico, perché in esso gli eventi ben distinti si trovano all'inizio, e non alla fine, e si tratta di risalire da un minor numero ad un maggior numero di eventi, e nel caso estremo di risalire da un unico evento a due eventi (per intenderci, di ricavare da un "se..anta," un "sessanta" od un "settanta").

Ecco allora il logico-matematico entrare in campo con un semplice ragionamento, dopo essersi posta la domanda: quanta informazione mi porta l'evento fisico di cui dispongo al posto di arrivo? Consideriamolo una grandezza, H. Essa dipende dal numero, N, di alternative a disposizione per la scelta e dalla probabilità, p_i, posseduta dalle singole alternative. Per decidere fra due possibilità di scelta ($N = 2$) aventi la medesima probabilità, è sufficiente un solo altro evento, cioè che si possa rivolgere una domanda che elimini l'alternativa. Si pensi a quattro eventi, per esempio i suoni o grafie usati per i numeri dall'1 al 4 ($N = 4$). Per individuare il numero prestabilito, occorrono due domande e due nuovi eventi: per esempio, il numero è dispari? Risposta: no. È il 2? Risposta: sí, oppure: no, quando il numero allora è il 4. E cosí via, sino alla regola generale: in presenza di N alternative e di eguale probabilità, H è dato dalla potenza alla quale occorre elevare il numero 2 per ottenere N, cioè $2^H = N$, o piú semplicemente, $H = \log N$. (I logaritmi usati in questo tipo di operazioni sono a base 2, anziché a base 10, come quelli "volgari," o anziché a base $e = 2,71$ ..., come quelli "naturali." Per il passaggio di una forma ad un'altra di logaritmo ci si avvale della nota formula: $\log_2 N = 3,222 \log_{10} N$.)

Al fine di avere una unità di misura per H si è fissato il *bit* (parola contratta da *binary digit*, il numero binario, in inglese), che corrisponde alla piú piccola unità di informazione, quella cioè che ci permette di scegliere fra due alternative egualmente probabili.

Qualora poi le due alternative, A e B, siano considerate diversamente probabili, $p_a \neq p_b$, la quantità di informazione necessaria per decidere diminuisce: $H = - p_a \log_2 p_a - p_b \log_2 p_b \leqq \log_2 2 = 1$.

Cosí è nata una teoria dell'informazione, per connettere due pluralità di eventi fisici a distanza, adoperati come parole, simboli, segnali, ecc. E poiché anche in altri campi lo studioso ha avuto bisogno di descrivere pluralità di eventi fisici non seguibili singolarmente, per esempio le particelle in un sistema termodinamico, benché in questo caso si tratti non tanto di due posti, quanto di due momenti, ecco che l'espressione di H viene a coincidere, dal punto di vista formale, con la formula di Boltzmann per l'entropia. Ma, in quale rapporto si troveranno queste teorie, nate e riferite a quei precisi campi trattati in quei precisi modi, con la conoscenza? Una risposta può essere che in tutti questi casi si ha di fronte una pluralità di eventi, quelli, e ben noti, ad un certo posto e momento, ma sui quali, individualmente, in un posto e/o momento diverso, si è poi incerti. Ma che cosa, anche sotto questo aspetto, simili campi e schemi hanno a che fare con la conoscenza in generale, con il fatto di conoscere? Già il distinguere una conoscenza certa ed una incerta, ci porta fra le specie di conoscenza, facendoci presupporre il suo genere, il riconoscere. E poi ha davvero un senso il parlare di conoscenza certa o incerta quando il risultato è legato cosí strettamente allo schema applicato? Non è invece pretendere contraddittoriamente di applicare quel certo schema, meccanico, deterministico, probabilistico, entropico, ecc., attendendosene i risultati forniti da un altro schema inconsapevolmente sostituito? Ed infine, parlando di conoscere, di conoscenza, di corpo di conoscenze, a proposito di informazione o di termodinamica, e simili, non si allude proprio a quel determinato campo trattato con quel particolare strumento concettuale? Anche, per esempio, il parco ferroviario può venire trattato con l'uno o l'altro schema, deterministico o probabilistico, per rispondere a certi nostri interessi economici, sociali, ecc. ecc., e se ne ricaverà un corpo di conoscenze; ma in qual modo si giustificherebbe il trasferire questo corpo di conoscenze sul problema della conoscenza, cioè della conoscenza in generale?

Richiamo intanto l'attenzione su ciò che quotidianamente si intende per "conoscenza." Quando si opera, ciò che si fa può restare unico o può venire ricordato. Il ricordo ne

18

permetterà una consapevole ripetizione, e con riferimento a questa si apre un'alternativa: che nel momento in cui si opera la ripetizione sia vista nel futuro, di cosa che avverrà; o che nel momento in cui si opera la ripetizione sia vista nel passato, di cosa che è avvenuta. In molte lingue figurano anche le parole che indicano le due possibilità. Quando si opera avendo presente ciò che di eguale avverrà, si parla di "esperienza." Cosí si dice di avere fatto una importante od insignificante, bella o brutta, esperienza, e simili, od anche si parla di uomo di esperienza. Quando si opera avendo presente ciò che di eguale è avvenuto, si parla di "conoscenza."

Si tratta quindi sempre di un tipico rapporto temporale, di ripetizione, virtuale o reale, nella quale le due cose, la precedente e la seguente, sono egualmente presenti. Un rapporto spaziale, uno sdoppiamento spaziale, qui non c'entra, e tanto meno un rapporto fra qualcosa che sia presente e qualcosa che sia assente alla mente che opera, fra qualcosa di incognito e qualcosa di cognito.

Se per il conoscere le cose fossero rimaste quelle dell'uso corrente, anche se inconsapevole, e come doveva essere per tutti prima che esso si prospettasse quale problema, non si vedrebbe davvero perché chiamare in campo l'informazione e la sua teoria per una situazione conoscitiva.

Invece, come si è visto (capitolo 1), per il conoscere la vita non è continuata cosí liscia, con la conseguenza, fra le altre, di un approccio fisicalistico anche alle situazioni mentali e l'attribuzione di una parte di ciò che spetta alle situazioni psichiche, dando vita alle variazioni che hanno caratterizzato i movimenti filosofici. Anche la parola "esperienza" doveva subire la stessa sorte ed iniziare la sua circolazione filosofica con una accezione irriducibilmente metaforica.

Si comincia ora a vedere quale sia il motivo che fa della teoria dell'informazione un boccone ghiotto per il filosofo. Intanto, essa si avvale di un formulismo matematico, cosa appetitissima da ogni disciplina, soprattutto perché si sa quanto gli debba la scienza-tecnica. Poi essa serve, è utile; e con essa il filosofo pensa dunque di combattere le insinuazioni sulla inutilità della sua disciplina. Infine, nel travisamento operato dal percepire, egli intravvede alcune analogie con l'informazione. Forse che non suppone anch'egli, in seguito a quella svista iniziale, che il percepire avvenga connettendo due eventi situati in due posti diversi, l'uno esterno e l'altro interno al corpo del percipiente, od almeno all'organo percipiente? Non si trattava anche in questo caso di passare da qualcosa di incognito, lontano, a qualcosa di cognito, vicino? Anzi, di superare il "disturbo," il "rumore di fondo" dei "sensi"? Forse che "al di là dei sensi" non si trova una realtà o natura già date da conoscere cosí fatte, cioè già cosí articolate, come alla fine, se la conoscenza è vera, esse saranno conosciute dalla mente? Ed ancora, non si adopera la teoria dell'informazione in campo telefonico, telegrafico, e simili, dove si parla, dove è di casa il linguaggio? Forse che il vero ed il falso non sono attributi anch'essi, "non rerum, sed orationis"? Del resto, tutto ciò che il naturalismo ha portato a vedere come già fatto, escludendo l'operare costitutivo da cui risulta, viene messo a carico di un esistente di per sé che deve quindi venire "conosciuto," di cui "informarsi."

Evviva dunque la teoria dell'informazione, che risolve tanti problemi in sospeso, assicurandoli addirittura alla formula matematica!

Che poi il salvataggio non possa avvenire da quella parte, che la confusione anzi aumenti, questo non toglie che nel campo regni intanto una certa euforia; ed alla fine ci si può sempre consolare attribuendo l'insuccesso alla profondità di quei problemi, che li rende perenni.

Tuttavia un'apertura c'è stata sui problemi della conoscenza; ed è venuta da due parti che a questo proposito si sono incontrate.

L'una si può presumere non sia se non la conclusione dello sforzo secolare ad uscire dalla situazione insostenibile generatasi con il raddoppio del percepito, e contro la quale aveva lottato anche se ripiegando poi sempre all'ultimo momento il criticismo di un Socrate, l'idealismo di un Berkeley, di un Fichte, di un Hegel, di un Gentile, lo scetticismo di uno Hume, il categorismo di un Kant come di un Croce, l'operazionismo di un Bridgman o di un Dingler. Da questo filone matura la convinzione che l'uomo è costruttore; ma l'analisi rimane impigliata in due sensi. L'uomo sarebbe costruttore di tutto e con un unico atto, sicché non si riescono piú a salvare alcune distinzioni cosí sicure nel vivere di ogni giorno, di mentale e di fisico, di reale e di apparente, ecc., tanto che il filosofo viene preso in giro per il suo folle parlare. Ed infatti, atto unico non può essere; nemmeno chiamandolo l'Atto! Se si vuol vedere l'uomo autore del mentale, come mente o spirito, autori nello psichico e nel fisico sono soltanto i costrutti psichici e fisici. Oppure l'uomo sarebbe costruttore soltanto di una parte delle cose, per esempio nelle matematiche, mentre riceverebbe passivamente le altre attraverso quel raddoppio del percepito.

L'altra spinta a rompere la tradizione conoscitiva proviene dai programmi di costruire macchine in grado di ripetere nostri processi linguistici o di osservazione.

Supponiamo di dover costruire una macchina che usi a proposito, cioè nel modo in cui la adoperiamo noi, la parola "parte." Intanto non si sgattaiolerà certo rifiutando come metafisico o dogmatico l'intento di individuare l'essenza della parte, la partità, per rivolgersi ai contesti in cui figura la parola "parte," secondo l'illusione oxoniense. Ma nemmeno si può piú concludere la ricerca con il bel libro fiorito di espressioni irriducibilmente metaforiche o negative che vince il concorso per la cattedra universitaria in filosofia teoretica. Qui c'è la macchina da costruire, al cui funzionamento confrontato con il nostro spetta l'ultima parola: denunciando, se diverso, i nostri errori di individuazione, analisi e descrizione del designato della parola in questione, come di qualsiasi altra.

Del resto, altre volte il conoscitivista si è messo di buzzo buono in ricerche di questo tipo; senonché il fisicalismo dichiarato od implicito nella sua posizione lo porterà a cercare la parte come proprietà appunto di qualcosa di fisico. Eccolo cosí servirsi per esempio del manico della tazza da tè: è bianco, sottile, di porcellana, ricurvo, ecc. ecc. Dunque, la parte sarà bianca, sottile, ecc. Ma ecco che la parola si trova usata per la costa del libro: sí, è sottile anch'essa, e potrebbe essere bianca e ricurva. Forse ci siamo... Ma, di porcellana, questo proprio no. Fosse finito! Si trova usata per la Sicilia, parte d'Italia. Come si potrebbe dire bianca, sottile, ricurva? Bisogna ricominciare da capo; e sempre da capo. Anche i contesti in cui si trova la parola saranno sempre differenti. Sconvolgente, poi, è la scoperta che ciò che una volta è stato riconosciuto e chiamato "parte," proprio la stessa identica cosa dal punto di vista fisico, un'altra viene chiamato "resto," o addirittura "tutto"; senza appunto che nulla ne muti: "la Sicilia è ciò che *resta* di..."; "*tutta* la Sicilia comprende nove province..."; e simili.

Tuttavia, su questa strada, se per un momento si è avuta la fortuna di dimenticare la pressione fisicalistica della tradizione conoscitiva, è anche possibile che si sia colti dalla folgorazione come accadde a San Paolo. Di fronte a tanta varietà può almeno venire il sospetto che essa sia solo apparente, dipendendo, non da equivocità della parola, *baffling*, ma dal designare operazioni svolte da noi nei confronti di quegli osservati, sempre quelle, pur al mutare degli osservati. Non avviene cosí per esempio con la destra e la sinistra? Come potrebbero, nel caso di un albero, appartenere alle sue caratteristiche di cosa percepita, in quanto fisica, botanica? Ma non è lo stesso con l'inizio e la fine, con il soggetto e l'oggetto, con la causa e l'effetto, con il simbolo e il simbolizzato, con il semplice ed il complesso, ecc. ecc.? E se è cosí con il semplice ed il complesso, con l'elementare ed il composto, come ha potuto Talete "vedere" nell'acqua l'elementarità? Ma anche Kant come ha potuto "vedere" nei percepiti delle cause agenti su di noi?

Queste considerazioni possono essere e restare un fatto da semplici uomini della strada. Ma possono anche diventare, appunto, una formidabile arma per rompere la barriera alzata tanti anni fa dal passivismo conoscitivo. E ciò che piú importa è allora farsi una nuova abitudine, una nuova capacità da opporre a quella del naturalista, considerando sempre in termini di operazioni le cose designate, e procedendo ad individuare, analizzare e descrivere queste operazioni.

In effetti è proprio ciò che successe una ventina di anni fa ad alcune persone, tra cui c'ero anch'io. Si cominciò a "sentire" in operazioni, a "pensare" in operazioni, sicché il dubbio, il sospetto cui accennai divennero un preciso programma, anzi una tecnica, la tecnica operativa.

E non passò molto tempo che anche i diabolici percepiti, quelli che avevano tratto in inganno i primi speculatori, si mostrarono riducibili ad operazioni; purché, naturalmente, l'analisi rinunciasse a scomporli in tanti altri percepiti, perché allora si rimane sul piano fisico se il percepito è fisico, o psichico, se il percepito è psichico, senza mai raggiungere il livello mentale.

Intanto, che i percepiti non si imponessero da sé, già ritagliati in quel certo modo come noi di volta in volta li vediamo, bastava a dimostrarlo la serie delle figure alternanti, per esempio quella celebre del vaso bianco e dei due profili neri che si guardano (p. 117), e che non fosse soltanto una faccenda di colore potevano ben provare

poi cento altre situazioni quotidiane, per esempio la seguente, che senza sforzo si può vedere una volta come
un flacone con il suo coperchio ed un'altra come una
freccia ascendente:

Infatti qui si rimane sempre sul nero; ma ci si accorge subito che l'oggetto risulta diverso perché nei due
casi è "tagliato" in modo diverso (anche se c'è ancora
tanta strada da fare per capire che cosa voglia dire in
operazioni mentali, e non manuali, questo "tagliare").

Ecco ora qualche risultato della tecnica operativa, verso
una comprensione a-conoscitiva (nel senso filosofico si intende) della mente, vale a dire della percezione e rappresentazione, e della categorizzazione, del pensiero e del linguaggio, degli atteggiamenti, ecc.

Tutto ciò che noi abbiamo presente mentalmente dipende in parte od esclusivamente dal funzionamento del
nostro sistema attenzionale, cui si aggiunge, quale altro
sistema fondamentale, quello della memoria.

Gli apparati ottico, acustico, tattile, ecc., infatti fun-
zionerebbero inutilmente per la mente, se non interve-
nisse il meccanismo attenzionale. Basta un piccolo esempio a convincercene. In questo momento le mani di chi
legge stanno pur facendo qualcosa, tengono il libro, sono
appoggiate sul tavolo, sui braccioli della poltrona, ecc.
Ma era questo un nostro pensiero, od anche semplicemente una nostra percezione, finché l'attenzione non è
stata rivolta al funzionamento dell'apparato tattile? Certo,
una pressione, uno scambio di temperatura, ecc., avve-
nivano lo stesso, ma non costituivano alcun fatto mentale.

Ecco dunque un primo modo di funzionare dell'attenzione. Essa fa presente il funzionamento di altri organi,
non solo, ma lo frammenta, e questi frammenti hanno
durate che vanno pressappoco dal decimo di secondo al

secondo e mezzo. In questa sua funzione di presenziare e di frammentare, il meccanismo attenzionale ricorda il fonografo. Vi troviamo infatti un sistema composto da un disco che ruota e dal braccio con la puntina, con la possibilità che esso sia o meno applicato al disco. Il suono, e nel nostro caso la particolare presenza mentale, dipende cosí sia dal contenuto generico del disco, sia dal punto del disco sul quale è stata calata la puntina, sia dal tempo durante il quale essa è stata tenuta a contatto con il disco. Senonché, appunto, disco e puntina possono rimanere uniti per intervalli lunghi a piacere, mentre il nostro fisico, il nostro organismo, non lo permette.

Oltre che al funzionamento di altri organi, l'attenzione si applica però anche a se stessa. La troviamo infatti sia come attenzione pura, vuota, sia come attenzione che si riempie di sé, si focalizza su di sé, quando il primo stato di attenzione non viene abbandonato, bensí fatto perdurare all'aggiungersi del secondo (categoria di cosa).

Questa possibilità di mantenere qualcosa di già fatto e di aggiungervi altre cose è del resto fra le piú adoperate da noi. Basti pensare alla polifonia: anzi a ciò che ci succede se, premuto un tasto del pianoforte, senza alzare il dito vi sovrapponiamo un altro dito, quando anche senza produrre alcun nuovo suono sentiamo appunto che un secondo suono si aggiunge eguale al primo.

L'importanza della possibilità di combinare gli stati attenzionali si comprende facilmente tenendo presente come in questo modo ci si apprestino dei costrutti sovrapponibili al funzionamento degli altri organi, con il risultato di modellarli, cioè di dare ad essi una struttura, sia quando si provvedono di una semplice "cornice" attenzionale, o si collocano in un ordine temporale o spaziale, sia quando si connettono fra loro, per esempio riunendo ciò che si presenta separatamente, separando ciò che si presenta unitariamente, fissando tra loro coincidenze uniche o multiple, e cosí via. Ed in effetti, nel corso dei millenni, gli uomini si sono apprestati questi calchi, o categorie mentali. E subito ognuno le riconoscerà indicandone i notissimi nomi, come il singolare ed il plurale, il "prima," il "dopo," l'"ora," "e," "con," "a," "per," ecc.

Dobbiamo proprio a questi costrutti di stati d'attenzione se l'uomo dispone della sua attività piú preziosa, il pensiero. Esso infatti corrisponde ad una articolazione del funzionamento degli altri nostri organi in modo da costituirne situazioni dinamiche formate dai due termini di un rapporto e da questo rapporto, che è appunto sempre un gioco attenzionale. Per esempio, visti unitamente bottiglia e turacciolo, possiamo farceli presenti separatamente, ed allora diremo "bottiglia con turacciolo"; se li avessimo visti subito separatamente, avremmo detto "bottiglia e turacciolo"; e cosí via.

Anche la memoria svolge piú di una funzione. Può mantenere presente ciò che è appena stato fatto, cioè la memoria come continuazione di presenza; può rifare presente ciò che è rimasto assente, cioè la memoria come ripresa. Sul passato essa però non opera solo passivamente, bensí anche selettivamente ed associativamente, cioè la memoria come elaborazione, come "creazione"; ma soprattutto essa opera sul passato condensandolo, riassumendolo. Inoltre essa ne fa una forza propulsiva, cioè lo fa agente sull'operare in corso. Infine la memoria può far presente non soltanto ciò che sia già stato fatto presente dall'attenzione, ma anche, sia pure in forma minore, l'operato di altri organi che sia passato inavvertito.

Per quanto riguarda il pensiero, il meccanismo della memoria interviene soprattutto nella funzione di ripresa riassuntiva. Le triadi costituite dai due termini del rapporto e dal rapporto stesso possono entrare come unità a costituire triadi piú ampie, come avviene per esempio nel pensiero "Mario e Luigi" (una triade) "corrono" (triade piú ampia) ove il primo termine è costituito appunto da "Mario e Luigi," che nella nuova triade assumono il valore di soggetto, in quanto mantenuti attenzionalmente in presenza del "corrono," che ne diventa l'attività. Tuttavia, questa rete di triadi non può estendersi per piú di 5-7 secondi, e la possibilità di continuare piú a lungo un pensiero unitario è dovuta alla ripresa riassuntiva della memoria che, condensando il pensiero già svolto, ne fa un elemento da inserire nel nuovo pensiero, ripresa riassuntiva designata di solito dai pronomi: "Mario e Luigi corrono contenti sulle loro fiammanti biciclette; essi..."

Ciò che del quadro operativo per noi può riuscire qui del massimo interesse è ancora la costituzione del percepito.

Nella percezione l'attenzione non solo presenzia e frammenta il funzionamento di altri organi, ma lo isola con un'operazione per cui ciò che è stato fatto presente viene in parte tenuto dando luogo al percepito vero e proprio, ed in parte lasciato, con funzione appunto isolante. Basti pensare al libro che abbiamo dinanzi, isolato dall'aria, nell'aria, od anche alle lettere dell'alfabeto — parole, isolate dal bianco della carta, e simili. Questo tenere e lasciare avviene con l'applicazione della categoria di oggetto, composta facendo seguire allo stato di attenzione pura, in corrispondenza con il presenziato lasciato, la combinazione di due stati di attenzione, la categoria di cosa, in corrispondenza con il presenziato tenuto. E seguendo poi la linea di demarcazione fra il tenuto ed il lasciato, sempre l'attenzione, spostandosi, vi aggiunge eventualmente una figura (sicché è sempre questa variabilità attenzionale che nei due esempi precedenti dà forma al vaso od ai profili, al flacone od alla freccia, ecc.). Nella rappresentazione, e questo spiega certe antitesi fra percezione e rappresentazione del resto avvertite da molto tempo, l'ordine di costruzione è rovesciato: prima la categoria di oggetto, poi la figura, se figura deve esserci, ed infine il presenziato, che questa volta è uno solo, in corrispondenza con la combinazione di due stati d'attenzione.

Il percepito è dunque il risultato di quelle attività, che si distinguono da altre in quanto sono costitutive del proprio oggetto, non già trasformative, cioè qualcosa che esso faccia o che ad esso sia fatto. Incontriamo cosí un'altra distinzione, anch'essa degna per noi qui della massima considerazione, perché ci permette di tener separato ciò che è mentale da ciò che è fisico o psichico, da quanto cioè è naturalistico. Le attività trasformative, infatti, sono tali in quanto contengono i risultati di almeno due percezioni, considerati come cosa unica, ed in modo da ottenerne uno svolgimento, cioè uno stato od un processo, vale a dire un evento, che sarà psichico se la localizzazione dei due percepiti è temporale e sarà fisico se essa è spaziale. Lo psichico ed il fisico quindi presuppongono il mentale, ma anche lo attraversano e lo lasciano; sicché questi eventi non potranno piú, senza contraddirsi, venire attribuiti ancora alla mente, come loro soggetto (errore dell'idealismo), ma andranno per i fatti loro (pur essendo sotto l'aspetto percettivo legati alla mente: ciò che sfuggí nell'errore del naturalismo, empiristico, positivistico, realistico, ecc.), sicché, se un generico soggetto si vuol loro dare, come loro è stato dato, rimanga questo la natura.

Basterà questa consapevolezza sull'attività del percepire, sulla costituzione dello psichico e del fisico, a far escludere che la percezione nasca da un rapporto fra percepiti? da un'attività trasformativa svolta dall'uno sull'altro o da qualche interazione fra loro? Io lo spero. Tutto quello può certo avvenire fra un qualsiasi percepito ed il corpo umano, o l'organismo, come percepiti localizzati spazialmente: ma allora si è già entrati in una situazione fisica, con rapporti fra i suoi elementi, che potranno essere dei più svariati tipi, gravitazionali, termici, elettrici, ecc., ma non mai di percezione, che è appunto attività costitutiva e si conclude con un solo percepito. E nemmeno potrà trattarsi mai del rapporto informativo, che richiede non soltanto le due parti localizzate, ma anche nelle due parti un duplice passaggio, dal privato al pubblico e dal pubblico al privato, con tanto di convenzioni, o corpo di convenzioni, di codice, per connetterli; né basta, nei passaggi obbligati, la semplice connessione meccanica, come per esempio si ha fra tirare la corda e suonare la campana, in quanto è ancora un operare mentale che fa di una cosa, non importa quale, un simbolo, una parola, un segno, un messaggio, e di un'altra un simbolizzato, una cosa nominata, un designato (precisamente, se nel passare dall'una all'altra cosa la prima viene mentalmente, cioè attenzionalmente, lasciata, questo la fa diventare un simbolo, e se la prima viene tenuta, questo la fa diventare un simbolizzato).

Si può ora comprendere come il filosofo sia stato invogliato a servirsi della teoria dell'informazione: vi ha cercato un puntello alla sua insostenibile teoria della conoscenza. Come mai, però, più di un fisico e anatomo-fisiologo ha ceduto alla stessa tentazione pur operando in campi rimasti sani, perché più o meno sfuggiti alle conseguenze del raddoppio conoscitivo del percepito, in quanto scienze naturali che possono e devono proprio per mestiere occuparsi di situazioni ottenute partendo dai risultati di una pluralità di percezioni?

La risposta ci porta a scambiare qualche parola soprattutto a proposito della cibernetica, la discussa e discutibile nuova disciplina. In breve, si è affrontata la macchina mentale, la macchina di pensiero e linguaggio, la macchina intelligente, in tempi immaturi a ricevere l'impresa. L'ingegnere, il fisico, il matematico, a chi dovevano rivolgersi per costruire queste macchine mentali, se non al filosofo, che per secoli e secoli aveva detenuto il monopolio della mente? Ed il fisicalismo di provenienza filosofica ha potuto così dispiegarsi anche in quelle scienze, che altrimenti sono sí fisiche, ma non fisicalistiche, cioè propugnatrici di una fisicità fuori posto. L'errore di base della cibernetica si può dire sia stato quello di confondere ciò che spetta alla funzione di un organo con ciò che spetta al funzionamento di un organo; quando la funzione è mentale, cioè corrisponde ad una attività costitutiva, come il percepire od i cento modi di considerare, non può mai essere identificata con ciò che l'osservazione rivela sull'organo o nell'organo; mentre il funzionamento è sempre fisico, osservato sull'organo fisico, individuato nello spazio e seguito nel tempo.

Questo errore naturalmente era anche prima nell'aria, fra quelli che, come si usa dire, sono già tutti là in attesa soltanto di essere fatti. Tuttavia, volendo dargli una firma, essa è quella di Norbert Wiener, il padre appunto della cibernetica naturalistica, da lui definita come la scienza del controllo e della comunicazione nell'animale e nella macchina. Seguendo la tradizione conoscitiva del raddoppio del percepito, e quindi del tutto già fatto in una realtà o natura in attesa soltanto di essere riflesso nella nostra testa, egli partí convinto che non solo l'informazione, ma anche il controllo potessero trovarsi e quindi osservarsi già pronti in una situazione fisica precostituita all'osservazione. Gli sfuggí che si trattava invece di schemi mentali, applicati alle situazioni fisiche per articolarle in quel modo, o addirittura di schemi mentali adoperati per costruire meccanismi in grado di soddisfare le nostre umane e mentali finalità di controllo e di informazione.

Dell'informazione si è già parlato. Quanto al controllo, per "trovare" un controllo bisogna intanto apprestarsi una situazione in piú pezzi, fra i quali uno svolgimento, stato o processo, che possa venire assunto quale termine di confronto, affinché in rapporto ad esso un altro possa mostrare eguaglianze o differenze (nessuna cosa, presa isolatamente, si ricordi, potrebbe mai mostrare eguaglianze o differenze); inoltre bisogna che nella situazione sia isolato un terzo pezzo, tale che il discostarsi del confrontato dal termine di confronto lo metta in azione affinché agisca sul confrontato sino ad eliminarne le differenze dal termine di confronto. Ora, già la pluralità degli elementi è opera mentale, ancor prima del considerarli termini di confronto e confrontati, cause ed effetti, sistemi primari e secondari, ecc.

Naturalmente, niente esclude in principio che il costruttore doti le sue macchine anche degli organi di categorizzazione e di pensiero. Ma questo non avvenne certo nelle macchine immaginate da Wiener né in altre messe sul mercato sinora. E del resto lo stesso vale per l'operare del nostro organismo a livello fisico. In termini di biochimica o di biofisica non si vede nessun "regolatore." Se l'uomo regola il proprio operare o studia le cose secondo uno schema di regolazione, lo fa con un seguito di sue operazioni mentali, che sicuramente, ripeto, sono anch'esse trasferibili in una macchina, ma soltanto dopo averle descritte, appunto, nell'uomo. (*Si veda anche il vol. I, p. 11 e sgg.*)

Anche l'informazione fu attribuita ad una natura o realtà passivamente contemplate, attraverso lo stesso errore. Le macchine della prima generazione, come si usa dire, erano costruite sí per aiutare l'uomo nelle sue fatiche, ma non per sostituirlo completamente, richiedendogli anzi un continuo intervento. Questo intervento avveniva spesso leggendo certi indici su strumenti, o addirittura con l'opera di due persone, l'una che osservava e comunicava i risultati della lettura e l'altra che agiva manualmente di conseguenza. Si trattava cioè di una vera e propria comunicazione, con tanto di lingua compresa e parlata da entrambe le parti. Nelle macchine della seconda generazione, l'intervento umano, in tutto od in parte eliminato (ed in seguito a questa eliminazione, in seguito a questa storia di uomo sostituito con un pezzo di macchina nei suoi servizi alla macchina, si parla di "automazione," di "automatismi," di "automatico," ecc.; e non già perché le leve e ruote e fili aggiunti siano diversi dagli altri), mettendo al posto della catena operativa umana, mentale e manuale, appropriate connessioni meccaniche od elettriche, ove il risultato sarebbe stato eguale, od anche migliore come pratica prestazione finale, ma dove non c'era piú traccia dell'operare mentale caratteristico dell'informazione o comunicazione.

Né, del resto, questo sfuggí a Wiener, uomo sotto altri aspetti di ingegno originale e sottile, che, onestamente preoccupato di definire un'informazione ridotta a quell'atipico stato, finí con l'esclamare: "L'informazione è l'informazione!" Tuttavia, soltanto l'indebita attribuzione gli permise di essere fra i primi ad adoperare la confusione "cibernetica" fra informazione e conoscenza, o meglio fra informazione da una parte e percezione e designazione e certe categorizzazioni mentali, quali il generale ed il particolare, dall'altra, una confusione destinata, come si è accennato, a confermare, anzi a matematizzare l'originario errore filosofico.

Fra i tanti imbarazzi del conoscitivista, c'è sempre stato

quello che gli proviene dal dover mettere d'accordo il numero tanto piccolo delle parole presenti nel dizionario in
confronto al numero tanto alto delle cose che egli ritiene
di "osservare" nella "natura" o "realtà": per esempio, c'è
la parola "albero" — egli ragiona — ma in effetti ci sono
alberi di ogni specie, con e senza le foglie, giovani e vecchi,
e persino alberi con questo o quel ramo spezzato, e cosí via.
Il ragionamento è sbagliato, e deriva dall'attribuire ciò
che pezzo per pezzo si viene costruendo nel pensiero a qualcosa che di per sé sussisterebbe già cosí articolato, sicché
si dovrebbe poi aver presente l'albero "schlechthin," l'albero "spoglio," non già cominciando da questo, cioè eseguendo le operazioni con cui lo si costituisce come percepito o come rappresentato, bensí giungendo a questo to-
gliendo, scartando dalla infinitamente ricca situazione di
pensiero possibile l'una o l'altra articolazione correlazionale.
Questo errore si accoppia con la credenza che similmente
si passi da certe cose che di per sé sarebbero dei particolari, dei singolari, degli esemplari, ad altre che di per sé
sarebbero dei generali, degli universali, delle classi, ecc.,
mancando la consapevolezza che sono proprio le stesse
cose, attraverso una differente categorizzazione mentale, ad
essere una volta un generale ed un'altra un particolare,
una volta un genere ed un'altra una specie, basti pensare
all'albero, in rapporto una volta con i vegetali ed un'altra
con i meli.

Ed ecco Wiener nella trappola, con la sua teoria degli
automi sensitivi, automi statistici, affinché si dia ragione
della loro, e nostra, risposta verbale unica, a "classe" o
"genere," per tanti *input* che sarebbero fra loro differenti.

Anche in campi piú marginali, l'accoppiamento della
teoria del raddoppio del percepito con la teoria dell'informazione minaccia di creare ingenue e pericolose aspetta-
tive, soprattutto in coloro che ignorano quali siano le condizioni che giustifichino un'applicazione di questa. Tanto per
ricordarne due accennerò alla linguistica ed all'estetica.

Si noti intanto che la teoria dell'informazione presuppone al momento e posto di partenza una serie di eventi
individuati, distinti e contati sia nel numero che nella fre-
quenza delle ricorrenze, e solo allora può procedere a stabilire la capacità del canale e, in particolare, il numero
delle cifre binarie necessario a trasmettere l'informazione
da una particolare sorgente, ed a stabilire quale ritmo di
informazione in *bit* per carattere o per secondo spetti ad
un certo canale, ritmo al di sotto del quale è possibile

una trasmissione senza errori nonostante la presenza del rumore, ed in ogni caso si tratta di decidere operando scelte. Ma chi parla o chi ascolta, chi crea o chi fruisce l'opera d'arte non fonda certo queste sue attività sulle scelte, anche se talvolta in effetti ciò che egli fa segue la rappresentazione di una alternativa, per esempio quando corregge il già fatto.

Tuttavia qualcuno cercò di rendere applicabile lo schema informativo alla linguistica dividendo il linguaggio in una "grammatica" ed in un "senso" del resto secondo una tradizionale distinzione. Una volta stabilite le regole "grammaticali" resterebbero da scegliere (ecco la giustificazione) le parole che le rispettano e danno luogo a frasi con senso. Ed ora, uno studio operativo delle attività costitutive, dalla presenziazione al linguaggio, permette sí che si separino nettamente, e per la prima volta, nelle parole e frasi due ordini di indicazioni, in corrispondenza con la distinzione intuita dai vecchi grammatici; e questo concederebbe che si seguisse questa strada in modo meno velleitario. Ma proprio il corpo di conoscenze raccolto nel linguaggio e nel pensiero in seguito a quelle analisi rivela chiaramente di quanto poco uso potrebbe riuscire una applicazione della teoria dell'informazione alla linguistica. Ne figurerebbe sempre, comunque, come uno strumento secondario per la trattazione di certi particolari aspetti, e non mai come un fondamento.

Riprendiamo la nostra precedente descrizione del pensiero. Si è visto come esso risulti da una articolazione del funzionamento degli organi delle attività costitutive delle cose mediante categorie mentali di rapporto, in quanto esse appunto svolgono la doppia funzione di frammentarlo e di tenerne uniti i frammenti. Nel corso dei millenni gli uomini si sono venuti apprestando da cento a duecento di queste categorie di rapporto: "e," "o," "a," "di," "da," "per," ecc., come mostra il frammento di tabellone alla pagina seguente.

Caratterizzate dunque da questo elemento correlatore, una lingua-pensiero viene cosí a possedere tante triadi ognuna fra l'altro inseribile quale elemento nella costituzione di una triade piú ampia, sino a dar luogo a reti correlazionali della lunghezza massima, come si è visto, di un 5-7 secondi.

Ora, quante indicazioni sono necessarie per parlare di una di queste unità minime di pensiero, cioè di una singola triade, o correlazione? Sono necessarie cinque indicazioni: tre, per dire quali siano le tre cose particolari con cui si è formata la correlazione e due per dire il posto assegnato a due di esse, se di correlato primo o secondo o di correlatore, in quanto il posto della terza rimane implicitamente fissato (ed una sesta indicazione è richiesta quando l'intera correlazione entra a far parte di una piú ampia, e la riguarda in blocco). Ecco cosí i due ordini di indicazioni, quello della cosa particolare e quello del posto.

001 a	002 acclocché	003 affinché	004 allora	005 allorché	006 allorquando	00 altresí
013 appena	014 attorno	015 attraverso	016 benché	017 bensì	018 che	01 circa
025 dacché	026 dentro	027 di	028 dietro	029 dopo-	030 dunque	031 durante
037 finché	038 fino (s-)	039 fintantoché	040 fuorché	041 fuori	042 giacché	043 in
049 mediante	050 meno	051 mentre	052 né	053 neanche	054 neppure	05 nonché
061 ora	062 ossia	063 ovvero	064 per	065 perché	066 più	067 poiché
073 quasi	074 rasente	075 raso	076 salvo	077 se	078 sebbene	07

(Per un tabellone completo si veda il vol. I, p. 73)

Sin dai primi studi linguistici, naturalmente, questa distinzione è stata avvertita, anche perché le lingue si servono di preferenza di suoni diversi per indicare le diverse cose da mettere in correlazione, e del posto assegnato nella loro successione a questi suoni, o di certi suffissi, prefissi, infissi, per indicare la funzione fatta loro assolvere nel costituire la correlazione. Ma, ripeto, non poteva essere tracciata in modo netto sinché non ci si rendeva conto che il discorso designa il pensiero e che il pensiero ha una struttura dinamica correlazionale.

Una volta in suo possesso, ed assumendo i correlatori come individui ed i correlati come classi, cioè per la possibilità che una cosa abbia di occupare quei posti (per esempio nella correlazione caratterizzata dal "di," si potrà trovare tanto "bottiglia" di "vetro," quanto "vetro" di "bottiglia," tanto "fazzoletto" di "lino," quanto "fazzoletto" di "Lino," ecc.), certo ci si può chiedere quali delle possibilità correlazionali di una parola isolata, che le potrebbe possedere quasi tutte, cioè quasi quattrocento, rimangono, una volta che il correlatore sia quello, o che sia già stato occupato il posto di correlato corrispondente, e cosí via; come si può fare con il gioco del poker, ove ogni carta singolarmente ha otto possibilità combinatorie, ma non piú quando già è stata servita un'altra carta, e sempre meno al susseguirsi delle altre.

Tuttavia, si vede quale povera strada sia questa per la linguistica, soprattutto tenendo presente che ben altri problemi ci sono aperti, grazie alla consapevolezza ora raggiunta a proposito del pensiero e del linguaggio, dei meccanismi dell'attenzione e della memoria; per esempio, il problema di esaminare in che rapporto si trovino le informazioni esplicite fornite dal discorso, e che dovrebbero essere, come si è visto, almeno cinque per ogni correlazione ma che talvolta sono carenti, e quelle implicite, lasciate alla corrente di informazione che proviene sia dalla generale cultura di chi comunica, sia dalla particolare informazione contenuta nel testo che precede. Chi per esempio legge "le guardie a cavallo della regina," capisce non che le guardie sono "a cavallo della regina," ma che della regina esse sono le "guardie a cavallo," anche se manca qui l'indicazione esplicita del posto correlazionale assegnato a "cavallo."

Ancora piú discutibile, tuttavia, appare il ricorso alla teoria dell'informazione nell'estetica, che può contare molto meno, come vedremo subito, su situazioni di partenza articolate relativamente in modo rigido, cioè formate da tanti pezzi, quelli, a guisa di tasselli, e combinabili in tanti modi, quelli.

Presumibilmente in questo tentato e forzato accoppiamento ha influito un certo metaforico e superficiale impiego di parole come "messaggio," "linguaggio," "segno," "forma" e "contenuto," "convenzione," "uso," e simili. Per esempio "messaggio" viene adoperato dall'artista e dal critico d'arte secondo un'accezione che sotto un certo aspetto è opposta a quella corrente. Il messaggio presuppone infatti per tutti noi che simbolizzato e simbolo siano stati presenti entrambi quando se ne è convenuto l'impegno semantico che si dà quindi per scontato. In arte esso corrisponde invece alla presentazione di qualcosa di nuovo e di importante, rivelazione che l'autore fa di una sua scoperta soprattutto nel regno dei valori sociali od in quello delle proprie originalità. Quanto all'"uso," anch'esso è un termine adoperato per gli oggetti non semantici almeno in due sensi, come "destinazione" o "scopo" e come "abitudine": entrambi ben lontani, comunque, dal far riferimento alla convenzione fissata e trasmessa socialmente nella pratica linguistica (ove la variabilità è lasciata primamente alla combinazione delle parole e cose nominate e non al rapporto semantico appunto "fissato" fra le singole cose e le singole parole).

Ma, come già nella linguistica, questa informatività nell'estetica appare nociva non tanto per il poco frutto che da essa è da attendersi, quanto per la distrazione che essa provoca della ricerca da una individuazione, analisi e descrizione dell'operare caratteristico dell'estetica, del bello e del brutto, dell'arte, dei generi artistici, sminuendo quindi proprio la ricerca i cui risultati potrebbero eventualmente apprestare un materiale trattabile, fra gli altri schemi, anche secondo quello informativo.

Chiuderò con un cenno a questo operare estetico. *(Si veda anche il Vol. I, cap. 8.)*
Esso risulta da una frammentazione operata sull'oggetto estetizzato, e quindi sull'operare di qualsiasi tipo che lo costituisca, percettivo, rappresentativo, categoriale, di pensiero, di linguaggio, ecc. Questa frammentazione, come sempre nel campo del mentale, è compiuta dall'attenzione, senonché questa volta, in luogo di avvenire con intervalli variabili dal decimo di secondo al secondo e mezzo, segue un ritmo, cioè si svolge ad intervalli regolari, intervalli che, se la frammentazione non è guidata, si aggirano sulle otto pulsazioni ogni cinque secondi. Affinché questa frammentazione possa avvenire comprendendo l'intero oggetto, essa inizierà con un battito a vuoto e chiuderà con un battito riassuntivo dell'ultima sequenza. Per rendersi conto di questa frammentazione ritmica e della cornice in cui inserisce l'oggetto, basti pensare alla differenza fra il camminare normale e la danza. Nei diversi generi questi microframmenti vengono poi raggruppati diversamente in macroframmenti, sempre ad opera dell'attenzione, di un secondo livello, per intenderci. Quanto al bello ed al brutto, essi provengono da un accordo o disaccordo, sincronia o desincronia, con conseguenti caratteristiche di piacevolezza e spiacevolezza, fra la frammentazione ritmica propria dell'estetica e le altre frammentazioni dovute alle attività soprattutto percettiva e rappresentativa, ed anche di pen-

siero (nella letteratura, ecc.), di cui sia costituito l'oggetto estetizzato. Anche l'autore, naturalmente, si pone nel momento creativo in questo stato estetico, assumendo cioè il ritmo voluto e che gli suggerisce cosí il contenuto dei singoli frammenti ed i loro raggruppamenti.

È anche chiaro che nell'opera d'arte si possono cosí venire ad avere due forme e due contenuti ben distinti e quasi sempre anche almeno due funzioni, quelli pretestuali ed eventualmente pratici, e quelli estetici veri e propri, essenziali, mentre i primi potrebbero mancare. Inoltre, si potranno avere anche due ordini di emozioni, stati d'animo, sentimenti, ecc.: quello dovuto al contenuto pretestuale e quello caratteristico dell'atteggiamento estetico, che potrebbero però mancare entrambi, perché, se ne derivano, non è detto che debbano necessariamente accompagnare o precedere o seguire la frammentazione ritmica sufficiente a caratterizzare l'atteggiamento.

Che il conoscitivista, presupponendo una realtà o natura già date estetiche, od almeno l'opera d'arte già nata estetica come prodotto di trasformazione e come oggetto di percezione, non riesca a trovare i criteri per distinguere l'estetico dal non estetico, questo non deve certo stupire, tutt'altro. Ma ancor piú penosa sarà la sua situazione se confonderà l'arte ed il bello o brutto con il messaggio di cui si parla nella teoria dell'informazione.

Che poi il nostro operare, tanto d'osservazione che di frammentazione, segua regole a sfondo sia brutalmente biologico sia storico e sociale (basti pensare al modo di dividere i suoni nella musica occidentale ed orientale ed al tempo richiesto affinché chi è abituato all'uno si faccia l'orecchio per l'altro), e che alcune di queste siano di meno rapida e personale trasformazione, questo non può certo venire negato; ma senza una preliminare analisi di quali siano, anzi di che cosa siano queste regolarità, l'applicazione del formulario della teoria dell'informazione non potrà che oscurare ancor piú la situazione dell'estetica, svilendo al tempo stesso i servigi che lo schema informativo potrebbe rendere anche in questo campo. Per esempio, cercando di servirsene per anticipare quale sia la parola o la nota musicale od il segno grafico od il colore "buono" dopo una certa altra parola, nota, ecc. Non perché la decisione sia troppo difficile, ma perché è troppo facile! E può essere la proposta soltanto di qualcuno che dimentica come per esempio Gaetano Donizetti spremendo tutta la sua musicalità, che non era poi tanto poca, abbia scritto sessantasei opere liriche, di cui, chissà, sopravvivranno davvero forse non piú di due o tre pagine, "Una furtiva lacrima..."

A conclusione, mi si lasci dire che cosa risponderei ad un ragazzo di quarta o quinta classe elementare che mi chiedesse, "Dimmi come si distinguono l'informazione e la conoscenza" (parlare ai ragazzi è buona ricetta e la consiglio caldamente):

L'*informazione* avviene fra due persone, chi la dà e chi la riceve, che si trovano in posti diversi e se la comunicano mediante suoni, il discorso orale o scritto, magari con gesti, per i quali si è convenuto un significato, affinché siano compresi e cosí ci facciano operare in quei certi modi. La *conoscenza* avviene invece ad opera di una stessa persona, che conosce una cosa in quanto le è già accaduto di farla, ed ora, ricordandosela la può ripetere. Cosí, il processo dell'informazione richiede sempre due *posti* e quello della conoscenza due *momenti*; e quando senti tirare in ballo i due posti anche per la conoscenza, quello esterno e quello interno al conoscente, non stare a sentire simili frottole, ma scappa.

3.

Macchine verosimili e inverosimili

"Scusi, professore, la macchina, queste macchine che pensano, i cervelli elettronici, hanno un sistema nervoso?"

"Signora, non faccio fatica ad indovinare che lei ha visto '2001: Odissea nello spazio'! Comunque, prima di rispondere, vorrei rivolgerle anch'io una domanda. Lei personalmente desidererebbe che una macchina avesse questo 'sistema nervoso,' da tradursi, mi corregga se sbaglio, in sentimenti, emozioni, stati d'animo, umori della macchina, una volontà sua propria, un carattere?"

"Mi lasci pensare... No, non lo vorrei. Tuttavia, una macchina cosí mi attrae, mi incuriosisce. Sí, mi fa paura, ma insieme mi affascina. Capirà che a farmi questo effetto non possono certo essere le macchinette per il caffè, anche se adesso si staccano automaticamente. No, mi dica di queste macchine con il sistema 'nervoso'."

Poiché non sono un letterato e non mi incamminerò sulla via del fantastico, del misterioso, del trascendente, del miracolistico, del contraddittorio, so che la mia risposta sarà in ogni caso deludente, deludente cioè sia che assicuri che queste macchine non ci sono e non ci saranno, sia che assicuri che queste macchine ci saranno in quanto noi siamo riusciti a conoscere abbastanza l'uomo da ottenere da organi artificiali quanto egli produce con i suoi organi naturali. Domande come quella della signora, e del resto di tanta letteratura e di tante persone che incontro, nascono infatti da un radicato bisogno dell'uomo del misterioso, del miracolistico, dell'assurdo, un bisogno che va soddisfatto appunto con del misterioso.

Chi non ha dimenticato la stupenda novella di Guy de Maupassant, "La mano," ricorderà anche le parole con cui il giudice istruttore Bermutier chiude il racconto. Un inglese si era stabilito in una villa isolata ad Ajaccio. Attaccata ad un muro con una catena di ferro teneva una mano nera, disseccata, con le unghie gialle, i muscoli a nudo, e tracce di sangue vecchio, sulle ossa tagliate di netto, come da un colpo di scure, verso la metà dell'avambraccio. Una mattina l'inglese viene trovato strangolato, con il collo trafitto da cinque fori. La catena è spezzata e la mano è scomparsa. Al sentire quella storia le signore, sconvolte, erano pallide e tremanti. "Signore — dice il magistrato — guasterò i vostri terribili sogni. Io penso semplicemente che il legittimo proprietario della mano non fosse morto, e fosse andato a cercarla con quella che gli rimaneva." Una signora mormorò, continua Maupassant, "No, non deve essere cosí." E il giudice istruttore, sempre sorridendo, conclude: "Ve l'avevo detto che la mia spiegazione non vi sarebbe piaciuta."

Il bisogno del misterioso, del contraddittorio trova soddisfazione dappertutto; ed era da attendersi che nell'epoca dei calcolatori elettronici chiedesse anche a questi un contributo. C'è tuttavia una differenza dai tempi in cui *l'homunculus* sarebbe dovuto uscire dalla storta, dall'alambicco, prendere forma dai fumi. Allora la problematica turbante era di ispirazione piú divina che umana, si richiamava ad un problema piú di anime che di corpi, la produzione assumeva aspetti fortemente magici, cioè operava del tutto fra incognite dal punto di vista scientifico. Oggi attorno alla macchina-uomo si intrecciano motivi piú umani e per questo forse piú drammatici. Ne esamineremo in particolare tre.

Un primo motivo è di ordine essenzialmente intellettuale.

Per esempio, tutti parliamo di cose che sarebbero oggetti per noi soggetti. Ma che cosa potrebbe fare l'ingegnere costruttore della macchina-uomo dell'espressione del filosofo il quale dicesse, e dice, che "il soggetto abbraccia, o sposa, l'oggetto?" Si potrebbe pensare che questa sia la filosofia dei tempi antichi e che oggi la situazione sia cambiata. Ma non credo che l'ingegnere se ne farebbe molto di piú trovando per esempio la frase di una filosofia di moda, in cui si parla di un "andare del soggetto, dello spirito, verso le cose." Che razza di "andare" sarà mai? E si potrebbe anche credere che se questa è filosofia, diverse siano la psicologia o la sociologia, alle prese con la vita mentale, od almeno diverse siano la biochimica e la biofisica. Purtroppo però anche queste due ultime discipline, se sono fondate e serie nel loro campo, non possono che confondere la materia non appena senza accorgersene ne escono, per identificare qualche loro risultato con le operazioni mentali, in tal modo fisicalizzate e quindi violentate. Esse sono, o meglio saranno, al loro posto nello studio degli organi della vita mentale; ma per la individuazione di questi occorre che prima vengano descritte in termini mentali le funzioni cui far corrispondere il loro funzionamento.

In questa situazione, però, come avrà fatto l'ingegnere a costruire la macchina mentale, la macchina che percepisce e pensa e parla? Ecco il mistero, con una eccitazione rafforzata dalla difficoltà a confessare questa ignoranza semplicemente dell'umano, una incompetenza che viene ben prima di iniziare la costruzione della macchina. L'uomo è soggetto di almeno tre tipi di operazioni: quelle che sa di fare e che sa come fa a fare; quelle che sa di fare ma che non sa come fa a fare; e presumibilmente di moltissime che ancora non sa nemmeno di fare. Sapevano Leonardo e Beethoven in qual modo riuscisse loro di produrre "La Vergine delle Rocce" o la "Quinta Sinfonia"? A leggere le loro trattazioni teoriche si direbbe proprio di no. Ce lo hanno spiegato Croce o Gentile? Nemmeno per sogno. Ma allora come mai ci sono le macchine che producono le opere d'arte, dipingono, scrivono musica, ecc.? Queste macchine non ci sono (senza con ciò escludere che ci possano domani essere), e la loro fama discende soltanto da una certa ingenuità o sfacciataggine degli autori, ma il profondo bisogno del misterioso, in fondo in fondo, gode al supporne l'esistenza.

Come mai, poi, si è riusciti a sapere cosí poco dell'uomo, della sua vita mentale, e tuttavia cosí abbastanza della sua vita fisica, polmoni, cuore, reni, ecc.? Anche a questo proposito, tutte le volte che mi sono trovato ad offrire una spiegazione che ormai mi sembra suffragata da documenti storici e prove e riprove sperimentali, proprio la esaustività e la semplicità di questa spiegazione suonano offensive a chi si era fatto delle difficoltà filosofiche, delle aporie, un abito di profondità, la profondità del problema, della trattazione ed infine dell'inconcludenza, sotto la voce del problematicismo, dello storicismo, della perennità del filosofare, dell'anti-dogmatismo (come se fosse dogmatico, in altro campo, asserire che la pasta si cucina in tanti minuti). In breve l'uomo sarebbe tanto profondo da riuscire a porsi problemi tanto profondi che non sarebbe poi piú in grado di risolvere.

La macchina, e non già il suo ingegnere, e prima ancora l'analizzatore dell'operare mentale, tuttavia ha risolto le difficoltà ed ora si presenta fatta ad immagine e somiglianza dell'uomo sconosciuto?! La via è aperta al fantastico, al magico, ma soprattutto al misterioso. Quella macchina viene dal misterioso; non andrà anche verso il misterioso? La fantascienza è pronta ad impossessarsene; e l'uomo, la parte dell'uomo dedita al misterioso, ne gode.

Il secondo motivo ha origine nel timore che la macchina-uomo sia un automa fatto sí ad immagine e somiglianza dell'uomo, ma con almeno una qualità aberrante, la forza, l'intelligenza, il sesso, la stupidità, e simili, che userebbe, in modo cattivo e, appunto, autonomo.

Nella gara, nella concorrenza, l'uomo rimarrebbe sconfitto, o comunque avrebbe da temere, in quanto il robot non si limiterebbe certo, come nei bei tempi, ad eseguire qualche schizzo, od un saggio di danza, od una suonatina di flauto.

Già la laboriosità della macchina, la macchina cioè in grado di sostituirci in un nostro lavoro, da un lato fa sperare in un ritorno all'età dell'oro (bastarono per questo i primi mulini ad acqua, all'epoca di Antipatro il Macedone), ma dall'altro minaccia le occupazioni come sorgente di guadagno. A rassicurare al proposito, non sono sufficienti infatti nemmeno le tre Leggi proposte da Isaac Asimov per regolare la convivenza fra l'uomo e il robot (*Vol. I, p. 118*). Tutta l'automazione può essere vista nella prospettiva di una minacciosa disoccupazione, ed essere combattuta dall'operaio tessile, dallo scaricatore di porto, dal fonditore, ecc. Non occorre arrivare all'intento maligno del Golem, del Frankestein. Basta l'uomo nei suoi rapporti con gli altri uomini: se li usa come strumenti, e non come suoi simili, ed è disposto a sacrificarli, od almeno ad ignorarli, quando possa raggiungere con una macchina i suoi intenti egoistici e non altruistici.

Il rimedio dovrebbe essere la programmazione, la pianificazione, come in diversi casi è avvenuto, legando per esempio la quantità di prodotti permessi dalla legge ad una impresa, al numero degli operai assunti, indipendentemente dall'introduzione delle macchine. Ma la immagine della macchina nemica rimane, in quanto, anche essendo di per sé buona o neutra, diventa strumento usato in modo cattivo. Sussiste cioè la convinzione che dotando l'uomo di maggiori possibilità fisiche, egli non le userà a fin di bene: basti pensare al "pericolo atomico." Si ha la stessa paura di quando il bambino maneggia il temperino o il fiammifero. Mani e piedi da giganti ma, appunto, menti da bambini.

Del resto, il bene è sempre stato cercato o fuori dalla terra o, rimanendo sulla terra, in un'epoca storica precedente, per esempio il Paradiso terrestre, il Paradiso perduto, o, successiva, per esempio la società socialista.

Il terzo motivo che caratterizza i rapporti fra uomo e macchine ha però un'origine del tutto opposta, in quanto l'uomo affida alla macchina-uomo la speranza di aver risolti da essa i problemi che da millenni lo affliggono. La macchina-insegnante bravo, la macchina-esattore incorruttibile, la macchina-diagnostico infallibile, ecc., ma soprattutto la macchina-giudice giusto.

L'uomo ha sempre cercato in una trascendenza la soluzione, od almeno il consiglio, per uscire dai mali che lo affliggono. Sino al Rinascimento contava principalmente sul Divino, una divinità che gli forniva le norme e prima o poi ne puniva i trasgressori. Poi contò sulla Natura, detentrice delle Leggi, appunto, naturali, che la scienza sarebbe venuta progressivamente scoprendo, e valide quindi anche per l'operare umano, o sulle Leggi dello Spirito, della Storia, le Leggi cui "bisogna saper obbedire per riuscire a comandare" (basterebbe ricordare il principio di una economia liberalistica o marxistica), e Leggi illustratrici non solo dei mezzi per raggiungere scopi particolari, ma addirittura degli scopi, anzi dello Scopo, lo scopo ultimo.

Tuttavia, proprio il progredire della scienza e della tecnica, di una disciplina mentalistica destinata a mettere in luce la nascita stessa della legge attraverso operazioni umane, e cosí degli scopi, doveva smitizzare questa scienza come assicuratrice delle leggi e degli scopi. Una legge, non si vede infatti con gli occhi o si tocca con le mani. Qualsiasi situazione temporale può essere assunta come legge, e lo è, quando ce se ne serva come termine di confronto: il moto circolare come quello rettilineo, la nazione in pace come quella in guerra, la crescita del Vatusso come quella del Pigmeo, ecc. Solo in rapporto a questo termine di confronto si possono trovare le eguaglianze, da considerare il naturale, il regolare, oppure le differenze, da considerare effetti e da spiegare introducendo altre cose, le cause.

Ed ecco l'uomo in balia di se stesso, a dover prendere una prima decisione, che non è né bene né male, come nel caso dell'imperativo disciplinare, ma dalla quale soltanto discendono il bene ed il male. Ma anche senza questa consapevolezza, che potremmo chiamare metodologica, anche nella credenza di un bene ed un male trascendenti, estrastorici, con l'orizzonte della storia e della geografia che di giorno in giorno si ampliano e mostrano la sopravvivenza della specie con ogni tipo di valori, nella teoria e nella prassi, l'uomo teme di sé. Solo l'ignoto lo rincuora, Mao o la cibernetica o l'esodo fra gli astri. Pur che sfugga il noto, l'umano, il terrestre, lo scontato, la responsabilità, non del 2000, ma dell'ora, qui. La macchina avrebbe i nervi perché l'uomo ne è senza?

La cibernetica è, nella sua più classica accezione, la scienza dei sistemi omeostatici, cioè dei sistemi di equilibrio. Quindi ("Non è vero, professore?"), essa potrà garantirci, se applicata impegnativamente, anche l'equilibrio sociale. Ma quale equilibrio? Quello delle caste dell'India o della società senza classi?

Tenendo presente il quadro operativo della vita mentale, si direbbe che non sussistano ostacoli di principio alla sua riproduzione meccanica. Può darsi che sinora, come di recente è stato scritto, si siano costruiti soltanto "Falsi Adami": un "Vero Adamo" sarebbe alle porte. Tuttavia, sinché per gli organi artificiali non si potrà usufruire dello stesso materiale fisico di quelli naturali, si oppone una difficoltà davvero tremenda: quella di stabilire le interdipendenze dei loro funzionamenti, che in noi discendono proprio da quella loro fisicità. Bisognerebbe connetterli con tanti organi di dipendenza, dopo aver analizzato questa rete ricchissima di rapporti. D'altra parte noi siamo ancora ben lontani dal poter riprodurre una "materia vivente" da usare per gli organi artificiali.

Per precisare un punto che oggi appare in questo senso di maggiore ostacolo, ricorderò nuovamente la memoria di tipo riassuntivo e propulsivo. Il poco che si sa della memoria ci viene dalla genetica, e non si tratta della memoria qui in gioco. Quasi nulla sul piano anatomo-fisiologico si sa della memoria letterale, ma questa è facilmente ottenibile da una macchina, in quanto si tratta di ripetere fedelmente l'operare trascorso. Invece l'elaborazione di questo operare in funzione del tempo passato dal primo operare, del tempo a disposizione per il riassunto e di un imprecisato numero di altre variabili, non ha trovato sinora alcuna controparte organica e nemmeno una soluzione ingegnéresca. D'altra parte, proprio a queste due funzioni della memoria è legato un pensiero maturo, intelligente, critico. Senza di esse il pensiero regredisce ad un balbettío.

Infine, sussiste pur sempre un problema quantitativo ed economico. Mi limiterò ad accennare agli elementi sensibili alla luce di cui sono provviste le nostre retine: nello spazio di una monetina circa 125 milioni di fotoelementi per ogni retina. Quelli artificiali si prendono ciascuno qualche millimetro quadrato; come imprimere poi all'immensa e pesantissima retina rapidi e veloci spostamenti? Dotando poi ogni fotoelemento di un fotomoltiplicatore, per potersi servire delle uscite, esso viene a costare decine di migliaia di lire.

Ma l'argomento piú valido contro la costruzione di un uomo globale, proviene forse proprio dallo scarso interesse, se non teorico, pratico, di una simile costruzione. Di un uomo fatto a nostra immagine e somiglianza, diverso da noi solo nella paternità, nella filogenesi, che cosa ce ne faremmo? Che ci darebbe di piú o di meno di uno di noi? La macchina sinora è riuscita utile proprio perché è diversa dall'uomo ed anche quando le si chiedono prestazioni analoghe alle nostre, se le fornisce rapide, sicure ed economiche, è perché segue vie operative diverse dalle nostre.

Se la riproduzione di un "uomo globale" con una macchina non sembra presentare molto interesse, almeno da un punto di vista pratico, il programma di ripetere in un modello meccanico qualcuno dei comportamenti umani può essere di stimolo e di sostegno proprio nello studio di quei comportamenti e delle operazioni che vi soggiacciono. Non dovrà quindi stupire l'ipotesi di una macchina "ubriaca" o "che ride" o "che lavora e si riposa."

Potrebbe essere una bizzarria, uno dei tanti scherzi intellettuali che divertono il Ceccato. Ma potrebbe anche non essere cosí, e che la costruzione, anzi già gli studi di una macchina che osserva e descrive gli eventi del suo ambiente, offrissero, almeno a titolo di ipotesi di lavoro, qualcosa di nuovo e di fecondo persino alla soluzione dei problemi dell'alcoolismo. Del resto, niente di magico. Si sa che cosa avviene quando si beve: l'alcool va nello stomaco, poi nell'intestino, poi nei polmoni, poi nel sangue, e via via. Cosí giunge al sistema nervoso ove modifica il metabolismo delle cellule, per esempio, nella membrana e nelle connessioni.

Ma giunti al sistema nervoso le conoscenze non sono piú cosí sicure ed illuminanti. Per arrivare alle manifestazioni macroscopiche dell'ubriachezza, pubbliche e private, c'è un salto, vale a dire che la catena si interrompe. Se bevi, e bevi tanto, e di quel tipo di vino o liquore, e se pesi cosí e cosí, e se appartieni a quel tipo od a quell'altro, le tue manifestazioni saranno queste e queste: sí, anche un rapporto di causa ed effetto fra questi estremi serve a spiegare e predire quello che succede; ma tutto andrebbe meglio se ne sapessimo di piú di questa mediazione del sistema nervoso, centrale e periferico.

Ebbene, la cibernetica della mente interviene a questo punto, perché, se vuole costruire il modello della mente, la macchina che osserva e pensa e parla, deve dotarla anche di organi le cui funzioni siano analoghe a quelle del nostro sistema nervoso. Ed allora, vedendo quali siano queste funzioni ed organi, si parte sí un po' alla rovescia dello studioso di anatomia e fisiologia, ma con una partenza non solo altrettanto buona, ma addirittura prioritaria, se sono in gioco attività mentali e psichiche. Soltanto l'individuazione in termini operativi di una funzione permette infatti di muovere alla ricerca di un organo al cui funzionamento sia affidabile.

Ed in effetti, proprio e soltanto in questa veste di studioso dei meccanismi della mente sono stato invitato a presentare una relazione al Seminario internazionale sulla prevenzione e trattamento dell'alcoolismo, che ha avuto luogo a Milano recentemente. Tempo fa mi era accaduto di distinguere due tipi di ebbrezza: da alcool, perché in essa si desidera restare, e da adrenalina, per esempio nella guida brillante e prolungata dell'automobile, perché da essa si desidera uscire; e volendo continuare nel confronto, perché la prima è distensiva e la seconda è accompagnata da ansia e tensione. La osservazione aveva interessato il dottor Giuseppe Mastrangelo, devoto ed appassionato organizzatore e vicepresidente del Seminario. Avrei dunque parlato su "Alcoolismo e modelli cibernetici."

(Alle pp. 88-95 si ritrova il testo della relazione presentata dall'A.)

In chi ha bevuto si abbassa la capacità discriminativa, le sensazioni si ottundono, i tratti delle figure perdono di nettezza, e cosí via. Come lo si otterrebbe in un modello della mente? Basterebbe rallentare la funzione frammentatrice dell'attenzione, od anche farla entrare in gioco non piú quando gli altri organi mutano il loro funzionamento di una certa misura, ma a misure maggiori. Un arancione

ed un rosso, un rosso ed un violetto apparirebbero allora come una unica unità attenzionale, ed appunto piú
"sporchi," come apparirebbero piú "sporchi" i contorni di
una figura se la linea di demarcazione dovesse essere guidata da una di queste discriminazioni.

Ma la simulazione piú interessante del comportamento
di un ubriaco si avrebbe se nel modello venisse toccata
la memoria soprattutto nella sua funzione riassuntiva.

Supponiamo che nel modello si danneggi, riducendola
o addirittura sopprimendola, questa funzione riassuntiva
della memoria; o che tale effetto abbia l'ingestione di un
certo quantitativo di alcool nell'uomo. Che cosa accadrà?

Per renderci conto dell'importanza di questa diminuzione basti riflettere sulle operazioni mentali implicate in
ogni decisione ragionata, in ogni critica, in ogni considerazione che tenga conto di premesse e di conseguenze, che
coordini o subordini, e simili. In questi casi ben difficilmente le unità di pensiero potrebbero essere svolte nei
5-7 secondi che abbiamo visto costituire la loro durata
media; per lo piú si svolgono in decine e decine di secondi,
magari in parecchi minuti.

Ed ecco cosí cadere nel modello o nell'uomo ubriacati,
sí le incertezze, i conflitti, le insoddisfazioni, con un risultato di indubbia distensione, ma anche il giudizio ed il
senso di responsabilità. Si promuove ottimismo, una bo-
nomia soprattutto verso di sé; ma balordi. Né ci si potrebbe
attendere un pensiero coerente. Esso infatti, come si usa
dire, regredisce.

Un'altra conseguenza di un danno alla memoria riassuntiva dovrebbe essere la difficoltà al riconoscimento
degli altri come persone, cioè sul nostro stesso piano, e
quindi del colloquio, dello stare a sentire e non solo del
parlare.

I vantaggi per l'inebbriato? Dovrebbe sparire in lui
ogni fenomeno di alienazione, nel senso moderno della
parola; perché questa si costituisce mediante la contrapposizione di due soggetti, l'io della categoria mentale e
quello del soggetto dell'attività alienata, unità quindi di
pensiero piuttosto lunga. Cosí appunto un interno conflitto è "momentaneamente" tacitato. E non so se, vantaggi
o svantaggi per chi si trova sotto gli effetti dell'alcool,
per lo stesso motivo gli è difficile mentire ("in vino ve-
ritas!"), in quanto la menzogna chiede che siano svolti due
pensieri, quello taciuto e quello espresso, l'uno che sia almeno la negazione dell'altro.

La macchina ubriaca, ripeto, è uno scherzo. Ma non così gli studi per rendere concepibile la costruzione di un modello della mente, di una macchina che osserva e descrive, da sobria e da ubriaca. Certe esperienze, fra l'altro, non si possono effettuare sugli uomini, ma nemmeno sugli animali, "quae non symbolica et non sapientia sunt." Proviamo a lavorare sugli artefatti, chissà che non se ne avvantaggi anche la natura.

Ad una "macchina che ride" si era già accennato nel Vol. I (pp. 132-5) a proposito dell'analisi di alcuni fra gli atteggiamenti più comuni: quelle prime considerazioni furono in seguito riprese.

Ebbene, mi era sembrato allora che il senso del comico, il "sense of humor," fosse stato fra le attività umane superiori sin dai tempi più antichi quella forse analizzata dai filosofi in modo più soddisfacente. C'è in essa un aspetto palesemente dinamico; e difficilmente si poteva quindi costringerla ad assumere le vesti filosofiche usuali della celebre "entità astratta," del concetto, o dell'universale, o dell'Idea da mondo degli Dei. Poi c'è una manifestazione visibile, il riso, il sorriso, con una aggiunta di materialità non facile da rarefare, anche se pericolosa nel vedere empiristicamente, positivisticamente, nel comico una manifestazione di solo livello fisiologico. (Non per nulla Benedetto Croce si era affrettato a scartare il comico, umoristico, ridicolo, ironico, grottesco, satirico, arguto, scherzoso, ecc., dal suo regno dello spirito.)

Così avevo ripreso la classica tesi, segnata con continuità dai grandi nomi. Platone, Aristotele, Cicerone, Quintiliano, Hobbes, Cartesio, Bain, Stendhal, Baudelaire, Darwin, Fouillée, Groos, Kant, ecc.: si ride perché ci si attende una cosa ed improvvisamente ne arriva un'altra che viene trovata vile, inferiore, bassa, mentre la prima era nobile, superiore, alta. In breve, si riderebbe per una caduta rapida di valore.

Confesso che la constatazione del passaggio rapido, necessario a suscitare il riso, restava un punto oscuro, un punto da spiegare; e tuttavia un gran numero di esempi attesta la bontà della tesi, e con essi soddisfacentemente si illustra. Anche le due soluzioni dissidenti, e ben note, di Bergson e di Freud, benché meno comprensive e quindi più discutibili, sono comunque, nella stessa direzione, due specie di quel genere: il primo, vedendo la caduta di valore nel passaggio dal meccanico al vivente, e, il secondo, dall'adulto all'infantile.

Rovesciando poi la situazione si ottiene giustamente la sorpresa, l'ammirazione, con una bella e piacevole antitesi del riso contro il silenzio, il "lascia a bocca aperta, senza parola."

Pigramente avrei conservato la mia convinzione fra tutte queste autorità, tanto piú che se ne trova una conferma, da tanti portata, nella sociologia e nella psicologia. In breve, non tutte le persone ridono delle stesse cose, ogni paese ha un suo umorismo, addirittura potrebbe essere assunto quale criterio di distinzione di classe sociale, o proprio di tipologia personale; e la cultura vi ha un ben noto peso. Prendiamo chi non sappia di Galilei se non che era uno scienziato, quello del processo. Un commissario rideva al raccontarmi di un candidato che, svolgendo ad un esame di concorso un tema su Galileo aveva cominciato: "Galileo Galilei, da genio italico qual era, entrato un giorno in una chiesa di Firenze, vide una lampada che oscillava e disse: 'Eppur si muove!'" Di che riderebbe chi non sappia che la città non era Firenze e che la celebre frase non riguardava la celebre lampada, presente in tutt'altra problematica, ma la terra?

Tuttavia, passato un certo tempo (quando ci si disincanta anche delle tesi proprie) ed invitato a partecipare ad una discussione sul comico in una sala-teatro di Milano, ecco che arricchendo la serie degli esempi di controllo qualcosa non funziona. Dove è la caduta di valore che fa almeno sorridere sentendo raccontare che "il prefetto, dal 1955, è sempre stato molto liberale e comprensivo con noi, anche se da allora è stato cambiato tre volte"? L'assumerei come dichiarazione di un ignorante, opponendovi la mia superiorità, di chi sa che l'articolo determinativo "il" individua il prefetto in una sola persona, mentre le "tre volte" si riferiscono alla funzione assolta da una qualsiasi persona, alla professione. Ma vi è di piú. Come si spiega il riso dei bambini, ancora cosí poco intessuto di valori? Ed infine, come si spiegherebbe l'umorismo in musica, e proprio in musica tutt'altro che aperta a ricevere un contenuto programmatico, di cronaca? Certe pagine di Prokofiev?

Aggiungo che avevo già dovuto occuparmi del comico, non legandolo alla battuta di spirito, alla storiella salace, bensí in rapporto ad altri generi artistici, come il poetico od il lirico, il drammatico od il tragico, ecc., nell'ambito cioè dell'estetica. E per di piú prendendo le mosse dai risultati di una analisi approfondita delle principali operazioni mentali, giungendo a convincermi fra l'altro, anche in seguito a lettura di saggi come quello di R. Melzack e P.D. Wall [1] sui meccanismi del dolore, che questo è dovuto a desincronizzazioni sul funzionamento di elementi del sistema nervoso, con alterazioni dei loro cicli, ritmi, ecc., sia in assoluto che nei reciproci rapporti. Per esempio, nel caso della spiacevolezza mentale si trova che gli stati di attenzione di almeno uno dei contenuti del pensiero spiacevole sono prolungati al di là del loro limite massimo normale che si aggira sul secondo e mezzo. E ne discende un senso di sospensione, di vuoto, di angoscia. E nel caso della piacevolezza mentale?

Una risposta, e di notevole interesse, si trova nei risultati delle analisi in termini di operazioni, appunto, dell'atteggiamento estetico, del quale è costitutiva la frammentazione ritmica, da parte del sistema attenzionale, dei risultati forniti da altri organi, risultati cioè percettivi, rappresentativi, di pensiero, ecc. Tuttavia nei diversi generi, i risultati di questa frammentazione vengono variamente elaborati mediante un nuovo gioco attenzionale, che li raggruppa diversamente, e nel caso del comico li riprende addirittura dimezzandone la durata, un 192 di metronomo circa.

È troppo azzardato formulare allora una nuova ipotesi sulla natura del comico che abbraccerebbe come casi particolari quelle non solo di Bergson e di Freud, ma anche di Aristotele, Cartesio, Kant, ecc., e spiegherebbe il ridere del bambino, e certe musiche, cioè prima che si possano invocare le cadute di valore?

La enuncio. Con i nostri sistemi di attenzione, memoria e pensiero, noi ci apprestiamo certe unità (quel discorso-pensiero, quel tema musicale, ecc.) le quali dovrebbero avere una certa durata prevista, attesa. Ma è possibile accorciarla, tagliarla, arrestando la costruzione in corso in quanto venga sostituita, e magari bruscamente, a sorpresa, con un'altra.

La caduta di valore, del nobile che si fa appunto ridicolo, del vitale che risulta meccanico, dell'adulto che si rivela infantile, ecc., ne sono casi particolari; e si capisce anche quanto sia comune nella facezia il gioco di parole,

---

[1] *Gate Control Theory of Pain*, in "Pain," Academic Press, London and New York, 1968.

la parola che immediatamente è fatta assumere un secondo significato. Se la prima parte della costruzione intellettuale potesse estendersi e sovrapporsi alla seconda, l'effetto sarebbe infatti eliminato o fortemente ridotto: donde anche l'arte di raccontare le storielle, cioè di creare quell'attesa che viene poi gabbata. Al bambino, nel fragile costituirsi del pensiero basta spesso una sequenza di cui avverta un aspetto contraddittorio, illogico. "Un cerchio quadrato! Pensa, un cerchio quadrato!!" Nella musica spesso basta spostare un tema dal registro medio in cui sia nato ad un registro molto basso od alto, ove le note richiedono ad essere percepite un tempo piú lungo di quello concesso.

Il tema "la macchina ed il tempo libero" fu suggerito da una domanda rivolta in un pubblico dibattito.

"Una volta mi pare di averla sentita dire che le macchine lavorano. È vero?" "Beh, avrò detto che sono laboriose." "Ma, scusi, lei voleva dire che lavorano come noi?" "Si potrebbe dire, meglio, che esse lavorano al posto nostro." "Ma lei parlerebbe anche di un loro tempo libero?" Che idiozia! Però devo confessare che sono stato colto di sorpresa. Forse quella domanda non è proprio idiota, ma piuttosto l'espressione di una di quelle intelligenze e culture che si improvvisano in pubblico.

Eppure, eppure, in questi tempi in cui, come tutti sanno, si fa un gran parlare di macchine intelligenti, di cervelli elettronici, di macchine che percepiscono, giocano, decidono, scrivono musica e versi e dipingono, la domanda di quel signore discende netta netta da quelle espressioni. O sono assurde anche quelle, o essa non ha proprio niente di stupido. Se per il lavoro le macchine, si direbbe, sono fatte apposta, come i buoi, i muli, ecc., perché non dovrebbero anch'esse disporre di un loro tempo libero?

Se si risponde che lo conoscono già, quando stanno ferme e si riposano, credo che anche l'orecchio piú rozzo avverta che la risposta non è pertinente, è stonata. Intanto si sente che lo star fermi ed il riposarsi non sono la stessa cosa; e poi che il tempo libero e lo star fermi sembrano essere quasi all'opposto.

Non sarebbero per caso tutti quei termini soltanto delle gran metafore, compreso il "lavoro," distribuiti alle macchine costruite affinché si senta intelligente, cervello non elettronico, artista, ecc., il costruttore, antropomorfismi da faciloni? Per risolvere il dubbio, naturalmente, c'è una via: vedere che cosa facciamo noi quando siamo intelligenti, quando percepiamo, quando lavoriamo e quando godiamo del tempo libero.

Ma, purtroppo, è proprio a questo punto che le faccende si imbrogliano. Le nozioni di lavoro, di gioco, ecc., sono fra le piú comuni, tutti si sentono sicuri di averle in mente ben chiare. Eppure, quando si cerca di averne ragione, analizzandole, definendole, da secoli, anzi da millenni, esse recalcitrano e costituiscono il tormento e la gioia del filosofo.

Psicologia e sociologia ci si sono provate anch'esse. Ma, fosse l'approccio, come si usa distinguerli, speculativo o sperimentale, le difficoltà sono subito apparse.

Per esempio, si lega il lavoro con la fatica, la sofferenza, l'obbligo gravoso, come del resto suggerisce l'etimologia della parola. Ma ecco qualcuno, di cui non si può certo dire che non lavora, che dichiara, con parole e cera, di divertirsi un mondo. Si lega il tempo libero con il divertimento, ma se una volta gli sono compagni, è vero, l'allegrezza ed il sollazzo, altre volte si riempie di noia, con la depressione e sino al suicidio della festa. Se il tempo libero contiene l'obbligo di divertirsi, meglio il sabato, anzi oggi diremmo il "venerdí del villaggio."

La difficoltà, dunque, comincia molto prima di giungere al popolare robot, al commerciale computer, allo scientifico e raffinato modello della mente. E ci sfida, perché le parole come lavoro, svago, fatica, riposo, ecc., sono di uso quotidiano e pacifico, nel senso che con esse ci intendiamo bene, le applichiamo alle nostre attività senza sollevare troppe discussioni; e tuttavia al momento di darne una definizione in accordo con l'uso che ne facciamo, sorgono le incertezze, anzi le contraddizioni con quell'uso.

A prima vista sembra curioso. Del lavoro, della fatica, ecc., il meccanico come l'ergonomo forniscono persino i criteri di misura, sia pure con riserve per il tipo psichico e mentale. Ma la situazione ricorda quella celebre del tempo e dello spazio: loro misure sempre piú rigorose, esatte, sí, ma, che cosa è il tempo? che cosa è lo spazio? Lavoro e prestazione e tempo libero non sarebbero altrettanto intriganti perché nascondono la stessa difficoltà?

Credo proprio che l'intrigo e la difficoltà siano gli stessi; e mi proverò a chiarirli.

Ogni attività, sia nostra che altrui nella nostra interpretazione, può venire inquadrata in diversi schemi mentali, o atteggiamenti. Fra questi ricorderò quelli della doverosità, della volontà, della possibilità, sia da scelta sia da capacità, della libertà, ecc. Si tratta, fra l'altro, di schemi che appartengono alla stessa famiglia, in quanto risultano costituiti dagli stessi pezzi, combinati diversamente.

Per esempio, nel dovere abbiamo due soggetti, l'uno successivo all'altro, soggetti di un unico svolgimento (il primo che diventa, nella espressione popolare, la voce della coscienza, ed in quella dotta il super-ego); nel volere, un unico soggetto di due svolgimenti fra loro eguali e successivi; nel potere da scelta, un unico soggetto di due svolgimenti fra loro differenti e contemporanei; nel potere da capacità, un unico soggetto si trova fra due svolgimenti fra loro eguali; nella libertà, nell'essere-libero-di, i due tipi di potere appaiono composti; ecc.

Queste operazioni mentali, questi quadri, si aggiungono, ripeto, a qualsiasi attività (per esempio del camminare si parli come di un devo camminare, voglio camminare, posso camminare, sono libero di camminare); ma proprio per questo non sono di necessità legati a nessuna attività particolare; e tanto meno quindi alle eventuali concomitanze, premesse e conseguenze psichiche e fisiche di queste. Tutto ciò invece potrà cambiare, restando eguale il quadro mentale, o questo potrà cambiare, restando eguali quelle.

Come abbiamo visto a proposito degli schemi esplicativi (*pp. 16 e sgg.*), sarebbe un errore il cercare sulle attività sostituibili le caratteristiche costanti dei quadri che vi si aggiungono, magari pretendendo di vederle come casi particolari del quadro mentale, sicché questo sarebbe ottenibile da loro per generalizzazione, induzione, astrazione, ecc.

Cerchiamo cosí di non commettere questo errore e di analizzare quali operazioni compie la nostra mente quando assume l'atteggiamento del lavoro, oppure del gioco, del dovere, del tempo libero.

In breve, nel lavoro, il risultato trascende l'operare, ed un vincolo a questo nasce quindi da quello. Nel gioco, il risultato e l'operare appartengono insieme al gioco, e pertanto nessun obbligo lo precede o lo segue. Nel dovere, per disciplina, per etica, per legge, l'elemento determinante precede l'operare. Nel tempo libero, infine, l'operare, per inquadrarsi nella libertà, figura sempre sia nell'alternativa di una scelta, sia nel suo stesso svolgimento in corso.

Il tempo libero ha quindi come costitutiva una scelta-fantasia che manca negli altri casi; e guai a chi ne è privo, perché il tempo libero si traduce cosí facilmente in un tempo vuoto; ed allora, da tempo in cui dovrebbe mancare l'ansia, perché niente chiama o spinge quel particolare operare e niente quindi può restare insoddisfatto, diverrebbe uno spiacevole tempo, con un soggetto destinato a restare dolorosamente sospeso, non solo per una alternativa scelta e non realizzata, ma proprio per una alternativa cercata e non trovata.

Questa consapevolezza operativa dovrebbe anche portare ad una riflessione, che il tempo libero è dell'individuo e non dell'organizzazione.

4.

Macchine utili

Ma qual è veramente la differenza fra l'uomo e la macchina? Si ridurrebbe forse ad una questione di definizioni?

Si legge spesso che la macchina risulta dall'aggiunta allo strumento di forze della natura — una natura, ovviamente, alla quale si sottrae l'uomo — per esempio le forze dell'acqua, del vento, di un combustibile, ecc. Lo strumento rimarrebbe legato soltanto alle forze dell'uomo. Ma le cose non stanno cosí, basti pensare alla macchina per scrivere, per cucire, e simili, macchina anche prima che alle nostre mani venisse sostituito un motorino elettrico. Nell'immaginazione popolare la macchina è rappresentata come un insieme di ruote e cinghie, ingranaggi, leve, ecc. Anche la natura dei componenti della macchina è accidentale: la macchina può essere elettrica, elettronica, idraulica, pneumatica, e cosí via.

La macchina prova piuttosto la sua definizione nel rapporto che si pone fra il suo funzionamento ed un prodotto, quel certo prodotto. Di volta in volta la macchina sarà cosí macchina per cucire, per scrivere, per tagliare, per segare, ecc. Si tratta di un modo di vedere, di considerare le cose, cioè dell'eseguire nei confronti di queste cose alcune operazioni mentali, costitutive appunto della macchin-ità, o macchinalità, meccanicità, e simili. In tal modo noi vediamo quel certo funzionamento finire in quel certo prodotto; e per farne la prova basta che si consideri macchina per esempio la forbice, macchina per tagliare, magari proprio mentre stiamo tagliando. Ci si accorgerà di come improvvisamente sparisca la nostra mano, anzi la nostra presenza come soggetto, ed al suo posto compaia, legato al movimento delle due lame che si incrociano, il taglio, i tagli. Ancora piú evidente sarà l'esecuzione di queste operazioni mentali se le applichiamo alla penna, considerandola come una macchina per scrivere.

Abbiamo detto piú volte in che cosa consistano le operazioni mentali alle quali si è alluso. Per ora sarà sufficiente ricordare come esse impongano la presenza del prodotto e del funzionamento, vincolati, e la disparizione del soggetto, se esso prima figurava. A questo proposito, una piccola esperienza curiosa si può avere se le operazioni costitutive della macchin-ità sono eseguite per esempio per la sigaretta, che venga cosí considerata macchina per fumare, essendo il fumare legato ad un gusto e ad un profumo, e comunque a conseguenze che comportano la sensazione e quindi la presenza del soggetto che assapora il piacere del fumo.

Dalla definizione di macchina discende anche il suo determinismo, la sua rigidità, in quanto quel certo prodotto, che la macchina deve produrre, è legato a quel certo funzionamento, ed essi anzi si presentano insieme. La macchina cioè non ha alternative. Se produce cose differenti da quelle per cui è stata costruita, si considera rotta; se non produce niente, essa è ferma, cioè solo macchina potenziale. La "macchina inutile," per la contraddizione dei due termini, fa ridere; si ricordino le famose macchine di Bruno Munari.

In questa problematica, ovviamente, l'uomo viene ad assumere quanto si nega alla macchina. Anch'egli cioè può venire considerato una macchina, e chi si occupa dei suoi organi, polmoni, cuore, reni, ecc., ai quali assegna lo svolgimento di una certa funzione, e solo di quella, è pronto a vedere per esempio nel cuore una pompa, senza che ciò urti alcuna suscettibilità sia logica che psichica. Tuttavia, se invece che nel rapporto di organo e funzione, ciò che egli fa si configura in quello di soggetto e sue attività, ecco che questo soggetto esclude la macchina. Né alcuno riderebbe dell'"uomo inutile."

L'antitesi è anche piú forte quando la categoria di soggetto entra in gioco non in modo semplice, ma duplice o triplice, quando cioè all'attività si dia non un solo soggetto, ma una pluralità di soggetti, categoriali e correlazionali, come avviene se al fare si fa precedere per esempio un "potere," o "volere," o "dovere" od "essere libero di."

(Per l'intrecciarsi operativo di soggetti e svolgimenti in questi costrutti mentali, si veda la p. 51 e piú diffusamente il capitolo 5.)

Ora però potrebbe sollevarsi una obbiezione. Se almeno in linea di principio è possibile, come tante volte si è detto, costruire una mente artificiale, con tutti i suoi "posso," "voglio," ecc., i suoi soggetti, ecc., questa macchina non si troverebbe alla pari con l'uomo, e non potrebbe quindi entrare con lui in comunicazione, mettendo appunto in comune ciò che ha in comune?

Ebbene, finché noi continueremo a considerare la nostra costruzione una macchina, rinascerà la stessa difficoltà, la stessa impossibilità, poiché non si tratta soltanto di parole, bensí di ben precisi ed assestati quadri mentali che l'impegno semantico contratto con quelle parole impone, di un operare nei confronti dell'uomo e della macchina in due modi antitetici. Se, per esempio, nelle nostre costruzioni usassimo la parola "artefatto" questo problema non si porrebbe e se ne porrebbe invece un altro in chiave di provenienza, la natura o l'artificio.

Un'esperienza di conferma a queste considerazioni si può avere proponendosi di vedere come macchina una costruzione dotata di attività mentale ed in grado di apprestarsi le sue categorie di soggetto, "potere," ecc. Ci si accorgerà che anche queste categorie, invece di comparire all'inizio dell'operare, come avveniva in noi al vederci come uomini, compaiono alla fine, cioè quali prodotti, vincolati a quel produrre. Per trovare un soggetto cui ricondurre l'operare bisognerà risalire al costruttore visto come uomo.

Questo è il motivo per cui tanto facilmente "incorporiamo" tutte le macchine con cui veniamo a contatto, ci sentiamo in esse "prolungati," anzi di esse forse non ci accorgiamo nemmeno. Non se ne accorge la cassiera quando *con* la sua macchinetta registra e somma ed attesta per l'avventore la spesa, non se ne accorge la massaia circondata dai suoi elettrodomestici, ma nemmeno chi siede alla guida della sua 1100 e gira con la mercanzia o la famiglia ha come controparte la macchina, non piú di quanto avesse il cavallo o la bicicletta.

Indipendentemente dalla questione logica e psicologica, dal modo di considerare e sentire, noi siamo ancora molto lontani dalla possibilità di costruire effettivamente un modello della mente e della psiche.

La difficoltà maggiore proviene sempre dal materiale di cui sono fatti gli organi artificiali, un materiale per ora molto diverso da quello dei nostri organi naturali. Sia quelli che questi sono fisici, ma la loro fisicità particolare è diversa, e cosí, se la combinatoria delle operazioni elementari è la stessa, diversa è la prima operazione, come sono diversi i rapporti, le interdipendenze, fra questi organi artificiali, sinché non siano stati individuati, analizzati e descritti in noi ed affidati a terzi organi di connessione fra loro.

Ad illustrare la difficoltà basti un esempio. Supponiamo di adoperare quale organo per l'attenzione e disattenzione un circuito elettrico rispettivamente chiuso ed aperto. La combinatoria degli stati di attenzione per formare le categorie mentali sarà corretta, ma quel chiuso ed aperto non corrispondono certamente ad eventuali due stati del nostro sistema attenzionale; inoltre, il sistema attenzionale umano ha una vita autonoma certamente diversa da quella dei circuiti elettrici, e cosí una diversa azione di intereccitazione ed interinibizione con gli altri sistemi, per esempio ottico, acustico, tattile, ecc. Un forte rumore ci farebbe subito attenti alla sua sorgente, mentre non avrebbe alcuna influenza sui circuiti elettrici senza l'intervento di un ulteriore meccanismo.

Né il buon senso suggerisce di costruire alcuna macchina del tutto simile a noi, cioè ad uno o piú di noi, in quanto sarebbe il piú inutile degli artefatti, servendo soltanto a complicare la nostra esistenza di cittadini di un mondo già abbastanza popolato.

Ciò non toglie che fra l'uomo e la macchina gli scambi siano già numerosi, e non solo nell'ambito del lavoro, con tutte le possibili ripercussioni economiche, di qualificazione, ecc. Alludo al campo degli studi della mente e della psiche, soprattutto se non ci si accontenta dell'automazione, quando la macchina fornisce i prodotti ed i servizi anche per vie diverse da quelle umane, ma si ambisce alla modellistica, quella suggerita dalla bionica, con modelli ispirati ai risultati delle scienze naturalistico-fisiche, e principalmente quella suggerita dalla logonica, che si avvale di risultati di analisi mentali.

La lettera che segue rappresenta una delle tante voci che hanno manifestato perplessità su una certa "visione miracolistica della macchina" di cui si accusa fra l'altro la stampa divulgativa, e che hanno offerto l'occasione a questa risposta e ad alcune altre considerazioni.

"Si legge sempre piú spesso sui quotidiani che i calcolatori elettronici 'fanno previsioni,' 'inventano responsi' per incontri di boxe impossibili, e magari sbagliano: in tal modo il lettore immagina che il calcolatore sia una specie di essere pensante, umano e fallibile, mentre invece è tutto il contrario (a meno di rarissimi errori stocastici).

Se il vostro è un quotidiano serio, perché non usa anche le pagine sportive (quelle in cui, negli ultimi tempi, si leggono tali notizie) per far capire al lettore che il calcolatore non è altro che una macchina che sa fare calcoli molto in fretta, ma che ha bisogno di un cervello umano che programmi l'analisi dei dati, e che quindi i risultati di una previsione non dipendono dal calcolatore ma dal peso che il programmatore dà, arbitrariamente, a fatti contingenti?

Viene il dubbio che la grande stampa, anziché contribuire all'educazione dei lettori, voglia mantenere intatta la visione miracolistica che l'uomo della strada ha nei confronti della scienza e della tecnologia (e gli articoli di Ceccato rischiano di confermare questo dubbio)."

(Eugenio Moroni)

Non c'è giornalista apprendista che non si sia sentito dire che "fa notizia" non il cane che morde l'uomo, ma l'uomo che morde il cane. Se si parla del calcolatore, del computer, presentarlo come esecutore degli ordini contenuti in un programma, con operazioni che, fra l'altro, per lo piú solo nel nome ricordano quelle umane, anche se il risultato ci permette di non compierle noi, egualmente "farebbe poca notizia," finirebbe fra le macchine-macchine, magari fra gli elettro-domestici. Ecco allora il calcolatore che ci dà gli ordini, decide dell'andamento della nostra azienda, ci consiglia nella scelta matrimoniale, guida e prevede la partita di pugilato, magari la gioca lui stesso, ecc.

Intanto però chi compera il giornale, affascinato dal titolo, legge il pezzo, invece di saltarlo. Credo che, letti attentamente, i miei articoli vadano a sostegno della sua tesi, e non certo di quella contraria, su cui anzi tante volte ho scherzato; ma comunque i loro titoli non sono fatti da me, bensí dal giornalista che ha appunto una sensibilità giornalistica. Cosí talvolta, interpretati in funzione del titolo, possono anche far pensare a chissà quali prodigi delle macchine ed a quali abdicazioni dell'uomo. Anche un titolo in apparenza neutro come "La guerra e il computer" (di Andrea Wilson, Arnoldo Mondadori Editore, 1970) suggerisce qualcosa di piú dei soliti conti che ogni stratega è tenuto a fare, e si apre con una corrispondenza pubblicata sul "Times" sei mesi dopo la crisi dei missili cubani: "La guerra nucleare combattuta col calcolatore." Mentre il volume è serio e disincanta.

Oltre al giornale per le sue finalità giornalistiche, sono poi le case produttrici di calcolatori ad indulgere agli antropomorfismi, in primo luogo quello del "cervello elettronico." Con l'offerta della notizia sensazionale ottengono una pubblicità cosiddetta ad alto livello e gratuita.

Infine, anche il competentissimo fisico, chimico, matematico, ingegnere, ecc., può cascare nell'inganno ed in perfetta buona fede assegnare alla sua macchina un'etichetta che per ora spetta all'uomo, parlando per esempio di percezione nei percettroni, di pensiero, di linguaggio, di traduzione, riassunto, classificazione, ecc. Questo avviene perché egli sa benissimo ciò che fanno le sue macchine, ma non altrettanto quello che fa l'uomo quando percepisce, pensa, parla, traduce, ecc. E d'altra parte il modo in cui il filosofo parla di queste cose, con inevitabili ed irriducibili espressioni metaforiche e negative, lascia immaginare qualsiasi cosa: una situazione in cui anche l'anatomia e la fisiologia risultano impotenti a ricondurre le operazioni non individuate e non analizzate al funzionamento di organi.

Ma, grazie a questi "salti," una corrispondenza, un articolo, invece che lungo e per i piú anche noioso, può riuscire appunto eccitante. Basti pensare al tema della comunicazione fra uomo e macchina, che invita a pensare al fatto linguistico ed al "mettere in comune" costitutivo del comunicare; un controsenso soprattutto perché la macchina è pur sempre definita in rapporto al prodotto, vincolata a questo eliminando da essa il riferimento al soggetto, mentre in questo contesto l'uomo è definito in rapporto al soggetto, cioè in quanto soggetto, il soggetto che fa da premessa alla volontà, libertà, ecc.

Naturalmente, niente esclude che in linea di principio un progetto già realizzato, come è l'uomo, e quindi un progetto che non può essere contraddittorio, sia ripetuto in un artefatto. Chi lo negasse sarebbe ben piú presuntuoso di chi lo ammettesse dichiarando la sua attuale incapacità: tuttavia a condizione che sia stata condotta una analisi sufficientemente ricca e sottile, del nostro operare mentale. Quanto alla costruzione effettiva dell'artefatto, può essere che la complessità della costruzione, le difficoltà tecniche, i costi, lo sconsiglino.

Usare le pagine sportive per qualche illustrazione dei calcolatori e loro usi? Un articoletto seriamente esplicativo sul programma del calcolatore che tiene conto delle mosse caratteristiche di un particolare pugile e di quelle dei suoi possibili avversari, assegnando ad esse certi valori, forse interesserebbe parecchi, ma per una volta. Non vi insisterei. Credo sia già una conquista del quotidiano che chi lo compera per le notizie sportive, possa buttare di tanto in tanto l'occhio su una intera pagina dedicata alla scienza e alla tecnica.

La problematica aperta dalla lettera precedente trova sviluppo in una breve rassegna critica degli attuali impieghi del calcolatore e in un esame delle conseguenze psicologiche e sociali della loro diffusione nel mondo del lavoro.

Io credo che una piccola maldicenza non faccia male, e molti ne saranno convinti, dopo aver visto di quale maldicenza si tratti. Essa, infatti, non concerne la macchina elettronica, che anzi fa tutto quello che può, ed in rapporto ad altre macchine risulta spesso piú economica, svelta e sicura, ma riguarda piuttosto l'ambiente della macchina, da chi la costruisce a chi la vende, a chi la impiega, per le sottili presunzioni che al nome elettronica si sono venute attaccando; cosí come una volta per tacitare i sospetti si diceva di qualcosa "è scientifico!," e chissà, forse c'è stato un tempo in cui si poteva anche dire "è filosofico!"

Facciamone una prova, chiedendo al lettore di fare attenzione a quale aura emotiva susciti in lui la vista, ma soprattutto il pensiero, di un sistema elettronico, di un sistema elettromeccanico, e poi meccanico, ed infine pneumatico od idraulico. Sistema elettronico... computer... cervello elettronico... I passaggi sono facili e rapidi: "nomina numina." Come dal meccanico si passa al macchinoso: un disvalore.

In questa direzione la magia piú avanzata si trova forse nella "musica elettronica," che in omaggio semplicemente al materiale ed allo strumento adoperato dovrebbe rappresentare la massima espressione del sentire estetico moderno (un po' come se quella scritta per il pianoforte riuscisse di per sé piú moderna di quella per violino, perché il pianoforte è di data piú recente). Le cose, cioè, sono indipendenti, ed ammesso che i materiali, i procedimenti e le opere si richiamino a vicenda, si tratta di un rapporto ben sottile. Per restare nel campo della musica, basterà ricordare come i nostri strumenti tradizionali siano i figli di una millenaria e durissima selezione, effettuata nell'indefinita gamma dei timbri, e le stesse scale musicali risultino da una selezione che ha impegnato l'uomo come soggetto fisico, psichico e mentale prima di farne l'oggetto. Si tratta di storia umana senza dubbio, e che deve restare storia, aperta quindi a tutto ciò che gli uomini vorranno proporre. Lo strumento elettronico, che rimette in gioco l'intero mondo sonoro, e per altezze e per timbri, potrebbe riuscire di inganno proprio in chi ignora che si tratta di storia, e non si rende quindi conto che potrebbe rappresentare, non già la novità, ma un ritorno agli oscuri primordi. Nessun materiale sonoro e nessuno strumento potrebbero assicurare a chi se ne serve di promuovere le operazioni che caratterizzano l'uomo in atteggiamento estetico, come produttore od anche come fruitore, se questi non le conosca per altra via o non ne sia spontaneamente dotato; ed in ogni caso, adoperati dall'animus vecchio, essi daranno opere vecchie, dall'animus vuoto, opere vuote, e cosí via.

Ma certamente un piú complesso ed ingannevole rapporto lega oggi la macchina elettronica e l'uomo in quanto essa pretenda di figurare quale modello di attività di pensiero e di linguaggio, quando cioè, anche senza mettere l'accento su una intelligenza umana capace di porre rapporti sempre nuovi fra le cose, si intenda fare eseguire alla macchina una qualsiasi attività dell'uomo che non sia fisica, bensí mentale o psichica.

Qualcuno potrebbe pensare che, come la descrizione delle operazioni fisiche dell'uomo si trova nei trattati di anatomia e di fisiologia, cosí quella delle operazioni mentali si trovi nei testi di filosofia e quella delle operazioni psichiche in quelli di psicologia. Ma la situazione purtroppo non è questa e sarebbe ben strano che chi si prefigga il modello di attività intellettuali avesse trovato qualcosa di adoperabile nei sacri testi (e da questo punto di vista non è che Kant o Husserl possano riuscire piú utili di Platone o di Aristotele). Tuttavia si è sentito parlare di percettroni, di macchine che traducono, che riassumono, che descrivono, e simili. Come è potuto avvenire?

Direi che la spiegazione è duplice; e intanto molto dipende se gli autori si limitano a scrivere sull'argomento, oppure costruiscono effettivamente le macchine, ed anche allora se a queste si limitano ad affidare certe prestazioni teoriche o pretendono quelle pratiche. Nel caso delle prestazioni pratiche, sinora non è stata costruita alcuna macchina che svolga l'attività di una mente umana. L'ostacolo è stato sensatamente aggirato prescindendo da questa e considerando invece quali sostituzioni l'uomo apporta di certe situazioni ben precisate con altre ben precisate, riuscendo però a precisare ed a isolare nella complessa attività umana uno o poche situazioni, e nemmeno effettuandone la sostituzione come il risultato di una catena fisico-mentale, bensí soltanto per gli aspetti fisici di questa, cioè per i famosi ingressi ed uscite fisici.

Mi spiego con un esempio. Chi si propone di tradurre la frase "il cane salta" comincia con il comprenderne il significato e dà poi al pensiero che rappresenta questa comprensione-significato la sua veste per esempio inglese, "the dog jumps." Ma è possibile ottenere da una macchina quel risultato con la sola sostituzione di grafie sulla carta, sia in blocco, sia pezzo a pezzo, "il-the," "cane-dog," "salta-jumps," se un traduttore ha già operato quelle sostituzioni e le ha comunicate ad un ingegnere. Il risultato sarà identico, e da questo punto di vista si potrà dire che la macchina "comprende" e "traduce." Ma la dichiarazione in un certo senso è ancora meno giustificata di quella semi-scherzosa con cui una casa pubblicizza i propri televisori: i nostri televisori comprendono tutte le lingue e le parlano. Cosí, la "traduzione meccanica" naufragherà però miseramente non appena incontri una frase che non sia stata già tradotta dall'uomo o non appena la traduzione parola per parola non mantenga affatto il significato. Cioè, quella macchina non traduce, né quando i risultati sono accettabili né quando non lo sono.

Il numero delle sostituzioni può anche allargarsi indefinitamente, ma in campi già all'inizio definiti in modo rigoroso da regole di costruzione, sicché si possa fissare anche la regola di loro sostituzione, come è avvenuto con le collezioni numeriche e le operazioni aritmetiche. La macchina comprende le espressioni numeriche altrettanto poco di quanto comprende quelle del linguaggio corrente, cioè non avrà per esempio idea alcuna di come operi un uomo quando si serve della parola "numero" (e questo, a dire il vero, potrebbe succedere anche al matematico), ma le addizioni, sottrazioni, ecc., a partire da quelle certe grafie sulla carta, buchi sulla scheda, punti magnetizzati sul nastro, produrranno quelle certe altre grafie, buchi, ecc.

Questa mancanza di comprensione rende per ora insormontabile anche la semplice sostituzione meccanica dell'espressione orale con quella scritta, in quanto non basta il fatto acustico a dividere le strisce sonore continue nelle singole parole. Chi parla può dire "lamoralenonsitocca," "scrittoelettoinpresenzadeitestimoni," ma la macchina soltanto acustica non avrebbe mai un criterio per decidere se le parole siano "la morale" o "l'amorale," "scritto e letto" o "scritto eletto," ecc. È invece possibile ottenere la sostituzione quando i suoni siano per esempio un "da.," "la.," "do.," "lo.," e simili; ma anche allora sarebbe ingannevole parlare di una macchina che "scrive sotto dettatura."

Similmente, chi si propone di operare una scelta ed uno scarto od anche piú semplicemente una separazione fra le cose, si prospetta tale situazione premettendo appunto una intenzionalità a quello che farà, per esempio con gli occhi e con le mani quando collocherà in due posti diversi le cose di colore, forma, grandezza, peso diversi. È l'intenzionalità con cui l'uomo costruisce per esempio il crivello, per ottenere che la sabbia, farina, ecc., di una certa grana rimanga sopra la rete e quella di un'altra passi sotto. Ma è molto ingenuo finire con il credere che anche il suo intento sia stato trasferito in quella rete.

Al crivello infatti manca proprio del tutto quell'operare mentale, che è già non solo percettivo, ma anche categoriale e di pensiero, l'operare che permette al bambino, una volta che abbia imparato a scegliere per esempio fra la caramella ed il cioccolatino, di applicare senz'altro quelle stesse operazioni in qualsiasi altra situazione, la scelta di un modo di vita, della ragazza, della frase adatta. Se però il crivello fosse elettronico, che tentazione!

La prestazione pratica limita comunque l'errore teorico, la falsa identificazione; e che io sappia sinora nessuno ha mai presentato un crivello come modello dell'attività di scelta e decisione. Ma quando la macchina non saprebbe giustificarsi altrimenti che per una sua funzione modellistica, e per di piú mentale, soprattutto per le incognite che nella speculazione tradizionale circondano tale attività, i vogliosi sono davvero parecchi, non fosse che per distinguere una cibernetica dalle piú correnti meccanica od elettrologia, od anatomia o fisiologia, o magari chimica o fisica.

La radice piú frequente di errore si trova in questi casi nell'indebita attribuzione, alle cose stesse descritte, degli schemi mentali adoperati per descriverle. Abbastanza comune è cosí per esempio il trasferimento dei cosiddetti schemi logici, quelli cioè ai quali una certa logica ha ridotto le funzioni segniche delle usuali congiunzioni "e" ed "o," o della negazione "non," al funzionamento di parti del cervello descritte in termini di reti neuroniche, ove i neuroni sono considerati come elementi fisici a due stati, sicché sia possibile farne risultare situazioni in cui essi si trovino tutti in uno stesso stato o parte in uno stato e parte in un altro. Anche però se non ci fosse stato il passaggio dall'"e" ed "o," ecc., del linguaggio corrente (ove linguaggio vuol dire anche pensiero!) ad un loro aspetto, come si suol dire, formale, di gioco, in cui il pensiero è scomparso e cosí anche il linguaggio, in qual modo si può giustificare il trasferimento di ciò che fanno quei neuroni a ciò che fa uno di noi nel descriverli secondo quello schema? L'errore diventa piú evidente se in quei termini noi descriviamo il funzionamento del motore dell'automobile, per esempio l'avverarsi della fase di scoppio quando siano vere congiuntamente le seguenti relazioni: valvola di aspirazione chiusa e valvola di scarico chiusa e pistone al punto morto superiore e candela con scintilla. Sarebbe tuttavia prodigioso che il motore d'automobile si mettesse a pensare per questo, anche se non a pensare in generale almeno per quanto riguarda quella relazione fra gli eventi. Cercare in questo modo il pensiero nel cervello è altrettanto assurdo.

Né meno gola ha fatto la teoria dell'informazione. Chi si serve dei suoni per trasmetterli con valore significante, deve farli arrivare distinguibili, ma il suo intento viene ostacolato in quanto nella trasmissione in parte si confondono. Si sa però calcolare quanti altri suoni debbano venire trasmessi per eliminare la confusione. Cosí, nel comunicare al telefono un cognome, spesso precisiamo con un nome di città la lettera che diventa dubbia: "Mario Voresina, V come Voghera." Ma si tratta di faccenda puramente acustica, in questi casi di sostegno sí ad un fatto linguistico, e quindi di pensiero, ma che di per sé non lo contiene certo e che può quindi venire invocata in molti altri fenomeni che nulla hanno a che fare con la comunicazione linguistica. Valga ancora l'automobile. Con il solo albero di trasmissione e gli ingranaggi conici il motore imprimerebbe alle ruote motrici soltanto una delle velocità dovute, per esempio la stessa ad entrambe. Ma le loro velocità devono invece mutare durante le curve. Che si fa? Si dà all'albero ed ai semiassi un'"informazione" in piú attraverso il differenziale. Ma forse che l'automobile, aggiungendo questa "forma" alla "materia," penserebbe? Ancora piú ingenuo sarebbe se questa informazione venisse addirittura identificata con l'albero di trasmissione, dato che esso comunica il moto dal motore alle ruote. Eppure, quando si parla di neuroni e di fibre nervose la situazione non è certo diversa, ed è piuttosto ridicolo credere di avere fatto il gran passo chiamando informazione per esempio un impulso elettrico trasmesso da neurone a neurone.

C'è dunque una colpa insita nell'elettronica, nei calcolatori, nei computers? Ma nemmeno per sogno. Siano i benvenuti, preziosi per l'uomo come ogni altra conquista tecnica se egli non se ne serva stupidamente.

Del resto nessuno dubita piú che certe elaborazioni automatiche dei dati si possano considerare come modelli meccanici di compiti assolti da impiegati. Tuttavia, non bisogna dimenticare che anche in questi casi la macchina sostituisce non l'impiegato, bensí quella certa sua funzione, e per lo piú eseguendo non le operazioni dell'impiegato, ma altre, i cui risultati sono piú o meno eguali a quelli dell'impiegato, ma solo in uno stretto ambito niente affatto allargabile.

In seguito a questa differenza fra l'impiegato e la macchina si pongono alcuni problemi che, anche per l'eufemistico parlare di macchine intelligenti o che pensano, di cervelli, ecc., non sono stati abbastanza considerati. Per esempio: in quali situazioni, per quali incombenze la macchina può sostituire l'impiegato? Come eventualmente va modificata la situazione che precede e segue l'impiego della macchina affinché se ne abbiano vantaggi e non svantaggi? Quali sono le ripercussioni di queste sostituzioni sul piano degli individui e della società?

Chi abbia letto di un programma compilato per simulare sul calcolatore magari il comportamento di due impiegati della stessa ditta, dello stesso grado e pressappoco con le stesse mansioni, ma l'uno piuttosto intelligente e l'altro piuttosto stupido (ove l'intelligente consiglia ed istruisce lo stupido e con ciò perde tempo ma guadagna prestigio), potrebbe aspettarsi davvero meraviglie dalla macchina, che gli farebbero supporre scontate la gestione di bilancio, l'emissione di mandati, le analisi statistiche, e simili. Ma purtroppo la situazione non è cosí matura come quel programma bizzarro potrebbe far credere, e che tuttavia è stato effettivamente compilato e conserva tutto il suo valore, perché, come altri programmi, ha l'intento di obbligare lo studioso a soffermarsi su aspetti del nostro operare che, soprattutto se molto diffusi, potrebbero altrimenti passare inosservati. Inoltre, rendendo dinamiche le teorie, questi programmi ci portano a guardare lontano, cioè a muoverci non soltanto nel presente, ma anche fra le conseguenze e le conseguenze delle conseguenze di certe operazioni.

Infine, i risultati della macchina calcolatrice adoperata al di fuori del calcolo matematico mostrano quanto l'uomo sia un essere ricco di risorse e di interventi. Per la scuola frequentata, diploma o laurea conseguiti, albo professionale o sindacato di appartenenza, ecc., egli è ragioniere, avvocato, muratore, fabbro o falegname, e simili, ma al suo mestiere o professione partecipa con un lavoro mentale, psichico e fisico piú o meno globale, per cui, in una catena operativa, anche di impiegati dal compito ben precisato, non è senz'altro sostituibile tranquillamente con una macchina, almeno una delle macchine attuali, senza che chi le fornisce i dati e chi glieli estrae adotti alcune precauzioni che l'operare fra uomini non contemplava. È stato notato ben presto che certe difficoltà ad introdurre le macchine provengono piú dalle abitudini degli uomini a lavorare fra gli uomini che non da limitazioni intrinseche alla filosofia dei calcolatori. Difficile per esempio è adattare la vita degli uffici a nuovi ritmi, condizioni, relazioni, ecc., imposti dalla macchina anche perché talvolta è già difficile rendersi conto di quelle innovazioni e cosí stabilire i punti di saldatura fra l'uomo e la macchina.

In breve, se all'inizio ed alla fine di molte nostre prestazioni troviamo l'uomo, in mezzo c'è un ampio spazio per il calcolatore, e questo va in ogni caso aumentando; ma non bisogna pretendere da esso troppo, soprattutto non pretendere di trovarvi un uomo, e, del resto, non pretendere nemmeno troppo poco, perché allora il calcolatore sarebbe sprecato. L'uomo avrà sempre certe differenze da una macchina calcolatrice, anche se in linea di principio non possono ritenersi insuperabili.

Nel costituire un sistema automatico integrato fra uomo e macchina, la saldatura avverrebbe nel modo piú ricco e sciolto se entrambi potessero contare su segni scambiabili prontamente e liberamente, cioè su un linguaggio comune, possibilmente la lingua di cui già l'uomo si serve per le sue comunicazioni. Ma la macchina "loquax," per ora, e forse per sempre, è la meta piú lontana. Questa difficoltà tuttavia ha già suggerito alcuni modi per aggirarla, per esempio la compilazione di certi linguaggi artificiali per macchine, da macchine, come Fortran, Cobol, Trac, Snobol, ecc.; ma soprattutto ha convinto l'uomo che, se vuole essere aiutato dalle macchine, deve aiutarsi, cioè adattarsi alle macchine, per esempio porgendo loro i dati da elaborare nel modo richiesto dalla loro pochezza linguistica ed integrativa. La trasformazione che le macchine imporranno alle umane faccende per esserci collaboratrici sempre piú efficienti assumerà tuttavia ben altre proporzioni.

Intanto, i dati per l'elaborazione meccanica si dovranno ottenere sempre piú come prodotto secondario ed automatico dalle altre attività umane. Si supererà cosí l'ostacolo per esempio di non avere ancora un vero e proprio lettore automatico dei testi, se non in particolari condizioni favorevoli (certi caratteri a stampa su certi tipi di carta, ecc.); ed ancor meno di avere un trascrittore automatico del linguaggio orale in linguaggio scritto (né il problema è di facile soluzione, perché l'individuazione delle espressioni nell'uomo avviene non per sola via acustica, bensí con integrazioni dovute alla loro comprensione, cioè a livello del pensiero). Si tenga presente che la perforazione, registrazione di un testo, ecc., a parte il tempo che richiede, può venire a costare da sola piú dell'intera prestazione umana connessa a quel testo.

Ci si può proporre però di eliminare in larga misura il documento stesso da scrivere e leggere. In altre parole, se oggi nello svolgimento di una funzione amministrativa, dalla raccolta dei dati alla decisione finale, il documento linguistico si trova ad ogni tappa e per tante tappe, ci si regolerà in modo da saltare il documento nelle tappe intermedie, per lasciarlo soltanto all'inizio ed alla fine, o proprio soltanto alla fine. In questo modo diminuirebbero pure gli errori, che in un certo grado accompagnano i trasferimenti e conversioni di dati, soprattutto perché, normalizzando l'intero processo, è piú facile apprestare i mezzi di controllo degli errori.

Naturalmente, alla soluzione tecnica dovrà accompagnarsi una modificazione piuttosto profonda anche delle disposizioni giuridiche riguardanti i documenti, loro esistenza, conservazione ed ispezionabilità, cioè che regolano la scrittura dei documenti e nei documenti.

L'aspetto linguistico dell'operare umano potrebbe venire intaccato anche piú profondamente, esaminando quale funzione svolga il linguaggio e lo stesso pensiero nell'uomo come creatore, come conservatore e come trasformatore delle cose. In qual modo essi potrebbero venire sostituiti con operazioni e risultati che non siano piú di pensiero e linguaggio?

Niente di nuovo, certamente, in quanto, a parte le etichette stuzzicanti, si sa che, se si è riusciti a fabbricare le attuali macchine di aiuto al nostro lavoro intellettuale, è stato proprio perché si è seguita una strada che ben poco ha a che fare con il pensiero e il linguaggio: a cominciare dai contatori che si guardano bene dal giungere ai numeri applicando la categoria mentale del singolare e quella della ripetizione. Illustrerò questa possibilità con il cambio automatico delle marce nell'automobile, e già la sua "meccanizzazione" da parte del conducente. Infatti, egli lo esegue la prima volta sulle parole dell'istruttore; poi guidandosi con un proprio pensiero, formulato con tanto di rapporto di mezzo e scopo, di causa finale, pensiero magari comunicato a se stesso od al vicino di posto; finché tutto avviene senza alcun pensiero-discorso, in modo cioè del tutto automatico, meccanico, anche nell'uomo, ridotto cosí alle operazioni soltanto fisiche che sono quelle affidate per l'esecuzione ai soliti ingranaggi o pulegge, alla frizione elettromagnetica, ecc.

Per tornare al problema dell'integrazione fra il lavoro dell'impiegato e le funzioni della macchina, certo, il punto di arrivo ideale sarebbe l'eliminazione del documento, eccetto nella fase finale, quando l'uomo riprende il suo posto; ricordando che meno il dato compare in parole usuali e piú si richiede lo specialista o la macchina interprete per identificarlo, e che bisogna essere abbastanza sicuri che domani non avremo bisogno del documento di passaggio, anche indipendentemente da ciò che prescrive la legge.

Ma alla meccanizzazione di una funzione amministrativa si sentono giustamente sollevare anche altre obbiezioni. Vediamone un paio.

una funzione amministrativa è assorbita da una
na, da un programma di calcolatore, e piú l'orga-

nizzazione si trova a dipendere dalle costruzioni proprie del sistema meccanico od elettronico impiegato. Un certo programma soddisferà le esigenze sentite ad un certo momento: ma se queste sono cambiate? Un programma non è altrettanto adattabile quanto l'operare di un uomo intelligente ed elastico, anche se il programma viene compilato flessibile e tenendo conto di possibili cambiamenti. Del resto, è la stessa difficoltà che s'incontra con le catene di montaggio e già con la preparazione scolastica curata in funzione di una stretta specialità.

La rigidità del programma potrebbe risultare tanto piú imbarazzante quanto piú la meccanizzazione, invadendo progressivamente i vari campi, li abbia resi interdipendenti.

Una meccanizzazione molto estesa pone anche il problema di mantenere almeno in alcuni impiegati, funzionari, ecc., una vivacità di interessi sufficiente a far fronte alle novità, per esempio quando esse giungano all'improvviso in seguito ad un mutamento politico. Una vivacità, fra l'altro, che ancor piú si trova alla base della proposta delle novità. La curiosità, l'entusiasmo e l'inventività non abbondano fra gli uomini, e non certo nel mondo impiegatizio. La macchina non allontanerà anche i barlumi ancora rimasti? Fa riflettere già il comportamento del programmatore dei calcolatori, che si esaurisce presto cercando dopo i primi successi di cambiare lavoro.

Vorrei ora accennare ad un punto controverso a proposito della meccanizzazione della struttura di una organizzazione statale o privata, industriale, commerciale, ecc. Qualcuno sostiene che piú ci si innalza nella gerarchia e meno il lavoro si svolge ripetitivo, monotono, vincolato, sicché le decisioni non saranno prese secondo regole prefissabili e quindi meccanizzabili. Qualcuno sostiene il contrario, in quanto le decisioni in alto loco devono tener conto di un numero di dati, di parametri, maggiore.

A me sembra che la discussione trovi radice nel non effettuare una distinzione. Un dirigente si può trovare a prendere decisioni di due tipi. Se la decisione riguarda un rapporto di mezzo e scopo, se cioè ha natura strumentale, è da augurarsi che egli tenga conto del maggior numero possibile di fattori, e cosí essa riuscirà molto vincolata, appunto dalla situazione presente ed anche dalle conseguenze che se ne devono prevedere. La decisione può però essere politica e riguardare cosí non gli mezzi, gli strumenti, ma gli scopi, anzi, se si tr un capo di Stato, il famoso scopo finale od ultimo di una società, di un Paese, ecc.; perché allora è chiaro che chi prende la decisione ha una libertà ignota al tecnico. Naturalmente, però, il pretendere questa distinzione è già attendersi da parte dell'uomo una notevole moralità, non fosse che per la responsabilità che entrambe le alternative mettono in gioco: quella del tecnico e quella del politico. La confusione infonde invece in entrambe una specie di scientificità, sufficiente almeno a ridurre il doloso a colposo.

Tutt'al piú vi sarebbe da aggiungere che spesso l'uomo prende una decisione sui mezzi, sugli strumenti, sul da farsi per raggiungere un certo obbiettivo, secondo un cosiddetto sentire intuitivo, un fiuto o naso o orecchio che gli permette di dominare situazioni troppo complesse per essere fatte oggetto di una trattazione razionale e quindi anche di una articolazione meccanica, almeno per ora. Né deve stupire, in quanto la via del pensiero e del discorso spesso viene dopo una via fisica percorsa tante volte inconsapevolmente. Forse che il bambino "calcola" quando salta la corda od il fosso? E che dire del "calcolatissimo" salto per esempio dei gatti? Il mettere in rapporto, dopo aver ridotto a grandezze, il nostro peso, lo sforzo muscolare, ecc., comporta un calcolo, certo fattibile, ma non dal bambino o dal gatto. Certe decisioni vengono ancora prese con successo secondo vie soltanto fisiche, non solo per esempio dall'artista nel suo comporre musica o versi, ma anche dall'industriale o commerciante o stratega e simili; benché vada da sé che in questo modo non si otterrà certo che l'astronave compia il suo salto dalla Terra alla Luna.

Nel prospettarsi la meccanizzazione dei compiti assolti dagli impiegati, funzionari, ecc., di un'amministrazione soprattutto se questa ha carattere pubblico, non va sottovalutata infine una resistenza che ha profonde radici umane. Anzitutto è ben raro che un mutamento in una struttura organizzata vada subito a beneficio di tutti; e chi ne soffre, reagisce, si oppone. Anche se la meccanizzazione non dovrebbe mandare sul lastrico nessuno (a meno che non sia maldestro chi la programma ed introduce), tuttavia chi deve servirsi della macchina sarà costretto a ritoccare la sua preparazione professionale, magari riqualificarsi, cioè tornare un poco a scuola, ed infine avere per compagna di lavoro la macchina, laboriosa anche troppo, ma soprattutto esigente ed impietosa, con i suoi punti di passaggio obbligati, ecc. Ed infine, non ci sarà il pericolo di veder diminuita la corte dei dipendenti, dei subalterni, il cui numero fa parte del prestigio del dirigente?

Questa resistenza alla meccanizzazione è dunque da prevedersi, anzi è stata già ampiamente vista; ne sanno qualcosa per esempio certi sindaci dinamici, che freschi di nomina hanno investito somme anche notevoli per piani di meccanizzazione rimasti sulla carta, e persino per l'acquisto di macchine rimaste nei depositi.

Occorrerà dunque che l'uomo sia assuefatto alla macchina elaboratrice di dati sin dalla scuola, cosí come ormai tutti (ma forse sono ottimista) si sono assuefatti al fotoriproduttore, che sostituisce l'opera dell'amanuense e del copista dattilografo; e cosí che si abitui anche a riporre il suo prestigio in altro che nel numero dei dipendenti, per esempio nel numero delle copie dei suoi documenti. Sentite quest'ultima legge del celebre Parkinson. Il documento andrebbe inviato, diciamo, ad ottanta persone. Ma, non si sa mai; meglio abbondare. E cosí si tirano cento documenti, tanto con la macchina si fa presto, ed è solo il costo della carta. Senonché si pone il problema di dove collocare i venti eccedenti, finché si decide di allungare la "mailing list," cioè l'indirizzario aggiungendovi i nomi di venti persone alle quali, sí, il documento potrebbe anche in qualche modo interessare. Ed eccoci al secondo documento, che ormai andrebbe inviato a cento persone, secondo l'indirizzario; ma, non si sa mai, meglio abbondare. E cosí si tirano centoventicinque documenti. Senonché si pone il problema di collocare i venticinque eccedenti, finché si decide, ecc. ecc.

5.

Il cibernetico a consulto

Piú di una volta l'A. è stato "chiamato a consulto" nella sua veste di cibernetico, per esempio dall'Automobile Club (ottobre 1967) per lo studio del comportamento del pilota di automobile, dall'Associazione piloti civili d'Italia per il comportamento del pilota d'aereo (giugno 1969), dall'Associazione dirigenti industriali per il pilota d'azienda, nei vari corsi di aggiornamento, e dall'Istituto per la prevenzione ed il trattamento dell'alcoolismo per un quadro mentale del bevitore (giugno 1968).

Chi sta pilotando, soprattutto l'automobile, in qual modo comunica con l'ambiente fisico, con i suoi simili, ed infine con se stesso? Ogni mestiere, ogni professione, ogni arte, comporta, per chi li esercita, un campo percettivo e rappresentativo particolare, e cosí di mobilità e di pensiero, e spesso, come in questo caso, di scambio con gli altri uomini. Qual è questo campo, nel caso del pilota di automobile, di aereo, di imbarcazione?

Il cibernetico può interessarsi del problema applicandovi, fra l'altro, lo schema dei sistemi omeostatici, supponendo un determinato equilibrio negli scambi piú generali fra l'uomo e l'ambiente, per esaminare come questo equilibrio venga alterato, per modificazione di una delle parti o di entrambe, nella guida di un mobile; ed allora suggerire che cosa si debba fare, o per ritrovare l'equilibrio perduto o per assicurarne un altro desiderato.

Il tema dello "spazio operativo del pilota" rientra fra quelli di piú ampio respiro dei nostri tempi, il rapporto fra l'uomo e la macchina, quello per cui parliamo ora di "civiltà" ed ora di "barbarie" delle macchine. In questo caso, poi, esso è duplice, in quanto noi si comunica sia con la macchina pilotata sia, attraverso di questa, per esempio con la strada, con gli altri automobilisti, con i pedoni, ecc. Ci sono infatti macchine alle quali ci limitiamo a delegare un nostro operato, anzi un nostro operare, da quel momento disinteressandocene, e quindi che ci sostituiscono in tutto o in parte, e macchine che invece riprendono ed ingigantiscono un'attività che viene iniziata dall'uomo e sino ad un certo punto poi sempre controllata, almeno sotto certi aspetti, senza soluzione di continuità, perché volontà e muscoli rimangono presenti. L'automobile appartiene indubbiamente al secondo tipo, e cosí l'imbarcazione e l'aereo.

Per quanto riguarda l'operare percettivo di chi guida un mobile, la ricerca dovrebbe iniziare — e questo sarebbe in ogni caso il dovere del cibernetico — scegliendo un certo operare percettivo quale modello al fine di studiare in rapporto a questo le differenze del particolare operare del pilota: il procedimento usuale, del resto, di chi deve apprestarsi una normalità, una generalità, per valutare infine come effetti di cause le differenze di un comportamento modificato, particolare.

Purtroppo, un operare percettivo generale ed esaurientemente articolato dell'uomo sinora non è mai stato fissato in modo esplicito, né sarebbe facile, sicché esso viene presupposto piú che altro in modo intuitivo. Questo tuttavia è sufficiente perché risultino immediatamente alcune particolarità dell'operare del pilota.

Per esempio, noi di solito percepiamo gli oggetti, o rimanendo fermi rispetto ad essi, o muovendoci alla velocità di chi cammina. In queste condizioni, il tempo a disposizione per la costruzione dell'oggetto è un certo tempo, che permette di bilanciarsi in un certo modo sia all'operare percettivo in rapporto a quello rappresentativo, sia all'operare percettivo in rapporto al pensiero di cui l'oggetto percepito diviene un possibile contenuto.

Quando però il movimento del percipiente si accelera, egli si trova ad operare in un ambiente che per lo piú cambia in modo rapido. Si hanno allora alcune conseguenze: che gli oggetti percepiti sono piú poveri, meno articolati, e quindi anche piú uniformi, e che il pensiero ad essi dedicato si accorcia o si annulla.

A ridurre il pensiero contribuisce anche il compito che si dà chi guida un mobile, cioè le cose che egli si propone di vedere e quelle che si propone di non vedere, ed il modo stesso di vederle. Ciò che non rientra nel programma figura quale distrazione. Per esempio, nel caso dell'automobilista, è importante la strada con le curve, ampiezza, fondo, segnaletica, ecc., mentre è annullato il paesaggio. Della massima importanza sono gli altri utenti della strada, ma solo per lo spazio che vi occupano con i loro veicoli e per i movimenti di questi. Inoltre, in situazioni percettive usuali, non solo il nostro pensiero, se si sofferma su un oggetto, è per arricchirlo di particolari, ma se ne può staccare liberamente una volta esauriti l'esplorazione ed il commento. Invece, nella guida, la percezione ed il pensiero si immobilizzano su un risultato mantenuto fisso, sino ad esaurimento del compito, che può prolungarsi soprattutto se l'oggetto di percezione è anch'esso mobile nella stessa direzione di marcia. Si sa come questa fissità sia suscitatrice di stati ipnotici.

Si ha qui un tipico esempio di percezione selettiva, anzi di pensiero selettivo; ed ogni mestiere, professione, arte, come ben si comprende, si costituisce con una sua selettività, quale momento di una teoria od almeno di una prassi. Il compito particolare porta ad anticiparsi alcune alternative di un quadro abbastanza rigido, e noto come "deformazione professionale." Nel caso del pilota di automobile questo quadro comprenderà per esempio: È una macchina veloce o lenta? Quella che mi precede, tenterà anch'essa il sorpasso? E cosí via. Nell'aereo e nell'imbarcazione il compito può stringersi soltanto ad alcuni momenti della guida, per esempio partenze ed arrivi, ma l'automobilista che guidi in modo brillante su strada normale deve prendere parecchie decisioni per ogni chilometro ed appunto sempre su certi dati percettivi e non altri.

Naturalmente, una buona parte delle operazioni del pilota, come del resto di ogni attività spesso ripetuta, tende a meccanizzarsi, sicché è possibile avere un pensiero che scorra indipendente durante la guida. Ma si sa come questo pensiero, anche quando l'automobile, l'imbarcazione, l'aereo, siano proprio per questo adoperati a fine distensivo, subisca la riduzione portata dalla fugacità degli oggetti di percezione, da una memoria di mantenimento di presenza, di condensazione e propulsione accorciate, e risulti cosí un pensiero ad unità relativamente corte, poco sviluppate, che tende alla ripetizione. Si direbbe che questo secondo pensiero derivi dalla macchina un suo andamento, quasi un ritmo, anche se con le operazioni della guida non ha nulla a che fare.

Pur accelerata e ridotta, la percezione durante la guida, soprattutto la guida prolungata, richiede una vigilanza anch'essa eccezionale se confrontata con quella del vivere quotidiano. Questa vigilanza viene sostenuta da una accentuata secrezione adrenalinica e noradrenalinica, che ne è quindi insieme l'effetto e la causa. Con la guida brillante, il traffico intenso, la strada accidentata e simili, dopo qualche ora l'adrenalina aumenta nel sangue sino a trenta volte, determinando uno stato di eccitazione colorata di aggressività. In questo senso si dice che l'adrenalina svolge una "funzione d'assalto." Inoltre essa determina un aumento degli acidi grassi del sangue, provocando una specie di arteriosclerosi acuta che abbassa le facoltà intellettive. Il guidatore comincia con l'avvertire uno stato di ebbrezza, poi si sente straordinariamente sicuro, infine diventa aggressivo, enfatico, insofferente, raggiungendo talvolta uno stato di violenta eccitazione.

La pericolosità del meccanismo adrenalinico è ben chiara. Dal punto di vista omeostatico, dell'equilibrio, esso funziona infatti alla rovescia e rappresenta uno dei casi piú evidenti di un adattamento non ancora raggiunto dall'uomo come essere fisico, psichico e mentale ad una sua costruzione, in questo caso l'automobile, la strada, la velocità, ecc. L'aspetto piú interessante e generale di questa situazione è che essa illustra le conseguenze dell'aver sviluppato le nostre possibilità in una direzione senza armonizzarvi le altre, anzi magari riducendole. Della pericolosità, fra l'altro, ci si accorge quando su di essa si ragiona, ma non altrettanto facilmente se le facoltà intellettive sono abbassate, regredite.

Nella competizione sportiva, od anche nell'esercizio sportivo individuale, quando si debba disporre di energie fisiche scattanti e magari prolungate, l'accrescersi della secrezione adrenalinica è provvidenziale e non è pericoloso, in quanto l'affaticamento muscolare, l'esaurirsi delle forze, vi fanno da freno e riducono cosí l'aggressività, il capriccio della prestazione violenta, prima che raggiungano limiti distruttivi per gli altri e per se stessi. Ma non è il caso di chi si avvale delle forze non sue, ma della macchina, aggredite anch'esse da chi ne dispone eccitato.

Il discorso naturalmente si allargherebbe oltre misura se si prendesse in considerazione lo stesso meccanismo in ogni esercizio del potere, ne sia oggetto la macchina per la velocità, l'arma per la distruzione, un altro uomo o tanti altri uomini per un qualsiasi asservimento, strumentalizzazione, ecc.

Bisogna rendersi conto delle conseguenze dell'intossicazione adrenalinica prima che queste conseguenze ci prendano la mano, cercando di controbatterle preparando per essa un terreno mentale almeno non accogliente; e comunque tenendo presente il pericolo di prolungare e potenziare soltanto certe nostre forze, ma non tutte, anzi, abbassandone altre.

Si direbbe che il pilota, attraverso il suo mobile, guadagni di mobilità. Tuttavia, anche sotto questo profilo, è solo un aspetto che viene accresciuto, ed a scapito degli altri. Ne viene alterato il cosiddetto ambito di territorialità e per accorgersene basterà rivolgersi alcune domande.

Di solito, di quanto spazio dispone una persona, e che cosa ne fa, cioè come distribuisce in esso la propria mobilità, in quanti e quali modi lo può occupare, spostandosi, muovendo gli arti, ecc.? Che cosa significa questa mobilità per il nostro equilibrio fisico, psichico e mentale? Inoltre, in quale modo si legano nei nostri movimenti la rappresentazione e l'esecuzione, quali sono le conseguenze della volontà del movimento assecondata od impedita?

Per lo studio delle premesse e delle conseguenze dei rapporti spaziali degli uomini fra loro o degli animali in genere, di recente è stata proposta una disciplina con un suo nome, la *prossemica*. Dovrebbe contenere un grosso capitolo sulla mobilità, rispetto ad un ambiente sia fermo che mobile. Fra l'altro non si dimentichi che l'uomo dal punto di vista fisico è solidale con l'ambiente che lo circonda, e la sua separazione alla pelle od altrove è il risultato di un operare mentale, che può cessare o porre il diaframma nei posti piú svariati, sia estraniandone parti del suo corpo, sia inglobando altri corpi: si pensi rispettivamente alla percezione di un organo interno, ai capelli od alle unghie durante il taglio, ed a chi si serve di strumenti, o si arma di fucile, di amo, ecc., e si termina alla fine di questi.

Il pilota, sino a che punto si fa corpo con il suo mobile? Ed allora, in quali rapporti spaziali, mentali, e psichici e fisici, si pone cosí allargato, cosí armato, con quanto viene a circondarlo? La scarsa consapevolezza della vita mentale che sussisteva sino ai tempi piú recenti può aver lasciato in ombra il complesso lavorio mentale che presiede a questi rapporti e le loro ripercussioni psichiche e fisiche. Ora stanno venendo in luce. Si pensi anche soltanto all'applicazione delle categorie mentali di "stesso" e di "altro", la prima che pone una linea di continuità fra le cose cosí categorizzate, e la seconda che le separa. Può essere capitato a tutti di organizzare una gita in compagnia, e quindi stesso l'intento, ecc., con due auto-mobili, due imbarcazioni, che si seguiranno; e può essere capitato a tutti di trovarsi tallonati o tallonanti, in una situazione dunque che dal punto di vista fisico è eguale alla prima, ma ove regna l'alterità. I due atteggiamenti mentali hanno ripercussioni ben differenti: l'espansione ed il sostegno, nel primo caso, piacevoli; la limitazione ed una sottrazione, di spazio, di visibilità, ecc., nel se-condo, spiacevoli.

Ritornando alla mobilità del pilota, è facile accorgersi come la guida riduca gli usuali movimenti: siamo chiusi in un abitacolo, ed in questo assumiamo una posizione abbastanza rigida; le mani sono sul volante, i piedi sui pedali, ma soprattutto gli occhi fissi sul davanti, ecc. La finalità della guida impedisce che la costrizione sia con-siderata per se stessa avvertendone la monotonia; ma questa sussiste ed appare chiaramente in un filmato. La più forte riduzione si attua però negli spostamenti conces-si al mobile e quindi al suo pilota. La mobilità si re-stringe ad un correre in avanti, essendo escluso l'andare di fianco e pressoché annullato l'indietreggiare. Essa fra l'altro finisce con l'esasperare quello nella direzione ri-masta; e può riuscire interessante il raffronto con il pi-lota di carro armato, ove anche questa è esclusa e si trasforma in una volontà di schiacciare, di distruggere. E può sembrare interessante il raffronto, per la reazione op-posta, del passeggiare, con l'impaccio di indumenti e di ostacoli, per la sua funzione distensiva.

La distribuzione della mobilità si sente tuttavia mag-giormente impacciata dagli usi concorrenziali del terri-torio, cioè da un incontro fra mobili e loro piloti.

Basta la riduzione dello spazio a provocare i noti fe-nomeni di irritazione, di insofferenza, per esempio nella coabitazione. Non ne sfuggono gli animali cui si restringe la gabbia o che si affollino in una gabbia. Un atteggia-mento mentale che accomuna in nome di una stessa fina-lità od almeno di una complementarità, protegge, come si è accennato, da questa situazione di alterità e chiu-sura; ma nel nostro caso non è facile che quell'atteggia-mento si instauri, appunto perché lo spazio, il territorio, mi occorre tutto, tutto per me se al mobile ho dato come prima finalità la sua conquista. Il sogno di libertà, di rot-tura delle costrizioni di spazio e di tempo si traduce nel-la promiscua congestione in una realtà di inceppamento, di confinamento, di imprigionamento. L'automobile nella fila, l'imbarcazione che non può attraccare perché le banchine sono affollate, l'aereo che non riesce ad alzarsi o ad atterrare, perché le piste sono affollate, rappresentano questa realtà mortificante e frustrante in rapporto a quel sogno.

In questa mobilità impacciata, ogni "altro" appare come il nemico che mi ruba del territorio, il "mio" territorio, mi limita nei movimenti od anche semplicemente mi toglie la vista. Lo spazio altrui diventa la terra di conquista. Non si dimentichi che la tragedia dell'Edipo Re ha origine da una precedenza stradale pretesa e non concessa. A differenza delle reazioni nelle contese per la conquista del cibo o della donna, queste possono sembrare gratuite; ma il meccanismo mentale che le produce non è differente.

Di qui la necessità di un codice che fissi la spartizione di ciò che ognuno considererebbe tutto suo, che promuova una eguaglianza fra coloro che usano dell'ambiente, affinché un "voglio" sia contemperato da un "posso" e da un "devo." Comincia tuttavia il millenario gioco sottile fra l'eguaglianza e la libertà, ed i criteri di questa eguaglianza e di questa libertà, uno dei problemi piú intricati della sociologia e della psicologia, in quanto ben di rado si riesce ad applicare un criterio di eguaglianza semplice e non di differenza sanata introducendo altri elementi, come il merito, il bisogno, la nascita od appartenenza privilegiata, ecc.

Accettata l'autorità del codice, la riduzione del territorio da parte del pilota viene accettata piú agevolmente. Ma allora guai a chi, rafforzato nei suoi diritti dalla legge, la trova infranta. Comprensione e tolleranza diminuiscono e l'infrazione di per sé fa appello alla giustizia.

Si aprirebbe un capitolo molto interessante per la psicologia e la sociologia, orientate o meno in modo prossemico, se esse comparassero le conseguenze di una distribuzione della mobilità in nome delle regole di un codice civile e penale precisato nel codice della strada con quelle di una loro distribuzione in nome delle regole di un gioco. La differenza è subito colta. Le regole della giustizia, e già dell'etica e della disciplina, precedono l'accettazione che ne facciamo: non sta a noi il riconoscerle o meno per renderle efficaci, cioè senza già cadere, come si usa dire, sotto la ferula della giustizia, la voce della coscienza, le sanzioni della disciplina. Quelle del gioco entrano in vigore con l'accettazione del gioco. Inoltre, le prime sono finalizzate, le seconde sono fine a se stesse, e perciò portano con sé la gioia del gratuito e possono contenere il patimento, la pazienza, la passione, ecc., come elementi positivi, cioè previsti dal gioco, e come tali appartengono al divertimento.

Avremo il gioco della città, della strada, del viaggio, diminuendo certamente mortificazioni e frustrazioni, purché il gioco inglobi quanto essi ci offrono e ci sottraggono, e comunque contempli gli altri, appunto, come partecipi dello stesso gioco.

Io sono convinto che in tutti noi è presente potenzialmente un *homo ludens*, anche se la nostra società con la sua storia di un Settecento razionalista, di un Ottocento romantico, di un Novecento lavorativo ed economico e politico lo ha messo da parte rendendoci spesso degli arrabbiati.

Regolare la nostra vita come un gioco, i nostri rapporti con l'ambiente fisico, ma soprattutto sociale, risulta utile non solo perché in questo modo la difendiamo da aspetti che essi potrebbero assumere, appunto, sregolati, ma anche perché essi si alleggeriscono con la caratteristica dell'atteggiamento ludico che limita ad un tempo ben determinato, quello del gioco, il presente, il nostro operare e non vede al di fuori di questo presente né un passato né un futuro, che rimangono pertanto liberati.

Ovviamente il discorso si allarga ben al di là dello spazio operativo del pilota per entrare in quello davvero del cibernetico, teoretico, che regola, e pratico, che si autoregola.

Non si dimentichi che la nostra vita è stata per secoli o millenni regolata in senso antitetico al gioco, in quanto si dava all'operare una finalità trascendente il terreno, come in molte religioni, o trascendente il presente, come Paradiso terrestre o Età dell'oro proiettati in un futuro; e ciò giustificava e rendeva tollerabile molta sofferenza terrena e presente. Ma la nostra epoca è tutt'altro che disposta a credenze, non fosse che perché l'incrociarsi delle informazioni e quindi della cultura ha scombussolato e lasciato incerti e scettici, e non fosse che perché i rapidi capovolgimenti hanno tolto una permanenza che si poteva scambiare per perennità a certi valori.

L'uomo non può certo ridurre tutti i suoi atteggiamenti, almeno una ventina, a quello ludico, inserendo in questo i suoi rapporti con l'ambiente fisico e sociale; ma a mio avviso oggi ha ridotto eccessivamente questo a quelli, e nel pilota ciò si riflette in uno stato d'animo di impotente e di arrabbiato.

Naturalmente, affinché il pilotaggio come gioco non sprigioni l'animo competitivo con la sua marcata coloritura di irresponsabilità, occorre che fra le regole sia inserita questa esclusione, non il dovere arrivare primi o prima, a qualsiasi costo, bensí arrivare bene.

Aggiungo che l'impegno di gioco è all'opposto del disimpegno, dell'infantile, dell'immaturo, del leggero, dello stolido, ecc., come esso si manifesta negli stati di ebbrezza per esempio etilica. Abbiamo infatti in questo caso un regresso del pensiero che è antitetico alla lucidità del giocatore.

Chiuderò questa breve rassegna del pilota di un mobile accennando ad uno degli aspetti piú importanti della nostra vita di relazione che viene forse piú ogni altro intaccato, soprattutto in chi guida l'automobile.

Con la comunicazione, non soltanto ci si avvale di qualcosa che le parti abbiano già in comune, come il fatto di pensare e di rivestire quel pensiero con suoni e grafie od anche gesti, espressioni del viso, ecc., le cui convenzioni d'uso siano invalse in comune, ma si promuove la comunanza, per esempio facendo appello a valori che direttamente od indirettamente risultino comuni. Una persona può fare ed un'altra non fare una certa cosa, ma spesso poi si accordano quando l'una chiarisca le ragioni e gli scopi per cui opera in quel certo modo.

Ora, l'abitacolo di un mobile, con le sue lamiere, vetri, rumori, e le distanze che mutano fra i veicoli, ecc., interrompono quasi totalmente gli usuali canali di comunicazione, sostituendoli con pochi segnali: nell'automobile, per esempio, un suono, sia pure graduabile in quanto si va dalla claksonata al colpetto delicato, il lampeggio dei fari, le frecce di direzione, i fanalini di stop e di retromarcia. Essi fra l'altro possono risultare equivoci anche perché non sempre sono indirizzabili *ad personam* quando sono percepibili da piú.

Inoltre, questi segnali, a parte qualche convenzione solo in parte codificata, vanno in una direzione sola, mentre nella comunicazione la richiesta od il comando entra spesso, ripeto, in uno scambio di considerazioni. Questo permette per esempio che la cattiva azione, la scorrettezza, prima di essere condannata, sia fatta riconoscere per tale, ed allora piú difficilmente "perseverata."

I canali di comunicazione tagliati generano facilmente

un comportamento aggressivo, come lo genera l'isolamento, sia quando è dovuto, come nell'abitacolo del pilota o nella cella, ad un ostacolo materiale, sia quando è dovuto alla soppressione della parola, come nei sordomuti od anche fra coloro che si trovano in un paese di cui ignorano la lingua ed i cui tentativi di comunicazione vengano frustrati, od infine quando sia un rumore assordante o la troppa distanza ad essere di ostacolo.

Del lavoro del pilota di un aereo di linea è caratteristica una fatica psichica emotiva, provocata dalla presenza di due atteggiamenti antitetici: quello della responsabilità e quello del rischio. Sottrarsi a questa fatica durante il volo, per averne superati i limiti critici, equivarrebbe ad assumere un atteggiamento di pericolosa irresponsabilità, e d'altra parte un permanervi può generare una forma di psiconeurosi di origine conflittuale paralizzante alcune manifestazioni fra le più elevate funzioni intellettuali. Il rimedio più efficace a questa situazione consiste in ben dosati periodi di riposo che liberino l'attenzione dalla sua costrizione di risuonatore emotivo, periodi destinati pertanto non solo al sonno od all'inattività, ma anche ad impegni mentali, fisici e psichici, distraendosi da quello professionale.

Un esame del lavoro svolto dal pilota d'aereo ne rivela certi aspetti che ovviamente sono comuni ad altri lavori, ma anche certi che gli sono particolari. Su alcuni di questi, poi, l'attenzione è stata ben presto diretta. Non poteva certo sfuggire per esempio la difficoltà di adattamento ai continui rapidi cambiamenti di fuso orario, agli sbalzi di clima e simili. Si sa bene che l'uomo vive secondo cicli o ritmi in parte legati a cicli e ritmi ambientali, ed un'alterazione dei secondi, dovuta al velocissimo mutare di posto, ha ripercussioni fisiche e di conseguenza anche psichiche e mentali sui primi. Altri aspetti del lavoro del pilota di aereo, di origine mentale, sono però sfuggiti, o meglio, pur essendo stati riconosciuti, ne è mancata sinora una analisi approfondita; né questa sarebbe stata possibile senza avvalersi di alcuni risultati di studi recenti.

Rimandando dunque alla letteratura ormai abbastanza ricca sugli aspetti più noti del lavoro dell'aviatore, io mi soffermerò in particolare su questi ultimi, di origine mentale, anche perché è innegabile che, mentre di una sua fatica e sforzo è necessario continuare a parlare, i motivi che inizialmente vi venivano addotti sono andati progressivamente scomparendo. Alludo per esempio a prestazioni muscolari eccezionali, che attualmente l'aereo non richiede, e cosí ad una applicazione di lavoro mentale intenso. Anche i disagi fisici si possono invocare sempre meno. L'attrezzatura di una moderna cabina di pilotaggio permette di regolare a piacere la temperatura, l'altitudine, ecc.: né caldo o freddo, né anossia o vento, e simili, potrebbero essere eccessivi, né immobilità, isolamento, rumore. Il pilota si trova anzi avvantaggiato rispetto ai viaggiatori. Anche per gli effetti dell'accelerazione, essi sussistono negli aerei da caccia, ma non in quelli di linea. Quali sono dunque la fatica e lo sforzo caratteristici del pilota d'aereo?

Cercherò intanto di precisare in che cosa consistano la fatica e lo sforzo nel loro senso piú generale.

Bisogna ricordare che ogni comportamento può essere accompagnato da fatica e sforzo, cioè non soltanto un agitarsi, ma anche uno star fermi, un fare ed uno strafare come un non far niente. La stanchezza e lo sforzo hanno sempre come costitutivo un aspetto mentale, di intenzionalità dell'operare, e questo può essere fisico o psichico o mentale (si può essere stanchi di camminare, di star seduti, di mangiare, di digiunare, di amare, di odiare, di eseguire operazioni aritmetiche, ecc.).

Questo aspetto mentale è rappresentato dal modo in cui un comportamento segue un atto di volontarietà che lo precede ed accompagna e che si presenta in varie alternative fra cui quelle dello sforzo e della fatica. Precisamente: (a) fra l'intento ed il suo compimento il passaggio può avvenire inavvertito o quasi (si pensi per esempio a chi, al momento di un commiato, decide di alzarsi dalla sedia, quando, se il suo fisico è buono, può anche non accorgersi di aver preso questa decisione), soprattutto se fra l'intento ed il compimento non c'è stata discrepanza. Ma può anche accadere (b) che questa discrepanza ci sia e sia avvertita nel suo eccesso o difetto, e ciò nonostante l'intento sia mantenuto eguale. Questa discrepanza di comportamento volontario in rapporto alla sua intenzionalità, alla sua anticipazione costituisce quanto viene chiamato rispettivamente freschezza, esuberanza, o stanchezza, affaticamento. (c) Lo sforzo corrisponde a ciò che si fa per sanare la discrepanza riscontrata, sforzo per trattenersi, in caso di eccesso, sforzo per sollecitarsi, in caso di difetto. Se mancasse l'atto di volontarietà, la freschezza si identificherebbe con una connaturata vivacità, e la stanchezza con una connaturata pigrizia. Né esse potrebbero prendere vita se fosse l'intenzionalità a modificarsi in modo da far tornare l'eguaglianza fra il voluto e l'attuato.

Su un semplicissimo esempio riesce facile seguire le operazioni che si aggiungono all'operare quando esso diventa volontario od almeno riesce facile accorgersi di questa aggiunta e della sua natura. Si apra la mano, e si cominci col dire "apro la mano." Se ora la stessa azione viene ripetuta dicendo "voglio aprire la mano," si constaterà che non è certo dalla parte dei muscoli che compare la differenza avvertita, bensí da parte della mente, di qualcosa, per intenderci, che avviene nella testa. Se poi si procede ripetendo sempre la stessa azione, ma in corrispondenza delle espressioni, una volta "posso aprire la mano," un'altra "devo aprire la mano," ed un'altra ancora "sono libero di aprire la mano," non potrà sfuggire che le operazioni sono cambiate di volta in volta e che si tratta di operazioni mentali.

Precisamente, al "voglio aprire la mano" ha corrisposto una anticipazione di quell'aprire la mano, sicché la mente ha lavorato apprestandosi un soggetto sí unico, ma al quale sono stati attribuiti due svolgimenti, eguali fra loro e successivi nel tempo. Nel caso del "devo" la situazione è capovolta, in quanto risulta costituita da due soggetti di un unico svolgimento, soggetti eguali fra loro se il devo ha carattere mentale, come nel caso del devo morale, e due soggetti differenti se il devo ha carattere naturalistico, cioè psichico o fisico.

Il senso della fatica e dello sforzo sono dunque la conseguenza di questa volontà, con cui il soggetto si anticipa la sua azione e, quando questa risulti in difetto senza che per ciò la volontà ne cessi, avverte questa carenza come fatica ed infine come sforzo nella misura in cui interviene a farla sparire.

Una domanda che ora può cadere a proposito, e che può trovare anch'essa risposta, od almeno un inizio plausibile di risposta, è perché la fatica e lo sforzo, e piú la fatica dello sforzo, riescano spiacevoli. Sino a pochi anni fa già sul piacere e dolore di origine fisica si sapeva abbastanza poco, e davvero quasi nulla su quelli di origine psichica e mentale. Per intenderci, una risposta non già a "perché si senta male nel caso di una abrasione della pelle e piaccia una carezza," ma a "che cosa faccia piacevole un pensiero piacevole e spiacevole un pensiero spiacevole" senza dover ricorrere alla tautologia del ricordo o della prospettiva piacevoli o spiacevoli, ecc., non è ancora stata data.

In breve, i nostri organi, non solo, come si è accennato, funzionano secondo cicli e ritmi che si possono distinguere in normali ed alterati, con limiti critici, ma in conseguenza di ciò possono mostrare sincronie e desincronie.

Illustrerò questa situazione con due esempi. Già il camminare con passi troppo lenti o troppo rapidi può riuscire spiacevole; ma questa spiacevolezza si accentua se il nostro camminare, come nella marcia o danza, viene sostenuto da una stimolazione ritmica sonora e noi perdiamo il passo, sbagliamo il passo, mentre un accordo fra il movimento delle gambe e quella stimolazione ritmica riesce piacevole. Ma a suscitare uno stato di malessere basta il prolungamento, al di là del secondo e mezzo, suo limite superiore normale, anche del semplice stato di attenzione non focalizzato, o quando esso faccia da primo elemento della categoria mentale di oggetto in casi di percezione in condizioni eccezionali, come un oggetto localizzato verso il basso o l'alto, senza termini di riferimento alle distanze usuali del metro, o due, tre, quattro, dall'osservatore, o nella sospensione di chi cerca un oggetto nel buio, o attende che giunga l'ascensore, o sta per concludere il viaggio, e simili. E cosí suscita questo malessere l'accorciare quello stato di attenzione nella combinazione accelerata di stati della categoria di oggetto per isolare e seguire oggetti presentati in successione troppo rapida: l'adulto ha imparato a rinunciare all'impresa, ma il bambino risponde inquieto, irritato.

Un gioco attenzionale particolare, questa volta al di fuori di un procedere ritmico, sta alla sorgente dei valori e della loro positività e negatività, nonché del dinamismo che essi innescano, in quanto rendono rispettivamente piacevoli, da perseguirsi, o spiacevoli, da sfuggirsi, le cose cosí avvalorate. Un valore si costituisce quando si appresti una situazione in cui figuri almeno un rapporto e riguarda la capacità o meno di un termine di soddisfarlo, cioè ad occupare quel posto, a svolgere quella funzione, ecc.

La mancanza del termine, o la presenza di un termine diverso, porta a tenere sospesa la situazione incompiuta, con la conseguenza di prolungare la sussistenza o dell'intera situazione, attraverso la memoria di mantenimento di presenza, od almeno della categoria di rapporto cui il termine appartiene. E ancora una volta è questa sospensione prolungata che è avvertita spiacevole. Si provi semplicemente a formulare un pensiero come "carne e...," "legno di...," e simili. Ai bambini si racconta, per lasciarli sorpresi ma contrariati, "tuoni, fulmini e saette, tre per nove ventiquattro."

La stessa matrice operativa genera la spiacevolezza di molti pensieri per il ricorrere in essi di una categoria di negazione, il "non piú", il "non mai," il "niente" o "nulla," il "senza," il "vuoto," purché appunto contraddica una esistenza, una presenza, un pieno. In altre parole, non è certo questo "niente" ad essere sentito spiacevole in un pensiero come "non è accaduto niente," "niente mi preoccupa," e simili; bensí nella celebre domanda e risposta di un Kierkegaard o di un Heidegger: "Che cosa c'è?," "Niente," ove continua, rimane viva la ricerca dell'essere, con il risultato della confessata angoscia, vuoto e simili (tanto piú che in questo caso la categoria ha quale ultimo elemento costitutivo uno stato di attenzione puro, non focalizzato).

Credo che dalle considerazioni svolte sin qui si mostri come il piacere ed il dispiacere di origine mentale nascano in dipendenza da cicli o ritmi di funzionamento del sistema attenzionale e del sistema correlazionale e forse anche di quello della memoria (si pensi alla parola che non si riesce a trovare, sino al malato che per sfuggire alla sofferenza di questa ricerca continua a scrivere la parola che dimentica). L'uscire da questi ritmi è avvertito come spiacevole; il rientrarvi e soprattutto con il sostegno di una sincronia, è avvertito come piacevole. Si comprende cosí come la sorgente forse piú comune di malessere mentale, anche senza giungere a livello del pensiero, sia una situazione in cui due elementi categoriali contrastanti impediscano l'uno all'altro di confluire in una situazione che sotto un altro aspetto si presenta unitaria. È ciò che a livello del discorso si chiama contraddizione.

Credo di poter ora affrontare con una sufficiente consapevolezza una analisi e spiegazione della particolarità del lavoro del pilota di aereo di linea.

Ricorderò intanto il precedente esempio dell'aprire la mano, con i suoi quadri mentali di "voglio," "posso," "devo," "sono libero-di." A quelle prove vorrei aggiungerne due, ricorrendo sempre a quel semplicissimo esempio, ma inquadrando questa volta l'operare in due atteggiamenti certo spropositati per la piccolezza del gesto, ma proprio per questo piú illuminanti. Si provi ad aprire la mano sentendo prima la "responsabilità" e poi il "rischio" di quell'aprire. Pur senza condurre l'analisi sino alle complesse combinazioni di stati attenzionali, credo non possa sfuggire una fondamentale antitesi fra i due gruppi di operazioni che costituiscono i due atteggiamenti.

L'assunzione della responsabilità introduce un soggetto di due attività di cui l'aprire la mano diviene oggetto, e precisamente una attività di controllo e di eventuale intervento, cioè attività modificatrice; ed il soggetto dell'aprire la mano e questo del controllo e dell'intervento possono essere lo stesso soggetto o due soggetti diversi. Nell'assunzione del rischio, oggetto diviene la mano che si apre, l'aprir-si della mano, mentre all'assuntore dell'atteggiamento non rimane che l'attività d'osservazione, attività di natura costitutiva e quindi del tutto *immodificatrice*.

Naturalmente, di fronte a qualsiasi situazione l'assunzione di un atteggiamento o di un altro è sempre facoltativa, ma essa può essere resa obbligatoria proprio da un compito accettato o da una impossibilità tecnica di intervento. Questo appunto mi sembra il caso del pilotaggio di aereo di linea, quando al pilota è affidata la responsabilità di portare passeggeri ed aereo a destinazione ma anche quando per ora ben difficile o addirittura impossibile rimane l'intervento rispetto al guasto meccanico od altra difficoltà prevista.

Questa situazione potrebbe essere avvicinata a quella della guida dell'automobile e del piroscafo; ma vi si differenzia perché in queste è possibile passare all'intervento, anche se dovesse rivelarsi inefficace o controproducente. Inoltre, qualora l'intervento riuscisse possibile, se in altri mezzi di trasporto si può sbagliare piú di una volta, in questo "si sbaglia una volta sola."

Nel pilotaggio individuale come nell'azione di guerra, la situazione contraddittoria si spezza in favore dell'atteggiamento di rischio, e cosí quando in aereo si sale come viaggiatori.

Ne può derivare una forma mentale del pilota civile, questa del resto frequente in persone obbligate ad affrontare situazioni non dominate completamente, od almeno di previsione incerta: la fiducia nel mezzo magico, cioè la forma della superstizione, come sua difesa nel conflitto fra responsabilità e rischio, appunto, inevitabile nella sua professione.

Ma di particolare rimane al pilota di linea il tipo di fatica, in quanto egli non può rinunciare alla responsabilità, che fra l'altro finisce con il divenire un diffuso, continuato senso di responsabilità, ed al tempo stesso deve accettare il rischio, che finisce anch'esso con il diventare un abito di rischio. E credo che sia da individuare nel consolidarsi di questa situazione se il suo riposo, almeno in aereo, nonostante tutta la comodità dei turni di servizio, non possa costituire un vero e proprio riposo. La fatica, in queste condizioni, è costitutiva della professione stessa. In un lavoro dei soliti, dell'ingegnere, dell'avvocato, ecc., la responsabilità si dispiega con accorgimenti e precauzioni che ad un certo punto danno un affidamento sicuro, almeno nel senso del massimo affidamento possibile. Ma questo non potrebbe avvenire nel pilota di linea. Sarebbe comunque pericoloso, perché assumerebbe facilmente forme fatalistiche, che andrebbero a sfavore del senso di responsabilità. La sua intenzionalità non può quindi non urtare contro qualcosa che non può scavalcare, e questo si traduce non solo appunto in fatica ma anche in uno sforzo che è destinato a rimanere sospeso in apparenza sino all'atterraggio, ma in realtà sino al termine della professione. In altre parole, per uscire completamente dalla situazione conflittuale a terra, il pilota dovrebbe dimenticarsi di essere un pilota; e forse anche certe sue manifestazioni di vitalità avventurosa mostrate nella vita di ogni giorno ne sarebbero la conseguenza; come mostrerebbero di essere state prima alla base della sua scelta della professione.

Che la situazione del pilota di linea sia accompagnata da stati d'animo ed emozioni non è stato mai messo in dubbio. Se poi la loro origine si trova nel contrasto fra le operazioni mentali indicate, questi stati d'animo ed emozioni vengono anche precisandosi. Purtroppo però è ancora mal noto quali siano le connessioni che determinano queste dipendenze, cioè come dal mentale si passi allo psichico ed al fisico e viceversa. Ciò avviene per via fisica, ma sappiamo troppo poco su quali siano gli organi delle operazioni mentali, al di fuori dell'individuazione permessa da una rozza localizzazione, cioè questa o quella parte del sistema nervoso. Per intenderci, noi possiamo dire *"una* bottiglia" o *"la* bottiglia" e la differenza non sta certo soltanto nel suono diverso dei due articoli, perché il primo indica un primo incontro con la bottiglia ed il secondo una ripetizione di incontro. Tuttavia, anche ammesso che l'analisi in stati attenzionali del significato dei due articoli sia avvenuta e correttamente, non c'è anatomo-fisiologo al mondo che abbia oggi alcuna idea di quali organi abbiano funzionato e nemmeno di come impostare una ispezione.

Tuttavia, questo non toglie che una situazione conflittuale non abbia effetti emotivi e non solo nell'uomo: basti ricordare i celebri gatti di Masserman e la loro nevrosi, provocata appunto da un conflitto, sino a mutare una iniziale aggressività in una manifestazione paretica. Ci si deve attendere dunque qualche disturbo vasomotorio, sudorazione, tachicardia, astenia, ipermotilità intestinale, ecc. Alcune di queste alterazioni di funzioni presiedute dal sistema nervoso autonomo sono dirette, altre avvengono tramite l'alterazione della secrezione interna di ghiandole endocrine fra cui l'ipofisi, le surrenali e la tiroide.

Queste alterazioni, comunque, sono abbastanza forti da richiamarvi l'attenzione e suscitare uno stato emotivo diffuso durante l'intero volo, ma che difficilmente potrebbe scomparire totalmente anche a volo compiuto, prendendo cosí la veste di una sia pur leggera psiconeurosi professionale, in quanto legata alla professione stessa del pilota di linea.

Se questa fatica mentale e le sue ripercussioni psichiche con la loro colorazione emotiva non scomparirebbero nell'aviatore se non dopo una uscita dalla professione, è evidente tuttavia come i ben intervallati riposi conseguano l'effetto di liberare l'attenzione dalla sua costrizione di strumento risuonatore emotivo. Finché l'attenzione è impegnata in questo compito o ne subisce le conseguenze è difficile che essa ritrovi l'equilibrio e la disponibilità cui dobbiamo le prestazioni piú preziose per l'uomo sotto il profilo di un controllo sia su sé che su ciò che lo circonda, cioè le sue funzioni di ideazione e di consapevolezza.

Va da sé che per ottenere questo distacco dell'attenzione sia consigliabile il riposo dovuto non solo al rilasciamento, od al semplice periodo di sonno, ma anche al diversivo, all'impegno mentale, psichico e fisico diretto diversamente, al di fuori dell'ambito professionale, tagliato da quest'ambito, con intervalli quindi fra atterraggi e decolli che lo permettano.

Non è certo facile calcolare la lunghezza di questi intervalli sia appunto fra volo e volo, sia come interruzione od interruzioni del lavoro per maggiori periodi nel corso dell'anno. Fra l'altro entrano in gioco variazioni individuali non trascurabili. Una inchiesta sufficientemente ricca di controlli e statistiche ed eventuali confronti con le ripercussioni emotive di attività sotto qualche aspetto analoghe, non credo sia stata ancora condotta. Il segnale d'allarme è però chiaramente avvertibile dal pilota che, sapendo quale sia la sua partecipazione di responsabilità e di rischio, già abbia a notare uno squilibrio di dosaggio al sommarsi dei voli, anche prima, cioè, che sul piano psichico, emotivo siano apparsi i segni di una fatica.

Nella prolusione alla Conferenza del traffico, l'A. aveva accennato ad una caratteristica che distingue l'ebbrezza da alcool dall'ebbrezza da guida brillante: si desidererebbe cioè che la prima continuasse, ma non la seconda, per lo stato di tensioneansia che l'accompagna. In seguito a questo, il dottor G. Mastrangelo, organizzatore di un congresso sull'alcoolismo (pp. 44-46) invitò l'A. ad applicare i risultati delle sue ricerche cibernetiche anche al tema dell'alcoolismo.

Come tutti ormai sanno, la parola "cibernetica" fu introdotta per indicare "la teoria del controllo e della comunicazione nell'animale e nella macchina." Una definizione meno discutibile perché piú pragmatica può presentare questa cibernetica classica parlando di un sistema regolato in vista di un certo fine e che, quando questo non sia raggiunto, è in grado di riaggiustarsi da solo. Il sistema cioè ha un certo equilibrio e contiene in sé i meccanismi per sanarne gli squilibri, secondo l'aspetto omeostatico della cibernetica che in particolare ha interessato W. R. Ashby. È chiaro che cosa questo schema analitico e descrittivo, con il suo termine di riferimento e confronto, vale a dire l'equilibrio come deve essere, la differenza occorsa e l'organo messo in azione da questa differenza stessa e destinato ad eliminarla, aggiunga alla usuale analisi e descrizione in termini di causa ed effetto, in cui la differenza dal termine di confronto viene semplicemente ricondotta ad una terza cosa; ciò che fa appunto della differenza un effetto e di questa terza cosa una causa, e che cosa aggiunga alla ancor piú semplice schematizzazione dei due momenti legati da uno svolgimento, per esempio il mosto che diventa vino, il vino aceto, e cosí via.

Tuttavia, se la parola "cibernetica" è nuova e può essere nuovo l'accento posto su questa autocorrezione del sistema, soprattutto quando si tratta di costruire macchine prima servite da un uomo, intento appunto a regolarle, e poi dotate di un loro sistema autoregolatore, o servomeccanismo, o *feed-back*, o circuito secondario, e simili, per cui a loro proposito si parla di automazione, lo schema è vecchio, ed applicato negli studi sull'alcoolismo correrebbe il pericolo, come è avvenuto in altri casi, di introdurre parole nuove di illudente portata per teorie e prassi già esistenti. Forse che da sempre non si distingue un comportamento umano normale da comportamenti alterati nelle diagnosi? E non si cerca nella terapia che l'uomo ritrovi l'equilibrio fisico, psichico, mentale perduto? Prima magari con l'aiuto del medico, delle medicine, ma dopo attraverso l'organismo stesso, quando si sia in grado di imporsi un'astinenza od un uso piú moderato dell'alcool.

Poiché infine i rapporti, le connessioni, le dipendenze dell'organo regolatore dal comportamento alterato sono state dai cibernetici classici descritte in termini di informazione, sarebbe ancora piú illudente far ricorso a questa teoria per rivestire di algoritmi quel poco che si sa al proposito e soltanto quel poco, come talvolta è avvenuto negli studi sulla conduzione aziendale, sulla produzione e fruizione estetiche, ecc.

L'effettivo passo innanzi, purtroppo, viene compiuto soltanto se si riesce a precisare in termini sempre piú ricchi l'operare dell'uomo che si intende assumere come termine di confronto, come paradigma, sia nei suoi aspetti mentali, psichici e fisici, sia nei rapporti fra questi, possibilmente giungendo a dare una base organica all'operare mentale e psichico, in modo da cogliere un numero sempre maggiore di differenze nel comportamento alterato. Ma questo vale per l'approccio ad un sistema sia esso tradizionale o cibernetico, e non basta certo la terminologia della cibernetica a procurarci tanta sottigliezza di individuazione, analisi e descrizione.

Ecco ora in quale direzione e misura le analisi in operazioni compiute al servizio della cibernetica della mente potrebbero risultare utili negli studi sull'alcoolismo.

Per esempio, è di comune esperienza che sotto l'azione dell'alcool diminuisce il potere discriminativo della percezione e già della sensazione, si restringe il campo visivo, è compromessa la valutazione delle distanze, diverse altre funzioni percettive sono rallentate, il pensiero regredisce ed il discorso perde di coerenza, i compiti sono eseguiti con meno accuratezza, il giudizio si colora di un ingiustificato ottimismo, ecc. ecc. L'indagine sperimentale conferma tutto questo; basterebbe ricordare i nomi di Franz Alexander, di George C. Drew, di Jules H. Masserman, e via via. Ma fra l'ingestione dell'alcool e questi suoi effetti piú o meno pubblici e macroscopici che cosa opera? E fra l'altro in termini di operazioni minute, che cosa sappiamo del pensiero, della percezione e sensazione, del giudizio, dell'ottimismo e pessimismo, ecc., in modo non solo da poterne valutare anche le differenze microscopiche, ma di poterle spiegare facendo riferimento ad un termine di confronto dinamico e sufficientemente articolato. Né le considerazioni sull'impossibilità di individuare un organo se prima non se ne è descritta, ed in quel certo modo, la funzione, permettono di conservare l'illusione che nel nostro caso sia sufficiente battere le vie, per quanto raffinate, della biofisica e della biochimica. Né è credibile, data la varietà e complessità, e soprattutto creatività, delle manifestazioni di pensiero e di linguaggio, e già di osservazione, che sia possibile ottenere una descrizione esauriente di queste se non scomponendole in elementi, pochi, quelli, facendole poi risultare da combinazioni di cui si possiedano i moduli.

Non che l'esigenza, ovviamente, non sia sentita da alcuni. Se sotto l'azione dell'alcool, il campo visivo si restringe, per questa "tunnel vision" per esempio Drew avverte di dover ricorrere ad un difetto non della sensazione, bensí dell'attenzione, quale difetto piú "centrale." (Le virgolette a "centrale" sono dell'A.) Ma anche per Masserman, se egli si richiama sia all'attenzione che alla memoria, la prima che si annebbia e la seconda che si disorganizza, resta del tutto incerto quale sia la loro posizione fra le manifestazioni, se l'una sia "piú centrale" in rapporto alle altre o se siano tutte paritetiche.

Purtroppo, l'anello piú difficile da saldare riguarda proprio gli effetti dell'alcool sugli organi dei sistemi dell'attenzione, correlazione e memoria. Vi è sí ormai un buon capitolo della scienza dedicato alle alterazioni provocate dall'alcool sulle cellule nervose, loro membrane e connessioni; ma ancora manca e mancherà presumibilmente per parecchio tempo una descrizione, in termini di funzionamento delle cellule nervose e di catene neuroniche, delle operazioni cui dobbiamo le varie funzioni dell'attenzione, correlazione e memoria per esaminare quale ne sia l'alterazione nel bevitore normale ed eccezionale. Si sa per esempio come il sistema reticolare sia impegnato nelle funzioni dell'attenzione, e come esso sia toccato dall'alcool, e questo vale altrettanto per la corteccia, anzi per tutto il sistema nervoso sia centrale che periferico. Ma si ignorano i singoli passaggi, che del resto ben difficilmente avrebbero potuto essere fatti oggetti di indagine sinché mancava una analisi sottile delle operazioni mentali, cioè delle operazioni elementari svolte dai sistemi fondamentali per la vita della mente e quelle dei loro combinatori.

Proprio questa ignoranza suggerisce il ricorso ad una

modellistica, sia pure su di un piano decisamente ipotetico, ove la prova deve limitarsi alla constatazione che una certa alterazione portata al funzionamento di quei certi organi del modello lo farebbe comportarsi in modo corrispondente alle manifestazioni caratteristiche del bevitore.

Vediamo per esempio la riduzione delle funzioni discriminative. Anche supponendo che l'organo attenzionale, con le sue funzioni di rendere presente e di frammentare il funzionamento di altri organi, e questi stessi organi, continuino a funzionare nello stesso modo, cioè prima e dopo l'assorbimento di alcool, nel modello basterebbe modificare l'organo di dipendenza che connette il primo ai secondi, in modo che facesse scattare la frammentazione su differenze fisiche maggiori delle normali; ma naturalmente basterebbe rallentare il funzionamento dell'organo attenzionale. Non solo ne conseguirebbe la minore discriminazione, ma anche una certa impurezza, annebbiamento, ecc., dei risultati rispetto a quelli normali, con diminuzione quindi anche della sensibilità. (Dal risultato semplicemente presenziato e frammentato si passa infatti alla sensazione con l'aggiunta della categoria mentale di "io," ma il materiale su cui si applica rimane ovviamente lo stesso.)

Nella percezione, poi, questo effetto porterebbe ad avere anche i contorni e la stessa focalizzazione piuttosto sporchi; e qualora le successioni di cose presenti dovessero essere valutate nei tempi di successione (pur senza giungere ai ritmi), anche questi giudizi riuscirebbero piú imprecisi. Infine ne soffrirebbe la memorizzazione dei percepiti, in quanto non potrebbe contare su una ripetizione esatta di altre operazioni percettive.

Quanto al campo visivo, a restringerlo, a presentarlo solo parziale in rapporto al modo in cui è visto da parte di chi non sia sotto l'effetto dell'alcool, basterebbe accorciare la memoria di mantenimento di presenza, anche prima di considerare la sua articolazione in termini di pensiero. In altre parole, il costrutto risulterà piú povero; e del resto risulterà piú povero se a parità di funzionamento della memoria di presenza, si rallenterà il funzionamento degli organi attenzionale o di volta in volta ottico, acustico, tattile, ecc. A questo proposito l'effetto può venire controllato in modo macroscopico quando sia in gioco un organo che in rapporto a quelli ottico ed acustico già di per sé è molto lento, come è quello tattile. Da parte di chi ha bevuto, il riconoscimento di un oggetto di dimensioni abbastanza ampie diventa pressoché impossibile. Si provi, anche in situazione perfettamente sobria, a riconoscere per esempio la stessa faccia umana intagliata nel legno una volta con gli occhi ed un'altra con le mani.

Tuttavia forse è a proposito delle alterazioni del pensiero sotto l'effetto dell'alcool che la modellistica della mente permetterebbe di cogliere una messe maggiore di risultati od almeno di prospettare esperienze; e basterebbe per ottenere una specie di rivoluzione nei confronti del modo di pensare normale a diminuire le capacità della memoria riassuntiva e propulsiva. Ricordiamo come le unità correlazionali non superino i pochi secondi, e si possa procedere a costruire unità maggiori soltanto riprendendo in forma condensata, della durata di circa un secondo, il pensiero già svolto. Di queste unità maggiori deve essere composto il pensiero affinché una certa situazione possa venire soppesata, inserita in una scelta e quindi in una alternativa, avversata od anche semplicemente negata; e cosí se di essa vogliamo abbracciare le conseguenze, le premesse, e simili.

È ovvio che la scomparsa o la diminuzione delle due funzioni della memoria, riassuntiva e propulsiva, od anche della sola riassuntiva riduce od elimina la possibilità che il pensiero raggiunga tali unità maggiori, mostrando cosí una regressione, ove possono scomparire i conflitti, mancando le alternative, ma anche la responsabilità, la giudiziosità, ecc., caratteristiche dell'uomo in possesso di un pensiero adulto: la cosiddetta evasione etilica.

Si trova qui ritengo anche la spiegazione dei due tipi di ebbrezza cui accennai nella mia relazione alla Conferenza del traffico, quella da guida brillante e quella da alcool, con i due opposti desideri, che la prima cessi e la seconda continui. Diminuisce sempre la capacità di porsi alternative, e quindi di decidere operando una scelta rispettivamente per effetto dell'adrenalina e dell'alcool; ma all'ubriaco non si chiede di decidere, mentre questo avviene a chi guida l'automobile. Inoltre, l'alcool impoverisce le azioni e reazioni sia fisiche che mentali, che appaiono ritardate, e la sensibilità e vigilanza ne escono comunque diminuite, mentre nella guida brillante proprio la vigilanza e prontezza di riflessi devono venire sollecitate.

Che nell'ubriaco diminuiscano le capacità di mentire, è anche ben plausibile sullo stesso principio. La menzogna comporta infatti che siano presenti due pensieri, almeno un certo pensiero e la sua negazione, quello taciuto fra l'altro presente nella forma condensata mentre si svolge quello designato.

Credo infine che una riduzione della memoria propulsiva possa spiegare abbastanza bene le varie forme di pensiero sia incoerente che stereotipo, frequenti nell'alcoolizzato.

Se la riduzione delle funzioni della memoria di presenza e di condensazione, venisse operata nel modello della mente, si potrebbe vederne l'effetto anche sulla difficoltà a porre sé in rapporto con gli altri, ad uscire da sé per riconoscere l'altro, gli altri. Già la costruzione della categoria mentale dell'altro in contrapposizione all'io richiede presumibilmente un numero di stati attenzionali combinati almeno doppio di quelli presenti nella categoria di io, che viene appunto attraversata come parte di quella. Ecco le presumibili strutture, in combinazioni di stati attenzionali, delle due categorie mentali dell'io e dell'altro, come persona (le S indicano gli stati attenzionali e le sbarre l'ordine della loro combinazione, come le parentesi in aritmetica):

$$\overline{\overline{SS}\,\overline{SS}}S \qquad\qquad \overline{\overline{\overline{SS}\,\overline{SS}}\,\overline{\overline{SS}\,\overline{SS}}}SS$$
io   altro

Ma per l'ammissione dell'altro in rapporto a sé il pensiero deve operare con un gioco di tipo contrappuntistico, polifonico, e quindi tenendo vive situazioni mentali sempre di notevole ampiezza. Sappiamo che anche il bambino non ne dispone e non ne può disporre, onde il suo cosiddetto egocentrismo.

La stessa impossibilità di una polifonia mentale sotto l'effetto dell'alcool si troverebbe alla base, come già della scomparsa di una situazione conflittuale e di insoddisfazione, anche della scomparsa dell'alienazione. All'analisi operativa questa appare infatti costruita con la presenza di un io categoriale mantenuto durante la presenza di un pensiero egualmente imperniato su questo io correlazionale. La spiacevolezza che si genera in questi casi proviene dall'abnorme mantenimento della categoria dell'io, che fra l'altro termina, come si è visto, con uno stato di attenzione non focalizzato, sicché viene richiesto un funzionamento alterato sia all'organo attenzionale sia a quello della memoria di presenza.

Un campo che dovrebbe prestarsi ad un fruttuosissimo esame è infine quello dell'estetica e dei suoi rapporti sia con il gioco che con i vari tipi di ebbrezze ed in particolare l'ebbrezza da alcool, nonché con i tipi di piacere e di pena. Spesso ne sono state notate somiglianze, ma più in termini negativi, cioè per quello che è carente nelle varie situazioni in confronto per esempio a quella del lavoro, della responsabilità, ecc., che non in termini positivi; come del resto è necessariamente mancata una loro descrizione e spiegazione in termini operativi, in quanto è sempre mancata la consapevolezza della funzione del sistema dell'attenzione nel costituire l'atteggiamento estetico, sia nel momento produttivo che fruitivo. Se la attenzione lavora frammentando, questo avviene sí ovviamente nel tempo, ma con intervalli che variano dal decimo di secondo al secondo e mezzo, e quindi al di fuori di un ritmo. Siamo invece in situazione estetica se questa frammentazione assume carattere ritmico, con un ritmo che si aggira, se essa non è guidata, sulle otto pulsazioni ogni cinque secondi, e può investire, naturalmente, ogni altra nostra attività, mentale, psichica e fisica.

Ecco cosí che nell'applicazione dell'attività attenzionale guidata ritmicamente alle articolazioni proprie delle altre attività, cioè della percezione, rappresentazione, categorizzazione, pensiero e linguaggio, si possono avere coincidenze e discrepanze, sfasamenti, le prime di reciproco rafforzamento e le altre di reciproco indebolimento, anzi di violenza delle une sulle altre. Nel primo caso avremo il piacere estetico, il giudizio di bello e nel secondo una spiacevolezza, un'opera che appare sporca, incoerente, ed il conseguente giudizio di brutto.

Che cosa però sappiamo sul piano anatomico e fisiologico di tutto questo? Poco, quasi niente. Ma qualche ipotesi si comincia ad intravvedere.

Dovrei ricordare a questo proposito per esempio quella di D. O. Hebb, di recente ripresa da I. J. Good. Essa si basa sui "primed neurons" di P. M. Milner, cioè sui neuroni innescati. Questi, in un raggruppamento di neuroni, con molti circuiti chiusi contenenti connessioni sinaptiche, non sono stati sufficientemente attivati per scaricarsi e genererebbero cosí nella corteccia una attività disorganizzata, un conflitto. Il piacere accompagnerebbe la risoluzione di questi conflitti; il dolore la loro presenza.

Piú convincenti R. Melzack e P. D. Wall, psicologo il primo e biologo il secondo, nel loro recente saggio sui meccanismi del dolore.[1]

[1] *Op. cit.*, pp. 11-31.

Il sistema responsabile del dolore entra in azione quando l'*output* delle cellule della prima trasmissione centrale, o cellule T, raggiunge o eccede un livello critico. Questo livello critico di scarica è determinato dallo sbarramento afferente che in quel momento colpisce le cellule T ed ha già subito la modulazione da parte della sostanza gelatinosa.

Gli effetti dello sbarramento sono determinati (a) dal numero totale delle fibre attive e dalle frequenze degli impulsi nervosi che esse trasmettono, e (b) dal rapporto variabile dell'attività delle fibre di diametro grande e piccolo. Per questo l'*output* delle cellule T può differire dall'*imput* totale che converge su di esse dalle fibre periferiche.

Quanto alla sostanza gelatinosa, essa funziona come un sistema di controllo di entrata, che modula i *pattern* afferenti prima che essi influenzino le cellule T. I *pattern* afferenti nel sistema della colonna dorsale, almeno in parte, agiscono come un evocatore di controllo centrale che attiva i processi selettivi di pensiero influenzanti le proprietà modulatrici del sistema di controllo di entrata. Infine, le cellule T eccitano meccanismi nervosi che comprendono il sistema responsabile della risposta percettiva e motoria.

Sul sistema di controllo di entrata agiscono non soltanto le stimolazioni periferiche, ma anche attività centrali.

Naturalmente, non è che la letteratura stia tutta qui. Fra teorie che puntano sulla specificità, per cui dolore e piacere sarebbero dovuti ad un centro e recettori particolari, come sono la vista, l'udito, ecc., cioè con un proprio apparato centrale e periferico, e teorie che puntano sul "pattern," cioè su un particolare funzionamento ed interazione di organi non specifici, l'ultimo secolo elenca una lunga serie di nomi.

6.

Scienza e consapevolezza operativa

Questo capitolo riprende un tema già trattato, dal punto di vista del linguaggio, nel precedente volume (capitolo 6) e ne sviluppa soprattutto gli aspetti connessi con la divulgazione scientifica.

La scienza è accessibile a tutti? Di recente mi sono trovato a rispondere a questa domanda in occasione della presentazione del primo volume della S-4, la nuova Enciclopedia delle Scienze, in quattro volumi, curata da Edgardo Macorini per l'editore Mondadori. E se ne comprende il perché, in quanto la prima preoccupazione di chi pubblica opere previste per una ampia circolazione è che il loro contenuto sia accessibile al maggior numero di persone.

Ora, credo che molti si sentano portati a rispondere di acchito in modo positivo, come del resto anch'io con celebri precedenti di questa convinzione, per esempio Galileo Galilei, quando scriveva: "Io non credo che al genere vile, rustico e plebeo manchi altro che l'occasione dell'applicarsi agli esercizi di giudizio e di ingegno," esercizi di giudizio e di ingegno che per lui erano il sapere scientifico fatto appunto di ragionamento e d'invenzione, cioè di esperimenti apprestati ed interpretati. (Per cui Galileo ricorse anche al volgare, cioè alla lingua intesa da tutti, lasciando il latino, come ricorse al dialogo, sicché i suoi interlocutori impersonassero con la loro diversa tipologia alcune fra le resistenze più diffuse che il dialogo dimostrasse infondate; da cui infine anche la condanna, per il fastidio che suscitava una tale sua presenza pubblica, avvertita fra l'altro quale rumoroso esibizionismo.) Di recente, poi, il letterato Kurt Vonnegut non esita a far esclamare ad un suo personaggio-scienziato, "Se uno scienziato non riesce a spiegare ad un bambino di 8 anni quello che sta facendo, è un ciarlatano."

Tuttavia tanto ottimismo richiede alcune precauzioni,

alcune riserve, o almeno alcune distinzioni, ed in primo luogo quella che tiene separati i risultati conseguiti dall'indagine scientifica e l'atteggiamento scientifico.

Intanto, va da sé che, con un corpo di conoscenze scientifiche e tecniche sempre piú vasto, l'uomo pur dotato di buone capacità assimilative non potrà farne sua che una piccola porzione; anche se la specializzazione non fosse un'inevitabile conseguenza della suddivisione del lavoro e forse già dell'essere in molti. Cosí come va da sé che, per possedere questa porzione una persona deve anche disporre di un'intelligenza media, e quindi senza deficienze attenzionali o di memoria; e non tutti riescono a superare anche le prime classi.

Proprio perché l'uomo enciclopedico, il Leonardo da Vinci, non è piú concepibile, le enciclopedie della scienza e della tecnica sono accolte con tanto entusiasmo, soprattutto se contengono i riferimenti bibliografici sufficienti a procurarsi poi il trattato nello specifico campo di interesse, o contengono già un sapere bastevole per le esigenze di informazione e di azione di una vita quotidiana tanto penetrata in tutti i settori dalla scienza.

Tuttavia, piuttosto che rispondere con tanta ovvietà che all'uomo medio è accessibile una porzione media del sapere attuale, vale forse la pena di chiedersi se tutte le persone di media intelligenza non potrebbero invece far propri non già questa o quella conoscenza, questo o quel risultato scientifico, ma l'atteggiamento, la "forma mentis" dello scienziato, che garantisca ad ognuno la potenzialità dello scienziato, una specie di autonomia scientifica anche se di grado minore.

Può sembrare davvero che l'atteggiamento scientifico, come altre volte del resto si riconobbe, sia un giochetto da bambini, anche se ad adattarvisi, a farsene un abito ed uno strumento, l'umanità può aver impiegato millenni e millenni. A costituirlo basta infatti la pretesa che l'oggetto dell'indagine sia ripetibile e ripetuto. Ma subito, quale cascata di conseguenze! Se interessa la ripetizione dell'oggetto, non è possibile per esempio riconoscere alla situazione esaminata piú di una incognita alla volta; altrimenti, è chiaro, non si saprebbe che cosa sia avvenuto della seconda incognita nella ripetizione; né è possibile che il discorso con cui accompagnamo il nostro operare di scienziati contenga espressioni irriducibilmente metaforiche o negative, perché in tal caso si dovrebbe accettare un numero indefinito di cose diverse espresse in termini propri e positivi, e tanto meno contenga espressioni contraddittorie, perché allora non potrebbe mai avverarsi. In linea di principio deve essere possibile anche condurre l'indagine in proprio, cioè senza interposte persone, perché in esse si troverebbe egualmente un'incognita.

Questa pretesa scientifica limitatrice si comprende pienamente se vi si oppone la larga indulgenza che nei confronti della ripetibilità dell'oggetto dell'indagine palesano per esempio gli atteggiamenti magico, fideistico, miracolistico, artistico, ecc., ed in particolare quello filosofico.

Nel magico, le incognite della situazione che dovrebbe verificarsi sono sempre piú d'una, anzi, qualcuna deve restare in ciò che accade, per esempio in ciò che fa il mago, altrimenti l'operare appartiene alla tecnica.

Nel fideistico, l'avverarsi della situazione è affidato proprio alla accettazione come cognito di un incognito riconosciuto tale, sino a forme di fede in cui questo incognito è contraddittorio ("credo quia absurdum"), con l'eventuale complicazione dell'interposta persona (rivelatrice).

Nel miracolistico si esclude invece proprio la ripetizione, in quanto vale la pretesa che l'evento sia eccezionale, fuor dalla regola, cioè opposto a ciò che è sempre accaduto e accadrà: se lo inserissimo nella ripetibilità, lo sottrarremmo al miracolo.

Nell'artistico compare egualmente l'immissione di una novità, di una originalità, rappresentata dall'artista, e che si esprime nella sua opera, novità che si oppone per definizione alla ripetizione. L'artista si avvale molto frequentemente di ricette, ma esse in ogni caso rimangono strumentali, altrimenti l'opera appartiene al mondo delle copie, siano esse lavoro dell'uomo o di un riproduttore meccanico; e soltanto il fruitore potrebbe ingannarsi a questo proposito.

Ma soprattutto si oppone all'atteggiamento scientifico quello filosofico, in cui l'errore compiuto nei riguardi dell'oggetto dell'indagine, che da mentale è stato assunto come fisico, rende questo oggetto concepibile soltanto in termini metaforici o negativi, pena la contraddizione che lo sopprimerebbe; e abbiamo visto come non sia possibile l'eliminazione di quell'errore fisicalistico senza allora sopprimere lo stesso filosofare.

Ora, questi atteggiamenti, ed altri, come l'economico, il ludico, ecc., sono presenti anch'essi nell'uomo con peso minore o maggiore; il loro grado di presenza, anzi, è un buon criterio per caratterizzare una persona. L'atteggiamento

scientifico, e con esso la maniera di far propria una conoscenza scientifica, o addirittura già proprio quella di guardare il mondo, deve quindi fare i conti con gli altri aspetti
della nostra personalità, tanto piú che essi, se talvolta si
sommano con il primo, come una certa ambizione, coraggio, costanza, altre volte lo contrastano. Una certa dimestichezza con giovani ed adulti mi ha convinto che in non
pochi casi è piú facile far assimilare un corpus anche ampio di conoscenze, di risultati scientifici e tecnici, che non
l'atteggiamento scientifico.

Persino la curiosità, che Aristotele voleva quale motivo
primo della scienza, potrebbe divenire, anzi piú di una volta ho visto divenire, di ostacolo. Noi siamo per ora infatti ben lontani dal poter soddisfare ogni nostra curiosità applicando il procedimento scientifico, con la sua pretesa di introdurre una incognita alla volta. Di qui una
certa magia, una certa credenza, una certa superstizione,
con tanto di astrologia, sempre pronte ad invadere il campo. Né sarebbe consigliabile che l'uomo rinunciasse alle
sue curiosità, le soffocasse, disinteressandosi di alcuni
campi, magari concludendo una volta per tutte, "non sussiste il fatto!"

Ma vi è di piú. L'atteggiamento piú antitetico a quello
scientifico è, ripeto, quello filosofico. E questo è insegnato,
in forma diretta od indiretta, in ogni ordine di scuole. Va
riconosciuto, è vero, che la maggior parte degli studenti
non ne partecipa attivamente, ma qualcosa ne rimane, di
quel parlare per metafore e per espressioni negative, di
quell'inserire gratuito valori di ogni genere, di cui si
deve tacere il criterio; onde, se non il crogiolarsi di mestiere entro un inconfondibile verbalismo, almeno ne ori-
gina il ricorso facile, nei momenti che dovrebbero essere
i piú scoperti ed impegnati, all'uso filosofico dei termini-
rifugio come "reale, oggettivo, fattuale, scientifico," ed oggi
magari "strutturale" o "semantico!"

Tuttavia, io sono convinto che l'atteggiamento scientifico in una certa misura sia promuovibile in tutti e che,
se questo allargamento ha incontrato sinora ostacoli, questi siano eliminabili. Vediamo in qual modo.

Intanto, un appello generico alla scientificità della nostra epoca, alle sue conquiste tecniche, non basta certo a
far rivolgere la curiosità verso i procedimenti che le caratterizzano; tutt'altro, appunto perché ne possiamo godere
sempre piú facilmente e largamente lo stesso. Per esempio,
se una volta era imprudente mettersi in automobile senza

qualche cognizione del suo funzionamento, oggi le officine ed i mezzi di soccorso stradali moltiplicati e ben distribuiti ci assicurano che qualcuno riparerà il guasto. Perché mai dovremmo poi sapere di trigonometria o di termodinamica? Soprattutto ricordando che, tanto, sapremmo sempre una certa cosa ma non un'altra; non certo e la trigonometria e la linguistica e la termodinamica e la psicanalisi, ecc. ecc. Anche la convinzione che chi più sa più è ricco, perché più guadagna, non va certo nella direzione voluta, in quanto la nostra è una epoca di specializzazione, in cui addirittura non si vede di buon occhio, si diffida di chi conosce anche cose diverse da quelle per le quali viene consultato.

Bisogna dunque battere un'altra strada, che diriga le menti verso la scienza in generale, se questo è lo scopo; e mi sono convinto che un certo successo si ottiene mostrando come ogni risultato scientifico contenga, al momento non solo della sua prima comparsa e proposta, ma anche di ogni sua comprensione, certe nostre operazioni mentali, fra le quali almeno alcune di certo eseguite quotidianamente. In tal modo infatti si fa leva sulla curiosità che ognuno prova spontaneamente verso se stesso, cioè per quello che egli sia e faccia. Forse che dinanzi ad una serie di fotografie il subito interessato resiste a cercarvi la sua faccia, e cosí il suo eventuale nome nell'indice del libro? Forse che la benevolenza o malevolenza che lo concerne non ha il sopravvento su ogni discorso che concerna anche Napoleone o Kant? La gente è disposta ad indulgere persino agli oroscopi, falsi quanto si vuole, ma che gentilmente si occupano della nostra sorte! Non si tratta di valutare positivamente o negativamente questo interesse portato verso se stessi, ma di trarne profitto.

Non già che il suggerimento sia del tutto nuovo. Da tempo e forse da sempre, anzi, la pedagogia ha avvertito che l'apprendere è un fare e che tutto diventa più facile se le nozioni sono comunicate con la consapevolezza di questo fare in quanto nel discente si accrescono le possibilità sia del ricordo di ciò che ha appreso che della sua ripetizione in altre situazioni. Soltanto, questo è riuscito nei campi dell'operare trasformativo, soprattutto della tecnica che ha per oggetto le cose fisiche; ma nel campo dell'operare mentale ben poco di operativo era potuto apparire. Occorreva cosí sia una indagine critica che individuasse ed eliminasse l'errore filosofico, sia una indagine costruttiva, che analizzasse di quali operazioni si costituiscano i vari contenuti mentali: ciò che sta avvenendo, però, con risultati fra l'altro sorprendenti per la loro efficacia nel rendere a livello di tutti, di una umana quotidianità, anche le conoscenze scientifiche che sembrava dovessero restare il privilegio di pochi, i superiori per dedizione alla scienza.

Ad illustrare questa nuova situazione ricorderò un recente episodio di cui sono stati protagonisti Alberto Moravia e Ludovico Geymonat. In breve, il primo sostenne che si può vivere benissimo anche ignorando che cosa sia il secondo principio della termodinamica, ed egli ne era un perfetto esempio, mentre il secondo si fece meraviglia dell'ignoranza di questo secondo principio da parte di un uomo di cultura e di tutti, tanto grande ne sarebbe l'importanza per la scienza e la tecnica dei nostri giorni.

Ora io ritengo che si possa trovare una soluzione soddisfacente a incomprensioni del genere di quella di Moravia facendo leva sulla curiosità di ciascuno verso se stesso.

Per esempio, ecco che cosa c'è di operare quotidiano in quel secondo principio della termodinamica, ed ecco come io ritengo si possa presentare in una forma ed una sostanza appetibili da tutti, Moravia compreso.

Quotidianamente noi abbiamo la convenienza ad isolare le cose ed a parlarne in questi termini. "Isolati" saranno i fili della corrente elettrica, affinché non si prenda la scossa, e per questo ci può essere capitato anche di andare nel negozio dell'elettricista a comperare il nastro "isolante." "Isolato" si troverà un paese, quando la neve o la frana abbiano interrotto le comunicazioni, e cosí pure l'uomo che non riesca a parlare con i suoi simili. "Isolate" desideriamo le stanze del nostro appartamento, cioè per esempio che i rumori dell'una non siano uditi nelle altre, o gli scantinati "isolati" dall'umidità del terreno circostante, ecc., ed il costruttore vi provvede con intercapedini, lana di vetro, rivestimenti di cemento o catrame, ecc.

La lista, naturalmente, potrebbe continuare, ed ognuno è in grado di apportarvi i suoi esempi. Si vedrà però che il criterio cui si fa ricorso per questo parlare di isolatezza od isolamento è che quanto avviene in una cosa o ad una cosa non sia influenzato da quanto avviene in un'altra o ad un'altra, ciò che comporta però anche che si stabilisca ciò che deve avvenire di per sé nella prima, altrimenti appunto non si saprebbe mai se vi è stato o meno uno scambio con la seconda. A proposito di questi scambi, per esempio, devo sapere quanti soldi ci devono essere in cassa per decidere se qualcosa ne è entrato od uscito. Ebbene, lo stesso vale anche per il calore, la temperatura; e cosí si stabilisce che se in un posto, ambiente, locale, recipiente, ecc., ad un certo momento la temperatura sarà tot, affinché si dica che esso è isolato termicamente, questa temperatura dopo un certo tempo dovrà essere tot, minore, maggiore, od eguale; perché appunto altrimenti si deciderà che una certa quantità di calore è stata perduta o guadagnata, in uno scambio con un'altra cosa.

Il secondo principio della termodinamica regola come deve essere l'andamento della temperatura affinché si parli di una cosa come isolata termicamente; ma alla base di tutto questo, anche se allora spesso non si ricorre a misure ed a grandezze, ci sono proprio soltanto le operazioni che ognuno di noi, piú o meno consapevolmente, o del tutto inconsapevolmente, esegue quando parla dell'isolamento delle stanze, paesi, persone, ecc.

E ci si rende subito conto che la scelta di un materiale rispetto alle proprietà isolanti, alle cause ed effetti dell'una o dell'altra cosa sull'isolamento viene dopo, arricchendo la ricerca, che però deve aver avuto quella partenza.

Guarda un po'! L'ho sempre fatto e non lo sapevo. E cosí il saperlo non può dispiacere, credo, a nessuno, nemmeno ad Alberto Moravia.

Tuttavia, nella mia strada intrapresa, di consapevolizzare, vorrei ora occuparmi, già che ci siamo, dell'altro contendente. Se si tratta di una regola fra le tante che gli uomini stabiliscono per il loro operare, come mai proprio questa appare al filosofo della scienza occupare un posto tanto importante anche per chi non debba fabbricare per esempio le macchine a vapore? Qui ho paura che ci sia stata una certa confusione, proprio da parte dello scienziato, o meglio del filosofo della scienza. Per esempio, se dimentico che tutta la situazione sta in piedi in quanto le cose siano piú di una, non mi contraddico e vivo l'emozione della contraddizione quando poi pretenda di applicare quella regola ad una cosa sola? Anzi, magari non piú ad una cosa fisica, ma all'universo, che di fisico non ha assolutamente niente essendo una costruzione mentale, suggerita dalla categoria dell'uno? La situazione diventa infine addirittura drammatica se la regola è stata scelta (e tanto piú se questa scelta è stata scambiata per una regolarità trovata al solo aprire gli occhi) stabilendo che la temperatura non rimanga eguale nel tempo, bensí diminuisca o cresca: perché allora saremmo partiti da un universo immensamente caldo per andare verso un universo immensamente freddo o viceversa.

Sí, un po' di consapevolezza di ciò che quotidianamente fa la nostra mente e che dalla vita di ogni giorno trasferiamo nelle costruzioni scientifiche non farebbe male a nessuno.

Da queste considerazioni sono stato portato a sostenere che possiamo proporci di suscitare un interesse diffuso per le conoscenze scientifiche facendo vedere (a) di quali operazioni della nostra mente esse siano il frutto, (b) come almeno una parte di queste operazioni siano svolte anche nell'assimilare, e (c) come queste operazioni siano quasi sempre operazioni che ognuno di noi esegue quotidianamente. E ne scaturisce anche la proposta di una enciclopedia in cui sia assicurata la circolarità fra tutte le voci, in quanto definite nei termini delle operazioni costitutive delle cose designate e con rimandi da una maggiore ad una minore complessità operativa.

Non occorre una gran dimestichezza con la storia della filosofia e della scienza per sapere sia che si tratta di un vecchio sogno, che potrebbe portare i nomi di Aristotele o di Leibniz, sia che sinora esso è stato ben lontano dall'essere esaudito. Anche all'interno di ciò che pure si designa unitamente come "sapere" già si contrappongono una filosofia ed una scienza, ed all'interno di questa una buona frattura separa le scienze cosiddette astratte e quelle cosiddette concrete; sullo stesso oggetto uomo si contendono poi la piazza almeno tre discipline, filosofia, psico-sociologia ed anatomo-fisiologia, con concetti fra loro incompatibili e con pretese di invadenza.

I Grandi della storia della filosofia e della scienza tuttavia non sono mai riusciti ad accontentarsi di questi sapere dimezzati, per cui in ogni filosofo che si rispetti c'è il rimpianto-aspirazione-bisogno dello scienziato, e viceversa; ed in effetti, se il sapere si spiega in una serie di combinazioni operative di complessità crescente, chi esegue soltanto un pezzo della catena operativa, non già per una decisione limitativa professionale, di specialità, bensí perché non riesce ad immaginare come si possa oltrepassarlo, deve ricevere davvero l'impressione di trovarsi in una situazione monca e sospesa, cui manca o la testa o la coda, od entrambe. A questo proposito basterà ricordare le molteplici pubblicazioni sui fondamenti delle varie discipline, come le diverse psicofisiologie o sociobiologie.

Naturalmente le enciclopedie, anche restringendo l'ambito degli oggetti considerati per esempio a quello delle scienze riconosciute come tali (ed ogni responsabile della compilazione sa, pur tuttavia, quante volte una voce gli solleva dubbi: "È scienza o non lo è?," "Non sarà per caso politica o religione o filosofia o magia, ecc.?") risentono di questa situazione. Per esempio, affinché la definizione delle voci potesse avere la portata di un criterio costruttivo od almeno di riconoscimento delle cose nominate, essa dovrebbe avvenire sempre in termini propri, positivi e non tautologici.

Ma questo requisito è soddisfatto solo quando le voci concernono le cose fisiche ed i rapporti fra queste. Negli altri casi il discorso deve chiudersi fra termini in cui i soli iniziati fingono di capirsi, ma dove in effetti, se esso non è riuscito a confondere le idee del lettore, questi, dopo la lettura ne sa esattamente quanto ne sapeva prima.

Io non conosco proprio nessuna enciclopedia che si sottragga a questa critica, non appena si esca dal campo delle discipline di tipo naturalistico per passare a quelle di tipo mentale. Ad accertarcene basterà mettere a confronto due voci che nella S-4 susseguono: "aritmetica" e "armamenti." Che "l'insieme di tutti i mezzi offensivi e difensivi in dotazione ad un corpo militare e ad un gruppo di nazioni" possa aiutare a rendersi conto di che cosa siano gli armamenti a chi lo ignorasse, io credo di sí. Ma che il parlare di far corrispondere, associare, connettere, e simili, fra loro alcune cose possa far nascere in noi l'idea di che cosa siano singolarmente le une se non abbiamo un'idea di che cosa siano le altre, questo mi sembra ben curioso e degno della piú autentica magia. Prendiamo pure per esempio dita ed anelli e rubini, e stabiliamo fra loro una corrispondenza incastonando una pietra in un anello ed infilando un anello in ogni dito. Alla fine avrò delle pietre incastonate e degli anelli infilati, ma non di piú. Anche tirando in ballo la mano di quelle dita, non ne ricaverei se non una mano ingioiellata, e simili. C'è forse infatti un lettore cui sia venuto in mente di essere stato edotto da questo discorso sulla nozione di "numero" o su quella di "5"? Per fortuna in quella voce il discorso seguiva e non precedeva le parole "aritmetica" e "numero," e un'espressione come "tanti oggetti quante sono le dita di una mano," a chi sa già contare suggerisce senz'altro il numero 5, ma appunto a chi sa già contare.

Naturalmente, se colpa c'è in questa inconcludenza definitoria, non è certo di chi ha curato l'enciclopedia, e nemmeno di chi ha compilato la voce rimettendosi a B. Russell (a parte che forse avrebbe fatto meglio a nominare G. Frege). Il difetto sta nella vecchia svista del filosofo che, supponendo tutto già fatto e come cosa fisica, ha creduto di vedere sia le cose fisiche di per sé isolate, per esempio le dita, sia in un'altra cosa fisica di per sé la loro collezione, per esempio la mano, ed allora in esse il numero 5: invece di considerare quali operazioni mentali abbiano come risultato percettivo e categoriale le dita, e quali il dito al singolare e ripetuto sino al risultato chiamato "5."

Una enciclopedia in cui le descrizioni e definizioni delle voci avvengano uniformemente in termini operativi ed in cui le combinazioni operative siano ordinate in una serie crescente per complessità, non svolgerebbe più soltanto una generica funzione informativa, ma anche di generale sistema classificatorio e di unificazione del sapere. Inoltre, con il suo appello all'operare quotidiano eserciterebbe un benefico influsso sulla divulgazione e solleciterebbe la curiosità che, come si è detto, è subito desta quando il discorso è diretto su ciò che noi si sia e faccia. Certo, dovrebbe nascere con il respiro ampio degli Enciclopedisti anche se proprio contro quel loro principio filosofico che "tutte le nostre idee provengano dalle sensazioni."

Purtroppo però una simile impresa non è più soltanto opera di raccolta e di sistemazione, di adattamento, per quanto intelligente. Almeno la parte dedicata alle discipline non naturalistiche fisiche richiede la critica e la costruzione nuove, e quindi uno stadio che supera gli impegni usuali anche di un editore e di un direttore editoriale per quanto seriamente impegnati e responsabili.

7.

La nuova didattica ed il sussidiario

Sempre piú spesso mi si chiede di recarmi in qualche scuola ad esporre in che cosa consista una didattica nuova e perché quella tradizionale in alcuni settori possa e debba venire sostituita. Se parlo ai ragazzi, naturalmente, soprattutto se essi sono quelli delle elementari o delle medie inferiori, non mi soffermo certo a criticare gli elementi della didattica tradizionale. Semplicemente presento gli oggetti di studio nella nuova maniera, in quanto spero che essa sia la prima nella quale li ricevono. Del resto, il ragazzo scarta presto, rigetta, tutto ciò che non riesce a far suo strumentalmente, applicativamente.

A questo proposito, poi, mi avvalgo di un'arma formidabile. Mostro loro il pezzo della macchina che ho in costruzione e che è destinata ad osservare ed a descrivere, come farebbe uno di noi, gli eventi del suo ambiente. "Sentite un po'," dico, "dobbiamo trovare come facciamo noi per giungere a parlare in quel modo, altrimenti non riusciamo a costruire la macchina. Per esempio, dei banchi sui quali state seduti una volta vi accade di parlarne come di 'uno, due, tre, ecc., banchi,' ed un'altra del 'primo, secondo, terzo ecc., banco.' Quali operazioni facciamo per vederli come uno due, tre, ecc., e quali per vederli come primo, secondo, terzo, ecc.?"

Il ragazzo prova e riprova. Si accorge subito che il raccontarmi che ci sono numeri cardinali ed ordinali non serve a niente. Cominciano cosí a piovere le risposte di un altro tipo. "Professore, mi sembra che quando dico uno, due, tre, è perché mi tengo tutto quello che ho fatto; mentre se dico primo, secondo, terzo, mi tengo solo l'ultimo."

Oppure imposto la distinzione dei tipi di parole. Le parole sono tutte dei nomi? Voi sapete parlare, ma io alla macchina devo insegnarlo. Quando si adoperano i nomi e quando gli altri tipi di parole?

Alle prime risposte la discussione si accende, fioccano gli esempi pro e contro l'asserzione del "collega," e tutto ciò che poteva far parte del bagaglio definitorio della grammatica è cancellato.

Se parlo agli insegnanti preferisco premettere invece alcune considerazioni critiche; ed è l'aspetto più difficile, non tanto perché esse non si possano presentare in termini molto elementari, ma perché si dirigono verso posizioni accettate per lo più senza alcuna consapevolezza, come se fossero le più ovvie e indiscutibili. Questo almeno da parte di chi non ha una approfondita conoscenza della storia della filosofia. Frasi come "ci si immerge nel reale," "la percezione del reale," "si astrae dal reale," e simili, vengono alla bocca del maestro o professore ed egli vi si aggrappa con commovente fiducia; come se non si trattasse delle nozioni più tormentose e tormentate nei venticinque secoli del filosofare.

Comunque, ecco in forma del tutto schematica i passi principali della nuova didattica, che si può specificare come operativa.

Sezione per l'insegnante:

(1) L'uomo, quando comincia ad occuparsi dei contenuti della sua mente, non si accorge di averli ottenuti operando. Questo dipende dal fatto che siamo interessati più a quei contenuti, di cui fra l'altro in qualche modo ci stiamo servendo, che non alle operazioni con cui li abbiamo ottenuti. Mentre schivo l'albero che ho percepito, difficilmente rivolgo la mia attenzione alle operazioni con cui lo ho percepito. Dipende anche dal fatto che delle operazioni mentali, almeno le singole operazioni, non si avverte la fatica. Esse sono poi molto rapide, non se ne vedono gli organi, ecc.

(2) Si finisce cosí con il credere che i contenuti della mente altro non siano che una specie di riflesso, di copia, ecc., di qualcosa che sussisterebbe già di per sé al di fuori della testa; e quindi sempre anche come qualcosa di fisico, per la sua localizzazione spaziale in rapporto a noi, alla testa.

(3) In tal modo ogni studio viene rivolto non più alle operazioni che la nostra mente esegue nel costituire quei contenuti, bensí alle operazioni, non eseguite e non ese-

guibili, per trasferire dall'esterno all'interno quei contenuti, per raddoppiarli all'interno. Da questo indebito raddoppio e dalle difficoltà cui dà luogo, nasce la filosofia, e particolarmente la teoria della conoscenza, o epistemologia, o metodologia, o filosofia della scienza. All'interno del filosofare, i grandi, da Platone a Berkeley, a Hume, a Kant, ecc., cercano di uscire dall'errore, e parzialmente vi riescono.

(4) Intanto però, tutto ciò che non è fisico, interpretato con lo schema della fisica, viene individuato, analizzato e descritto in termini inevitabilmente negativi, o metaforici, o contraddittori. Rimane comunque sfuggente. Ne fanno le spese la matematica, la linguistica, le migliaia di categorie mentali di premessa ad ogni trattazione sia fisica e psichica che logica, categorie che si cerca di ottenere per astrazione dalle cose fisiche, rovesciando l'itinerario operativo.

Sezione per l'insegnante e per l'allievo:

(1) Valgono le considerazioni del punto (1) per l'insegnante.

(2) Si mostra come la mente operi continuamente. Ci si avvarrà per questo di numerosi esempi. In particolare si ricorre:

(a) alle figure cosiddette alternanti, cioè alle figure in cui, a seconda di ciò che si tiene e si lascia con l'attenzione, e dei percorsi effettuati da questa, il risultato è decisamente diverso:

(b) alle figure che si possono designare in vari modi, come quella della pagina accanto, considerabile un quadrato, un rombo, un parallelogramma, ecc., ma di volta in volta tale appunto per il diverso modo di articolarla, cioè di scomporla e di ricomporla; oppure come la figura a p. 126, designabile con un plurale, "alberi," o con un singolare, "bosco," eseguendo però operazioni mentali antitetiche;

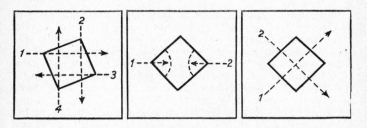

(c) a categorizzazioni antitetiche di cose fisiche mantenute eguali: per esempio l'incidente d'auto, una volta considerato effetto (della eccessiva velocità) ed un'altra causa (della morte del conducente); le tre dita di liquore in fondo alla bottiglia, una volta considerate parte del liquore, un'altra resto, un'altra, infine, tutto (tutto il liquore che mi hai dato); ecc.

(3) Si indica quali siano i principali tipi di operazioni mentali: quelle del sistema attenzionale, del sistema della memoria, del sistema correlazionale. Si mostra come la controparte del discorso sia sempre costituita dai risultati di queste operazioni.

(4) Si individuano le singole operazioni, partendo da quelle generalissime e rendendo poi consapevoli quelle caratteristiche dei particolari campi. Quelle alle quali dobbiamo gli elementi dell'aritmetica, della geometria, della grammatica e sintassi, dei vari atteggiamenti, scientifico, magico, etico, estetico, ecc.

Sono migliaia di costrutti mentali. Ma ovviamente si lascia che la maggior parte rimanga usata inconsapevolmente limitando l'analisi ai costrutti di particolare interesse per la scuola, affinché il ragazzo acquisti una "dimensione mentale," cioè una consapevolezza mentale che all'occorrenza egli sviluppi anche da solo.

Le pagine che seguono contengono, oltre ad un breve spoglio critico degli attuali testi per le scuole elementari, gli estratti delle prime dodici lezioni tenute dall'A. nella scuola milanese di via San Giacomo, diretta dal Prof. Franco Izzi, così come alcune apparvero su "Il Giorno." Il corso, che si è svolto per una trentina di lezioni di circa un'ora, è stato seguito da ventiquattro allievi appartenenti alla terza, quarta e quinta classe elementare.

Prima di avere fra le mani uno dei tanti libri di testo per le scuole elementari (scuole non solo d'Italia), i cosiddetti sussidiari, credo che molti di noi siano convinti che essi raccolgono ed espongono cose del tutto pacifiche, nella scelta delle materie, delle nozioni adatte al bambino, ed infine nel modo di impartirle. Diamine, se queste nozioni sono le piú elementari! E in fondo, se il bambino deve imparare a leggere, scrivere e far di conto, ciò che gli serve non dovrebbe lasciare dubbi: la lingua o grammatica vi sarà di casa, e cosí la matematica, con le sue aritmetica e geometria. Ma il bambino abbisogna anche di una certa cultura; e vi si aggiungono quindi storia e geografia, e le scienze, che sono le scienze naturali. Infine, a seconda dei Paesi e delle epoche, a questo sapere descrittivo si accompagna un sapere normativo, suddiviso fra la religione e l'educazione civica.

Anche a un primo superficiale esame, l'impressione che nei sussidiari tutto sia a posto potrebbe rimanere. Sono cose familiari, ritrovate poi mille volte negli studi e nella vita, magari semplificate estremamente in quei sussidiari, ma di necessità, per adattarle alla mente del bambino, e comunque, sane, corrette. Tutt'al piú un leggero stupore, qua e là. Ma da "grandi" le cose si preciseranno: questi sono modi di dire! Vorrei illustrare il mio discorso con alcune righe di uno di questi testi, per la 5ª elementare:

"I **punti** — Immaginiamo di ridurre la lunghezza di una linea fino a che sembri non avere piú nessuna lunghezza. Quando fosse ridotta tanto che sembri non avere misura alcuna avremmo ottenuto **il punto.**

"Strano, vero? In geometria, infatti, si dice che il punto **non ha nessuna dimensione,** né *lunghezza,* né *larghezza,* né *spessore.* In realtà un punto cosí non esiste; si può solo immaginare."

Strano, vero? Stranissimo. Sarebbe piú facile capire come riducendo di lunghezza un serpente, riduci e riduci, ad un certo momento saltasse fuori una tartaruga; anche senza pretendere di far credere che il serpente esiste, ma non la tartaruga, immaginaria.

Tuttavia, se il bambino impara pur sempre a leggere, scrivere e far di conto, si dovrebbe riconoscere che la ricetta funziona. A mio avviso, però, la conclusione non è cosí semplice e la situazione invita piuttosto a una serie di considerazioni che sarebbe ora fossero portate avanti con coraggio. Questa, per esempio: incontrando un'esposizione come quella citata, e che è dello stesso tipo, come vedremo, di almeno una parte anche dell'aritmetica e della grammatica, il bambino reagisce in un modo non certo consono con i principi vecchi e nuovi della didattica. Fra questi, infatti, uno prescrive che ciò che viene impartito non deve mai suscitare nel discente, e tanto meno nel docente, l'impressione di superare le sue capacità di comprensione, cioè di farlo sentire deficiente. Tanto piú che di deficienza in questi casi proprio non si tratta, tutt'altro!, ma di chiarezza e sanità mentali che si vorrebbero offuscare; sicché il bambino troverà la materia ostica, ostile.

Né la situazione è migliore per l'insegnante che, rendendosi conto delle manchevolezze di quello che impartisce, è indotto a sorvolare sull'argomento, a nascondere in un "non puoi ancora capire" un suo "non sono mai riuscito a capire." Le sue parole, fra l'altro, perderanno di entusiasmo e quindi di forza persuasiva. Quale maestro sincero non confessa, almeno a se stesso, l'imbarazzo alla fatidica distinzione fra astratti e concreti, o alla definizione di numero, "che cosa è un numero?," e simili? L'adulto e accademico può anche compiacersi della situazione contraddittoria: non la sa risolvere, ma perché è stato tanto bravo, profondo, pensatore, da porsela troppo profonda. Ma al bambino e al povero maestro rimane solo la parte della vittima sacrificale.

Fortunato il bambino piú sordo, si potrebbe pensare, che ingoia e memorizza imperturbabile tutto ciò che gli viene insegnato, senza far domande e pronto a ripeterlo all'interrogazione ed all'esame. Tuttavia questa reazione urta contro un altro principio della didattica, che chiede al discente la partecipazione attiva, cioè di sentirsi operante e responsabile quando apprende ben al di là del bruto fatto mnemonico; ed urta anche contro un terzo principio, che fra scuola e vita non ci siano fratture, che il modo di operare quotidiano sia portato nella scuola e dalla scuola ritorni arricchito nella vita. Ma che cosa potrebbe mai ritornare nella vita, nell'inequivocabile fraseggio, "fino a quel punto," "da quel punto," "sta fermo in quel punto!," e simili, da una linea "infinita," oppure ridotta di lunghezza, sino a non averne alcuna per generare il punto che "non esiste"?

Non per nulla una parte dei compilatori dei testi per le scuole elementari, ed anche medie, elimina sempre piú nelle materie del programma quanto è di ordine teoretico, sistematico, classificatorio, per dedicare piú spazio a quanto è di ordine pratico, come la raccolta degli esempi, la nozione spicciola, la regola di manipolazione, ecc. Illustrerò questo tipo di rinuncia.

Nel capitolo dedicato alla lingua, il bambino impara l'ortografia. "Queste parole," che intanto il maestro pronuncia, "si scrivono cosí e cosí." E aggiunge, "uno sbaglio potrebbe portare ad equivoci davvero pericolosi. Pensate ad un tale che per ricevere una 'cassa' di legno, scrivesse ordinando una 'casa di legno!'" Tutto va a gonfie vele. Ma nel capitolo dedicato alla lingua si può introdurre un insegnamento anche sulle categorie grammaticali o sulle parti del discorso. E qui cominciano i guai e si aprono le alternative in discussione.

Supponiamo che si tratti del nome e del verbo. La distinzione sembra chiarissima, e tutti sono in grado di portare esempi dell'una e dell'altra categoria: mela, tavolo, giustizia, sono nomi; correre, pensare, bruciare, sono verbi. Ma che cosa hanno in comune tutti i nomi fra loro e tutti i verbi fra loro che li faccia appartenere alle rispettive categorie? Si può risalire tranquillamente almeno sino ad Aristotele per assistere ai primi tentativi definitori, ma, ahimé, allora ed oggi senza molto successo.

Per i verbi si è fatto appello al tempo, cioè la cosa designata sarebbe nel tempo, avrebbe a che fare con il tempo, e per i nomi si è proceduto negativamente, in quanto la cosa designata non avrebbe tempo. Ma in questo modo si metterebbero insieme al "correre," ecc., per esempio un "ieri," "oggi," e "domani," e magari la stessa parola "tempo," e si metterebbe insieme a "mela," ecc., un "per," "di," "con," ecc., che non designano alcunché che sia nel tempo. Dunque anche il richiamo al tempo non basta, non permette di far appartenere ad una categoria il "piovere" ed all'altra la "pioggia," né basterebbe contrapporre processi a stati, tutti nel tempo; e cosí via.

Di fronte a questa difficoltà, nel definire il nome, il compilatore dei sussidiari per lo piú ha proceduto presentando un elenco (aperto o chiuso?) delle cose designate da nomi, cosí: il nome è la parola che indica persona, animale o cosa. E qualcuno allunga la lista aggiungendo, per esempio, sentimento, fatto, idea di qualità. Tuttavia, se il bambino è intelligente, se ha un po' di fantasia ecco la difficoltà pronta a comparire generando anzi insolubili incertezze. Forse che l'amare non è un sentimento? Ma è per questo un nome? C'è poi forse qualcosa che non sia una cosa? E allora non si dovrebbe indicare tutto con parole che sono nomi?

Poiché con le altre categorie grammaticali la difficoltà filosofica rimane la stessa, si sta notando da parte dei compilatori dei sussidiari l'adozione di una tattica di rinuncia al teoretico, al sistematico, ecc., cui accennavo. Se non è possibile fornire al bambino un elenco tassativo delle parole assegnate ad una certa categoria (per esempio gli articoli, determinativo ed indeterminativo, "il" ed "un"), si preferisce presentare le categorie mediante un racconto, segnandovi di volta in volta le parole appartenenti alle diverse categorie.

Nel far questo si confida giustamente su due capacità possedute da chiunque parli: di servirsi correttamente delle parole secondo le convenzioni invalse e trasmesse anche del tutto inconsapevolmente, cioè di eseguire le operazioni che costituiscono la cosa designata dalle parole adoperate; e di isolare spontaneamente queste operazioni da altre quando una parola sia vista indicare cose fra loro diverse. Mi spiego con un esempio. Da bambini ci vengono mostrate mele di ogni specie e grandezza, e l'una sarà così per esempio rossa, un'altra gialla, un'altra color ruggine, e via dicendo, e così una di dieci centimetri di diametro ed un'altra di cinque, e via dicendo. Il fatto di ripetere la stessa parola "mela" mentre si percepiscono cose diverse fra loro, in questo caso per colore e grandezza, fa sí che le operazioni percettive corrispondenti alle diversità siano scartate e rimangano solo quelle comuni alle diverse mele, per esempio quelle dalle quali risulta quella certa forma, tondeggiante con la metà superiore, cui è attaccato il picciolo, maggiore di quella inferiore (e le diversità vengono nominate separatamente, mela "rossa," "gialla," "grande," "piccola," ecc.).

Non si dimentichi mai che l'uomo è soggetto di operazioni eseguite benissimo, sia fisiche che psichiche che mentali, che sa di fare e di cui possiede una analisi giusta, ma anche di operazioni che sa di fare ma di cui possiede un'analisi sbagliata, ed infine di operazioni che esegue ignorandolo affatto. Forse che l'ignorante digerisce peggio perché ignora tutto sulle funzioni digestive, o cammina peggio perché non ha studiato alcuna cinematica?

Eccoci cosí a considerare le due soluzioni adottate per alcune materie dal compilatore dei libri di testo per le scuole elementari, dei sussidiari: tentare un discorso teoretico, sistematizzante, consapevolmente o meno, di derivazione filosofica (come vedremo in seguito), con la conseguenza di viziare la mente del bambino od almeno di allontanarla da una partecipazione attiva a quelle materie; oppure limitarsi ad addurre esempi guidando con un discorrerne alla buona il bambino a porli in un certo ordine, cosí come è avvenuto sino al suo ingresso a scuola, o addirittura lasciare intoccato ciò che si ha ragione di presumere il bambino faccia e designi, in modo sí inconsapevole, ma corretto, per partire da questo patrimonio di sapere spontaneo (del resto niente di nuovo e di azzardato, basterebbe ricordare il Newton dei *Principia*, che dichiara di non definire tempo e spazio, "perché sono notissimi").

Ebbene, va da sé che se mi sto interessando della situazione dei sussidiari, io non sia convinto né della prima né della seconda soluzione, della filosofeggiante e della rinunciataria. Quei testi vanno riscritti, confidando sulla bontà di una terza soluzione, suggerita dagli studi sia critici che costruttivi richiesti nella progettazione e realizzazione dei modelli della mente, soprattutto delle macchine linguistiche, destinate in un futuro forse non lontano a sostituire vantaggiosamente l'uomo nella sua opera di traduzione da una lingua in un'altra, di riassunto e di classificazione, di osservazione e descrizione.

Non già che l'indirizzo pedagogico proposto sia nuovo. Se deve concludersi anzitutto con un "conosci te stesso" sarebbe impossibile non fare il nome di Socrate. Ma 2500 anni non dovrebbero essere trascorsi invano, non solo nel rendere perseguibile quell'intento, ma anche nel farne il punto di partenza, la base per innestare su quel conoscere delle piú elementari ed universali operazioni ogni altro sapere, garantendogli un fondamento unitario.

In nome di questo fondamento unitario varrà la pena di rivedere l'intero programma delle classi elementari e delle prime medie, segnando l'originalità delle singole materie tradizionali, o di nuova proposta, per il rapporto in cui si trovano sia con il fondamento comune sia fra loro, ed in ogni caso eliminando la frattura fra il gruppo naturalistico ed il gruppo mentalistico.

Lezione I

Vi potrà sembrare strano che in questo primo incontro vi parli di una cosa che nei vostri sussidiari non si trova nemmeno. Eppure, fra poco sarete persuasi che essa è molto importante e che la vostra mente se ne serve prima di ogni altra e piú di ogni altra. Se i sussidiari non ne parlano è perché, in effetti, si tratta di qualcosa che voi sapete già adoperare, benissimo; ed è giusto che da essi impariate anzitutto cose nuove.

Per esempio, voi sapete già vedere, ascoltare, toccare, le cose, ecc., e sapete pensare e parlare. Che bisogno ci sarebbe d'insegnarvi a farlo?

Tuttavia, non è detto che sappiate anche in quale modo fate tutto questo: ed allora c'è il pericolo che rimaniate convinti che la cosa vista, ascoltata, pensata, ecc., sia proprio cosí e soltanto cosí; che noi non c'entriamo per niente nell'averla presente a quel modo. Questa convinzione, però, ha dato e continua a dare tante difficoltà quando bisogna capire come mai quella cosa sia proprio cosí, e come mai due persone possano vederla in modo diverso, e magari noi stessi la vediamo una volta in un modo e un'altra in un altro.

Del resto, io credo che questa convinzione un poco l'abbiate già. Provate a dirmi: come si fa a vedere? Per esempio, qui abbiamo la lavagna. La lavagna è qua e voi siete là. Ma essa vi è presente. Come fate a vederla?

"Con gli occhi." "Ci sono degli organi nel nostro corpo che permettono di vedere."

Sí, le vostre risposte sono giuste, ma non bastano. Se vi avessi chiesto come si fa a camminare, forse non mi avreste infatti risposto che "ci sono degli organi nel nostro corpo che permettono di camminare." Sentiamo!

"Si alza una gamba, la si porta avanti e la si mette giú, e si continua cosí."

Benissimo. Vorrei una risposta di questo tipo anche per il vedere: quali operazioni si fanno quando vediamo?

"Si aprono gli occhi." "Adoperiamo gli occhi." "Si guarda perché c'è la luce."

Sí, non c'è dubbio. Se non avessimo gli occhi, o se fosse buio, o se li tenessimo chiusi, non vedremmo niente. Ma io vi voglio portare un esempio che vi mostra come gli occhi da soli non bastano.

"Vediamo con il cervello." "Per mezzo del nervo ottico, che riceve le notizie dall'esterno e le manda al cervello."

Bravo il nostro piccolo anatomista e fisiologo. Ma anche questo nervo ottico, da solo non è sufficiente; e presto ce ne accorgeremo.

"Lui intendeva dire che nel cervello noi abbiamo dei nervi, che appena succede qualcosa, trasmettono agli occhi un ordine, di vedere una determinata cosa, e cosí alle gambe di muoversi, alla bocca di parlare."

Fermiamoci un momento ad esaminare quest'ultima risposta. È vero o no che possiamo fare un gran numero di cose che ci vengono ordinate, ma che le possiamo fare anche se non ci vengono ordinate? Scrivere, cantare, camminare... No, il dare o ricevere ordini non c'entra proprio niente col vedere. E nemmeno il ricevere notizie; perché, prima che qualcuno guardasse la lavagna poteva proprio non esserci nessun altro che lo sapesse e ce lo comunicasse.

Penso proprio che vi dovrò aiutare: né dovete preoccuparvi se non siete riusciti a rispondermi da soli. Se sapeste quanti uomini importanti si sono rotti la testa, e da tanti secoli, per riuscire a capire come si fa a vedere!

Vi aiuterò facendovi fare una esperienza, semplicissima. Io scommetto che voi state facendo qualcosa, ma che proprio non sapete di fare. In questo momento ognuno di voi sta facendo qualcosa con le mani, tocca qualcosa. Ma, lo sapeva?

"Io le tenevo sul banco." "Io ne tenevo una appoggiata sul viso."

Benissimo. E lo sapevi? Sentivi il legno del banco, la pelle del viso?

"No!"

E ditemi ancora: un momento fa vi accorgevate di fare entrare ed uscire l'aria per il naso? O che i vestiti e le scarpe vi tengono caldo?

"Non lo sapevamo perché eravamo distratti." "Perché dirigevamo l'attenzione sulla lavagna."

Bravissimi. Ecco, ecco che forse ci siamo. Non basta che gli occhi ci siano e funzionino, e cosí le orecchie, le mani, la pelle, e nemmeno quel nervo ottico, pur cosí importanti. Bisogna che intervenga l'attenzione, bisogna che l'attenzione si occupi di quello che fanno gli occhi, le orecchie o le mani. Per la mente essa è uno strumento anche piú necessario di quello che sono le mani per il nostro corpo.

Senza l'attenzione, quello che fanno gli occhi, le orecchie, il naso, ecc., resterebbe soltanto un fatto fisico, e niente ci arriverebbe mai alla mente, cioè non formerebbe mai un pensiero, e nemmeno la piú semplice percezione.

Ancora una prova? I vostri compagni nella stanza di là stanno facendo un bel baccano, degno del gruppo della "Nuova Olimpia"! Ed i vostri timpani certo ne risentono, proprio come il registratore che stiamo adoperando. Ma voi sentivate quel rumore?

"No!"

Lo avete sentito solo quando l'attenzione si è rivolta al funzionamento del nervo acustico, anzi ad un particolare funzionamento. Ma la stessa cosa avviene anche con gli occhi, con le mani, con il naso. La prossima volta ve ne porterò tanti di esempi, e vedrete quanti servizi ci renda.

Lezione II

Che cosa è l'attenzione? Che cosa fa questa attenzione? "Senza l'attenzione non sentiremmo i rumori," "Non vedremmo le figure," "Gli occhi e le orecchie non bastano," "C'era un rumore nella stanza di là, e non lo sentivamo finché non ci abbiamo rivolto l'attenzione," "Io ho detto al mio papà che lui faceva una cosa e non sapeva di farla: che tirava dentro e buttava fuori l'aria dal naso; che non lo sapeva perché non vi dirigeva l'attenzione." Va benissimo. Oggi, come vi ho promesso, vi farò vedere certe figure, una specie di gioco che vi mostrerà ancor meglio che cosa sia l'attenzione e che vi divertirà.

Guardate la figura che c'è sul mio cartellone. Che cosa vedete?

"Un vaso," "Un'anfora."

Nient'altro?

"Io ci vedo anche due facce," "Due profili che si guardano."

Giusto il vaso e giusti i profili. Ma come mai è possibile vedere due cose cosí diverse se il tabellone rimane lo stesso? Chi me lo sa dire?

"Io lo so. È perché l'attenzione una volta è andata sul bianco e l'altra sul nero."

È proprio cosí, ma forse non basta, oltre ai colori c'è anche qualcos'altro che cambia in quello che facciamo. Ora ve lo mostro. Guardate quest'altro tabellone. Che cosa si vede?

"Dei pesci neri," "No, ci sono anche pesci bianchi," "Io ho visto gli uccelli neri," "Ci sono anche uccelli bianchi."

Anche queste risposte sono tutte giuste. Ma dovrebbero convincerci che non basta piú dirigere l'attenzione su un colore invece che su un altro. Qui ci sono le figure e con l'attenzione bisogna seguirne i contorni. In seguito parleremo tante volte, e vedrete come sia diverso, sempre per l'attenzione, seguire una linea o seguire un contorno, costruire con una o con due dimensioni, eventualmente con tre.

Ma adesso torniamo alla nostra situazione piú semplice, quella del vaso e dei profili. Ditemi un po': non trovate che se guardiamo il vaso i profili scompaiono, spariscono, e cosí scompare il vaso se guardiamo i profili?

"Sí, è vero."

Eppure, non è che siamo ricorsi alla gomma od alle forbici, come si fa quando si cancella o si taglia via un pezzo di carta o di stoffa. Nel cartellone, cioè, non abbiamo cambiato proprio niente. Dunque, come è potuto avvenire?

"È perché abbiamo distratta l'attenzione."

Fermiamoci un momento a riflettere su questo punto. All'inizio, quando abbiamo cominciato a guardare, i colori c'erano tutti e due o ce n'era uno solo?

"Ce n'era uno solo," "No, ci dovevano essere tutti e due," "Uno solo," "Io ho visto solo il bianco," "No, bisogna vedere anche il nero, se no l'occhio non si fermerebbe," "Anche sulla lavagna: prima si vede tutta la lavagna e dopo quello che c'è scritto sopra."

Io credo proprio che abbiate visto sia il nero che il bianco e che uno dei due colori l'abbiate scartato dopo, mentre seguivate il contorno della figura vista. Ma, appunto, non per questo avete trasformato il mio cartellone, ne avete modificato qualcosa di fisico.

L'attenzione, dunque, non solo fa presente quello che fanno gli altri nostri organi; ma una volta che questo è stato fatto presente, può mantenerlo presente o può scartarlo, eliminarlo, farlo sparire.

"Anche quando leggiamo sul libro. Vediamo le parole sulla carta, ma non vediamo la carta."

Bravissimo. E allora prova a dirmi: secondo te, questo succede tutte le volte che vediamo una cosa, o solo certe volte, come nel caso del vaso e dei due profili, o dei pesci e degli uccelli, delle parole e della carta?

"In certi casi no. Quando c'è l'aria no: per esempio se vedo un albero," "Quando si tocca con le mani, al buio, perché allora non c'è neanche l'aria," "Secondo me, succede sempre, perché se no non saprei dove si trova una cosa."

Vi posso assicurare che succede proprio sempre, tutte le volte che percepiamo, anche quando si tocca con le mani, ed anche prima che ci si interessi di dove una cosa si trova.

Ve ne darò una prova. Guardiamo la finestra, il vetro della finestra. Lo vedete?

"Sí."

Adesso guardiamo fuori dalla finestra. Vi siete accorti che abbiamo scartato non solo il vetro, ma anche l'aria che c'è fra noi ed il vetro e fra il vetro e le piante della piazzetta?

Se poi mentre facciamo il bagno ci scappa di mano

il sapone, quando andiamo a prenderlo è l'acqua che sparisce.

Questo succede persino dentro al nostro corpo. Se vogliamo sentirci il gomito, cioè se dirigiamo l'attenzione al gomito, sparisce l'omero, se la dirigiamo al polso, sparisce anche l'avambraccio, e cosí via.

"Io ho provato: è vero."

Ve lo ricorderete? Quando percepiamo una cosa, l'attenzione deve prima far presente piú di quanto non rimanga dopo. È solo quando ci rappresentiamo una cosa, che tutto ciò che l'attenzione fa presente rimane sino alla fine.

Lezione III

Vi ho fatto l'esempio dei vestiti, che non vi accorgete di avere, finché non rivolgete l'attenzione alla pelle, anzi al caldo che vi tengono i vestiti, e cosí dei rumori nella stanza vicina, dei vostri compagni della "Nuova Olimpia," che non sentite, finché non rivolgete l'attenzione ad essi, o meglio a ciò che fanno le vostre orecchie. Cioè, anche se noi siamo abituati a parlare dei sensi, quello della vista, dell'udito, dell'odorato, del tatto, e cosí via, non bastano gli occhi, le orecchie, ecc., né che questi nervi siano sani, funzionino, per avere una percezione, od anche semplicemente per sentire, ma deve intervenire l'attenzione. Certo, se l'occhio o le orecchie o le mani mancassero, non vedremmo, udremmo, sentiremmo piú niente, ma essi non sono sufficienti: perché ci sia presente qualcosa nella mente, deve intervenire l'attenzione. È chiaro?

"Sí, se non ci stavamo attenti, non sentivamo il rumore dei nostri compagni."

"E nemmeno, come lei ci diceva, che l'aria entra ed esce dal naso, o non sappiamo le cose che stiamo facendo con le mani."

Bravissimi! Adesso ditemi un po': c'è qualcuno che sa se ci sono due parole per indicare prima che l'attenzione si dirige verso il funzionamento di un organo, e poi che ne segue il funzionamento?

"Sí, diciamo che 'stiamo attenti a qualcosa'."

Va bene, ma le parole che designano, di volta in volta, che si tratta degli occhi, o delle orecchie, del naso, delle mani? Quali sono?

Vi aiuterò io. Che impressione vi farebbe se sentiste dire che qualcuno "ode e ascolta," oppure "vede e guarda"?

"È sbagliato," "Fa ridere," "È impossibile, perché uno, prima guarda e poi vede, e non prima vede e poi guarda," "Io dico, con le mani, che prima tocco e poi sento," "Anche con il naso; prima annuso e poi sento."

È proprio cosí. Quelle due parole, come "guardo" e "vedo," "ascolto" e "sento," indicano appunto che per avere qualche percezione, qualche sensazione, bisogna prima rivolgere l'attenzione ad un organo o all'altro, cioè della vista, udito, tatto e cosí via; sicché gli organi che funzionano in una percezione sono almeno due, sempre. Quando, continuando negli studi, sentirete dire che ci sono degli organi, della vista, udito, ecc., che pensano essi a tutto, protestate; dite che "non basta," dite che deve intervenire anche l'organo dell'attenzione e che è questo che vi permette non solo di vedere, di udire, di sentire ciò che si deve ad un organo piuttosto che ad un altro, ma nello stesso tempo anche di non sentire quello che fanno gli altri organi. Altrimenti, la nostra mente sarebbe un bel caos.

"Sentiremmo tutto insieme."

Certo. Ma sinora io vi ho parlato dell'attenzione come dell'organo che rende presente alla mente ciò che fanno gli altri organi della vista, dell'udito, del tatto, ecc. Non vi ho detto di un altro compito che svolge l'attenzione. Vediamo se riuscite a scoprirlo da soli. Quando abbiamo finito di interessarci, cioè di rivolgere l'attenzione al rumore dei compagni nella stanza vicina e ci siamo occupati per esempio di ciò che facevano le nostre mani, essi hanno cessato di parlare, di agitarsi?

"No, perché nella stessa ora essi fanno sempre ginnastica."

"Parlano e pestano i piedi."

Dunque, i vostri compagni continuano a fare le stesse cose, ma voi il rumore non lo sentite piú.

"È perché non vi rivolgiamo piú l'attenzione."

Statemi a sentire. Non rivolgete piú l'attenzione a quello che fanno i vostri compagni, al rumore, od a quello che fanno le vostre orecchie?

"A quello che fanno i nostri compagni," "A quello che fanno le nostre orecchie," "Al rumore."

Vedo che c'è un po' di confusione.

"No, al rumore no, lui sbaglia, perché, se il rumore

salta fuori se si ascolta e si ode, allora non ci può essere il rumore se non si ascolta e si ode."

Bravo, bravo, bravo. Ma sapresti dirmi che cosa hai fatto, non prestandovi piú attenzione, di quel rumore che sentivi?

"Non lo sento piú," "L'ho fatto finire."

Se lo hai fatto finire, l'avevi anche fatto cominciare?

"Sí, rivolgendo l'attenzione a ciò che facevano i nostri compagni," "No, a ciò che facevano le nostre orecchie."

Sí, sí, tutte e due le risposte vanno bene. Ma ciò che vorrei ricordaste è che l'attenzione, non soltanto fa presente il funzionamento degli altri organi, ma facendolo prima presente e poi non presente, lo riduce a pezzetti, lo taglia. E cosí, qualsiasi cosa facciano i vostri compagni, un rumore non vi sarà mai sempre presente, ma presente solo per il tempo in cui rivolgete l'attenzione a ciò che fanno le vostre orecchie.

Vi voglio fare un esempio di una macchina che si comporta come noi; il fonografo, il giradischi. Se ci fosse solo il disco che gira, ma il braccio e la puntina fossero alzati, sentiremmo i suoni?

"No."

Esatto, non li sentiremmo. Li sentiamo solo quando la puntina entra a contatto con il disco, che la fa vibrare. E se noi abbassiamo la puntina che prima era alzata e dopo la rialziamo, udiamo i suoni solo finché essa rimane abbassata. Ditemi: nel disco, quanto può stare abbassata?

"Un quarto d'ora," "Di piú, anche un'ora," "Un disco dura venti minuti."

Dipende dai dischi, ma in ogni caso certo piú di quanto noi non riusciamo a tenere applicata l'attenzione. Provate a dirmi per quanto tempo ci riusciamo noi. Per esempio, appoggiate la mano sul piano del banco, che è di materia plastica, credo, e cosí lo sentirete freddo. State attenti a questo freddo. Per quanto lo sentite?

"Sempre," "No, perché il banco si scalda," "Dopo un po' non si sente piú niente," "Per un minuto," "No, per meno."

Appunto, per meno, precisamente per circa un secondo. L'attenzione, cioè, va e viene, è un organo che pulsa, come il cuore, come i polmoni, e, con il suo applicarsi e staccarsi, interrompe ciò che fanno gli altri organi, come se appoggiassimo e staccassimo la puntina del giradischi, ottenendone allora tanti suoni e tanti silenzi.

Lezione IV

Sinora, parlandovi dell'attenzione, dicendovi quello che le dobbiamo, non c'era niente di difficile da capire. È facile accorgersi che le orecchie, gli occhi, il naso, e cosí via, da soli non bastano a farci udire un rumore, vedere un colore, se non prestassimo attenzione a quello che essi fanno. Oggi però sull'attenzione vi racconterò qualcos'altro che potrebbe riuscire meno facile da capire, anche se si tratta egualmente di operazioni che la nostra mente esegue ad ogni momento. Soltanto, è piú difficile rendersene conto. Ma proviamo.

L'inizio, comunque, non dovrebbe essere difficile. Si tratta di mettersi nello stato che ci viene suggerito quando qualcuno ci dica: "Attento!," "Sta' attento!," "Guarda!," o qualche parola simile. Siamo pronti? "Attento!" Che cosa è successo?

"Abbiamo adoperato l'attenzione," "Ci siamo messi attenti."

Sí, è vero. Ma avete diretto l'attenzione verso qualcosa? Vi siete interessati a quello che avveniva alle orecchie, agli occhi, al naso, alle mani?

"Siamo attenti a quello che diceva Lei."

Pensaci un po'. Quello che dicevo io è successo prima o dopo che ti mettessi a "stare attento"? "Noi siamo stati attenti senza una ragione."

Ecco, a me interessa che vi ricordiate di questo stato d'attenzione, che non è diretto a niente, cioè è un po' quello in cui vi mettete per esempio quando andate a vedere il circo, e lo spettacolo sta per cominciare, ma non è ancora cominciato, e voi aspettate, cosí, sospesi, attenti.

Mi interessa che impariate a mettervi in questo stato e magari a restarvi un certo tempo, almeno un secondo o due, in modo da distinguerlo bene e da ricordarvelo. Vedrete che una volta che siete "attenti" è possibile che vi succedano tre cose. Chi indovina quali?

"Se viene fuori il leone lo vedo subito," "Anche i pagliacci," "Si può anche distrarsi," "Io mi sono distratto subito."

Questo è molto giusto. Chi si è immaginato il leone o i pagliacci ha completato l'attenzione con una rappresentazione; gli altri sono tornati come prima, cioè distratti. Ma ora dovremmo trovare la terza cosa che ci può accadere, che possiamo fare.

"Secondo me è perché c'è un pericolo," "Forse sta arrivando un'automobile," "Ci doveva capitare qualcosa."

Vedo che ci avviciniamo, ma temo proprio che dovrò aiutarvi. Poi però sono convinto che ci riuscirete da soli.

Sentiamo un po', che cosa vi succede, che cosa fate se, dopo avervi detto quell'"Attento!," dico "Ecco!"?

"Non si è piú sospesi," "Forse l'automobile è arrivata ma la persona si è scansata e non le è successo niente," "Mi sento meglio, sono piú contento," "Sí, anch'io, piú tranquillo."

Non si è piú sospesi. Sí, questo è giusto. Ma tu mi hai detto quello che non sei e non quello che sei. E chi mi ha parlato dell'automobile non mi ha proprio detto niente di sé, cioè di quello che lui ha fatto, ma si è riferito ad un'altra persona e ad un'automobile. Né io credo che fra il mio "Attento!" e il mio "Ecco!" si faccia in tempo a pensare a tante cose, a svolgere un pensiero piú lungo. Quanto poi al sentirsi piú tranquilli, questo può essere giustissimo; ma viene dopo l'"Ecco!," quando si è già capita quella parola. No, facciamo molto meno, una cosa piú semplice.

Riproviamo: "Attenti!"... "Ecco!" Che cosa avete fatto? Vi aiuterò facendovi notare che nel capire quell'"Ecco!" non c'erano gli occhi, le orecchie, il naso, le mani.

"L'attenzione si è come distesa, appoggiata," "È una cosa che ha fatto il cervello."

Tutto questo va bene; ma si è appoggiata a che cosa?

"A qualcosa che è dentro di noi."

Vorrei che facessimo una piccola esperienza: che qualcuno si provasse a fischiare, e mentre sta fischiando, e quindi senza smettere, si sforzasse di aggiungere un secondo fischio. Via! Fiiiiiiiiiiiiiiii...

"I fischi diventano due, ma non con la bocca. Nel cervello."

Sí, sí. Penso che ci siamo. Soltanto, se al posto del cervello, di cui è ben difficile che uno sappia quello che fa, mettessimo un'altra cosa, che invece controlliamo benissimo...

"È l'attenzione!"

Beh, nel caso del fischio c'era qualcosa di piú che non la sola attenzione, ma nel caso dell'"Ecco!" c'è proprio soltanto questa che si ripete. Se riproviamo, vi accorgerete infatti che per passare dall'"Attenti!" all'"Ecco!," il primo stato di attenzione, quello in cui vi siete messi sentendo quella parola, non è stato piú lasciato, e mentre continuavate a stare attenti, avete aggiunto, voi direte con il cervello, ma è meglio dire con la mente, avete aggiunto un secondo stato d'attenzione. Cosí l'attenzione, che prima era sospesa, ora si trova sostenuta, "appoggiata," come ha avvertito uno di voi.

Chi è sensibile, chi sa rallentarsi e seguirsi mentre compie queste operazioni, finirà con il sentire, netti netti, proprio i due stati di attenzione, che si succedono, ma con il primo stato che rimane al sopraggiungere del secondo. Guardate, è un po' come quando facciamo "1+1," ed anche allora il risultato è in parte eguale ed in parte diverso dagli elementi che abbiamo sommati, e li contiene entrambi, il "2."

Ora, se doveste spiegare a qualche vostro compagno quello che abbiamo imparato lo sapreste fare? Se doveste spiegargli che cosa vuol dire "Ecco!"? E se doveste fare un disegnino, per illustrare le nostre operazioni? Se me ne portate uno bello, ve lo faccio stampare.

Lezione V

"Signor professore, le ho fatto il ritratto dell'"Ecco!'. Va bene?" Sí, va bene, e anche questo, forse anche questo. Ma quello di Luisa mi sembra che indichi in modo piú evidente che cosa facciamo quando con la nostra mente comprendiamo la parola "Ecco!," dopo quell'"Attento!," cioè "Attento!... Ecco!" Si tratta infatti, ricordate?, di mettersi in uno stato di attenzione e di mantenerlo mentre se ne aggiunge un secondo:

ATTENTO ------------
ATTENTO

e potremmo anche scrivere, anzi d'ora in poi scriveremo sempre, A + A.

Vorrei proprio che cominciaste a rendervi conto di quante cose sappia fare la nostra mente combinando gli stati di attenzione. L'attenzione non assolve soltanto il compito di far presente il funzionamento degli altri organi, gli occhi, le orecchie, il naso, ecc., e il compito di spezzettarlo, come vi ho spiegato nei nostri precedenti incontri. Ora vedrete che su questo funzionamento l'attenzione è anche in grado di "lavorarci sopra," "aggiungendo delle sagome, delle forme." Per esempio, se batto le mani, plac, plac, plac, plac, plac, plac, plac, e di ciò che sentite io parlo come di "colpi," voi mi capite, e cosí, plac, plac, plac, plac, plac, plac, plac, se ve ne parlo come di "applauso." Il rumore, tuttavia, è sempre lo stesso; per il registratore, potremmo sincerarcene, non è cambiato proprio nulla, e cosí direi anche per le nostre orecchie. Ma nel cervello è avvenuto certamente qualcosa di diverso, la nostra mente ha lavorato su quel rumore in due modi diversi, perché nel primo caso ne è saltato fuori un plurale, e nel secondo un singolare. Ve ne eravate accorti?

"Sí, sono due cose diverse perché quando uno batte le mani e fa dei colpi, lo fa da solo; mentre quando si applaude vuol dire che una cosa ci attira molto, che ci piace, e tutti lo fanno."

Questo potrebbe anche essere giusto. Però non hai capito bene la mia domanda. Non riguardava proprio i colpi o l'applauso, ma il plurale e il singolare. Cosí sarà bene che cambiamo l'esempio. Vi faccio un disegno sulla lavagna:

Che cos'è?

"Un bosco," "Degli alberi," "Sono piante."

Ecco, ora siete stati proprio voi a vedervi una volta un singolare, il "bosco," ed un'altra un plurale, gli "alber-i." Vorrei che ciascuno si provasse a vedere quel disegno, che tuttavia resta sempre lo stesso, una volta come qualcosa di singolare ed un'altra come qualcosa di plurale. Che differenza c'è? Che cosa fate di diverso?

"Cambiamo modo di pensare," "Gli alberi formano un bosco, ed un bosco è formato dagli alberi."

Certo che cambiamo modo di pensare, ma bisognerebbe capire come.

Quanto agli alberi che formano il bosco e al bosco che è formato dagli alberi, questa è una relazione che mettiamo fra ciò che una volta consideriamo come singolare ed un'altra come un plurale, ma non una relazione fra il singolare e il plurale, e tanto meno una descrizione di che cosa siano un singolare e un plurale, di che cosa abbiamo fatto con il nostro cervello, con la nostra mente nei due casi.

"Quando dico 'alberi,' li guardo uno per uno; mentre quando dico 'bosco' li guardo tutti insieme." Sí, Luca ha ragione. Quando dico "bosco," l'attenzione cade sopra tutto il disegno; e quando dico "alberi," l'attenzione li separa.

Bravi, bravi. Ci avviciniamo proprio a capire quello che facciamo. Anche se quel guardare "uno per uno" non è proprio giusto. Pensa, Luca, se per dire "alberi" tu dovessi guardarli sempre uno per uno e fossero cento o mille o diecimila? Ti sembra possibile? Quanto impiegheresti? Ora basterà che scopriamo come fa l'attenzione a tener tutto insieme o a separare. Ma un piccolo aiuto adesso credo di dovervelo dare.

Vi ricordate dell'attenzione da sola, A, e dei due stati di attenzione che si combinano, che si sommano per dar luogo all'"Ecco!," cioè A + A?

"Tutto insieme è fatto con l' 'Ecco!'."

Benissimo, Giorgio; ma ti accorgi di fare qualcosa anche prima e dopo il bosco, sulla lavagna, alla lavagna? Prova a sfiorare con la mano il bordo della giacca sul davanti, sino ad incontrare un bottone e a sentirlo come botton-e, al singolare. Prima e dopo c'è la stoffa; ma la stoffa ti è presente come il bottone, o meno, o niente del tutto?

"La mano sulla stoffa passa via senza accorgersene," "Si sta solo attenti," "C'è solo l' 'Attento!'," "Prima e dopo c'è solo l' 'Attento!' "

Ora certamente, riuscirete a dirmi come sia fatto anche il plurale, dove qualcuno ha già scoperto che l'attenzione "separa." Separa che cosa? E come?

"Gli alberi."

Già, ma allora ne hai già fatto un plurale; non solo, ma se pensi al plurale — e quando dico la parola "plurale" tutti certamente la capite, sapete che ha un significato, e quale, ed è per questo che la usate tanto bene —

se pensi al plurale, perché dovresti immaginarti gli alberi, e proprio gli alberi? O le case, i banchi, le nuvole, i fratellini? Io ti dico "plurale," "il plurale," "un plurale;" e tu capisci. Ti sei forse immaginato degli alberi?

"No, gli alberi no. Secondo me, ci mettiamo prima un 'Ecco!' e dopo un altro 'Ecco,' e in mezzo l' 'Attento!'," "Si separa con l' 'Attento!'."

Siete bravi. Questo è proprio il plurale, che noi costituiamo appunto in quanto a due stati di attenzione, combinati fra loro, A + A, facciamo seguire uno stato di attenzione isolato, A, ed a questo altri due stati di attenzione, combinati fra loro, A + A. Ma vorrei che a casa provaste ancora. Andrà benissimo un seghetto, od anche un pettine con i denti larghi. Passatevi sopra i polpastrelli: leggermente, mi raccomando! Una volta direte "seghetto" o "pettine" ed un'altra "denti," cioè un singolare ed un plurale. Mi racconterete che cosa succede alla vostra mano.

Lezione VI

"Signor professore, mi aveva promesso che avrebbe fatto stampare sul giornale il mio ritratto dell' 'Ecco!,' i due 'Attento!' Invece sul giornale c'era il suo." Hai ragione, Luisa. Ce ne siamo dimenticati. Ma il piú bello è proprio il tuo, perché fa vedere il primo stato di attenzione che dura mentre vi si aggiunge il secondo, quando la linea diventa piú grossa. Dunque, rimediamo.

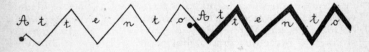

Intanto è tutto chiaro con il singolare ed il plurale? Vi ricordate come operava l'attenzione per vedere nel disegno una volta gli alberi ed un'altra il bosco?

"Io mi ricordo: quando si sommano due 'Attento!,' quando c'è l' 'Ecco!,' si guarda la cosa, la si tiene davanti, e cosí se ce n'è uno solo la cosa è un singolare, se ce ne sono due è un plurale."

Sí, pressappoco...

"Signor professore, io ho fatto un disegno e ci ho messo sopra gli 'A,' per il mare e le onde, che è lo stesso un singolare e un plurale. Lo vuole vedere?"

128

Mare.

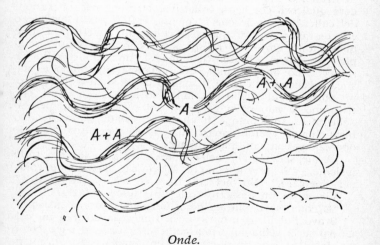

Onde.

Certo. Hai avuto una buona idea. Vorrei che proprio tutti ricordassero che qualunque cosa noi si abbia presente con la nostra mente, se ci mettiamo nella situazione dell'"Attento!," restiamo sí attenti, vigilanti, ma l'attenzione viene staccata dalla cosa, che si allontana, sparisce, perché quello è uno stato della mente che riguarda soltanto noi. Perché l'attenzione sia applicata alla cosa, e questa rimanga presente, bisogna prima, come avete provato anche voi, che uno stato di attenzione, "A," sia combinato con un altro stato d'attenzione, "A," l'"A+A" dell'"Ecco!," che appunto ci tiene presente e legata la cosa.

Nella grammatica però avete trovato i nomi che indicano cose non solo al singolare od al plurale, ma anche come collettivi, il famoso "gregge," "mucchio," "convoglio," ecc. Ora che sapete come la mente si fa i primi due, volete provare a scoprire come opera nel caso del collettivo?

"Secondo me nel collettivo le cose stanno piú vicine, si vedono insieme," "Non è vero: in un arcipelago le isole possono anche essere lontane," "Le cose devono essere tante che non si possono contare," "Nel mio libro c'è scritto che anche la famiglia è un collettivo, ma noi non siamo in tanti, figurati!"

Il vicino ed il lontano, il tanti ed il pochi davvero non c'entrano. O piuttosto c'entrano, ma soltanto nel farci vedere qualcosa come un collettivo. Non sono le operazioni del collettivo, quelle che la mente, l'attenzione eseguono e che ci fanno vedere qualcosa come un collettivo. Capite questa differenza? Ve la spiegherò con un esempio semplice semplice. Noi mastichiamo se un cibo è solido e sorseggiamo una bevanda. Certo, non ci mettiamo a masticare l'acqua. Ma se vi domando come si fa a masticare, mi parlerete di quello che fanno le mascelle, i denti, che triturano, e non della carne, o del pane, o delle pere o delle mele. Un conto è il che cosa mastichiamo, quando mastichiamo, perché mastichiamo, ed un altro sono le operazioni con cui mastichiamo.

"A me sembra che nel collettivo teniamo le cose tutte insieme," "Sí, le riuniamo," "Allora c'è l'attenzione come nel singolare," "No, nel collettivo ce n'è di piú di una."

Vi manca un passetto solo. Chi riesce a farlo?

"È come se il plurale ed il singolare fossero insieme."

Bravo Fulvio. È proprio cosí. Una cosa diventa un collettivo se la vediamo prima come un plurale e dopo come un singolare, cioè un plurale piú un singolare. Sapete quando lo si sente bene? Quando per indicare un singolare, un plurale ed un collettivo possiamo usare lo stesso vocabolo: per esempio, pollo, polli e pollame; legno, legni e legname; ferro, ferri e ferrame. Vi eravate mai accorti che se ad un nome si aggiunge un "ame" esso indica un collettivo?

vo. C'è anche pelle, pelli e pellame. Mio
ia in pellame."

, il plurale, il collettivo. Tutti ne avete sen-
, studiando la grammatica: e cosí forse ora vi
di aver imparato poco. Però sapete una cosa
è la nostra mente, con l'attenzione, le sue ope-
arci vedere le cose in questo modo. Già fatte
incontriamo mai. E nemmeno bastano gli oc-
le orecchie, il naso, le mani, a farcele vedere
nodo.

ando gli studi un giorno leggerete di un filosofo
greco, importantissimo, che si chiamava Parmenide, e
vedrete come si sia rotto la testa, e tanti altri dopo di
lui si siano imbrogliati, da non capirci piú nulla, soltanto
perché credevano che il singolare od il plurale, o tutti e
due, si incontrassero cosí, solo aprendo gli occhi. Voi
questo errore non lo farete piú; anzi vi servirete molto
presto, in una delle prossime lezioni, di quello che abbiamo imparato quando vedrete come anche i punti, i famosi punti della geometria, siano ottenuti da un lavoro
della mente, e cosí i numeri, e proprio passando attraverso il singolare ed il plurale.

Lezione VII

Cura intensiva di attenzione, troppa! Avete ragione di
protestare. Oggi vi parlerò cosí di alcuni aspetti piú leg-
geri, piú divertenti dell'attenzione. Un'attenzione, nientedi-
meno, che mette ordine e disordine. Servirà a non farvi
dimenticare di quanto le siamo debitori, di quanto ci faccia ricchi: anche se non ce ne occupiamo e figurarsi poi
quando ce ne occupiamo. Vi mostrerò un disegno in cui
si vedono alcune palline:

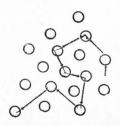

Che cosa ne dite? Sono disposte in m[...]
disordinato?

"Sono disordinate."

Sembra anche a me. Guardate adesso ques[...]
gno, sempre di palline:

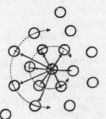

Sono ordinate o disordinate?

"Queste sono ordinate," "Sono piú belle," "Sono come
in una chiocciola," "No, come in un fiore." "Somiglia ai
rosoni delle chiese."

D'accordo, d'accordo. E ora un ultimo disegno con le
palline:

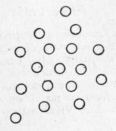

Queste come sono?

"Mah," "Sono messe lí," "Io direi che non sono a posto," "Ma no, sono le stesse, sono proprio le stesse!"

Sí, bravo Walter. Hai spirito di osservazione. Le palline
sono proprio sempre le stesse, disposte in un altro modo.
Ma nei tre casi cambia il modo con cui la nostra attenzione le lega fra di loro. E cambia anche un'altra cosa.
Nei primi due disegni, l'attenzione tiene alcune palline ed

132

altre le scarta; ma quelle tenute e quelle scartate non sono sempre le stesse. Nel terzo invece si può dire che l'attenzione le tiene tutte e nessuna in particolare. Per ottenere i primi due disegni cosí differenti, come abbiamo fatto?

"Lei ha attaccato le palline con una lineetta."

D'accordo. Ma non sono necessarie le lineette, una volta che l'attenzione colga le palline in quei modi. Con i trattini l'abbiamo soltanto guidata, è come se l'avessimo "presa per mano."

"Ci sono quelle che si guardano e quelle che non si guardano," "Si potrebbero tirare via quelle che non si guardano."

Sí, certo è possibile. Ma nell'insieme (ora proviamo sulla lavagna, perché di disegni pronti non ne ho altri) il disegno risulta molto diverso, perché un conto è che una cosa non ci sia mai stata, ed un altro che prima sia stata presente e sia stata messa da parte soltanto dopo.

Sapete chi deve essere bravissimo a metterci davanti certe cose perché siano viste e certe perché non siano viste?

"Il prestigiatore," "Sí, al circo."

Avete ragione, ma non intendevo questo. Bravissimo è il pittore, per riuscire a farci trovare sempre in quello che dipinge un equilibrio, un'armonia, un ordine che lo facciano bello, anche per esempio quando l'albero dipinto sia vecchio, storto, con i rami rotti, o si tratti di una casetta tutta diroccata. Basta che l'attenzione sia fatta muovere in modo regolare, come abbiamo visto nel disegno delle palline ordinate.

Questo vi apparirà piú chiaramente nella prossima lezione, quando ci occuperemo dell'attenzione che batte il tempo, e mette cosí questo ordine nei versi delle poesie e nei suoni della musica.

Ma ricordatevi: si tratta sempre di un regalo dell'attenzione, di un regalo che ci facciamo con l'attenzione. Senza di essa, senza legare e slegare le cose in un certo modo, senza tenerne alcune e scartarne altre, nel mondo non troveremmo mai né ordine né disordine.

Avete mai pensato che nell'antichità, proprio adoperando l'attenzione, gli uomini hanno visto in cielo le costellazioni? Tu, che volevi tirar via le palline che non si devono vedere, come avrebbero fatto a tirar via le stelle? Ma non occorre. Basta sceglierne alcune e scartarne altre, *con l'attenzione.* Vi ricordate il Carro, che ha le quattro stelle per ruote e tre per timone? Quasi quasi le attacchiamo fra loro con le lineette...

Lezione VIII

Ho fatto una scommessa. Non me la fate perdere. Il signore che è venuto con me si chiama Pino Parini e insegna disegno in una scuola media di Rimini. È anche un pittore. Il professor Parini ed alcuni suoi colleghi non credono che un ragazzo, e quindi tanto meno un bambino come voi, possa capire cosa succede alla nostra testa quando guardiamo una cosa per vedere se è bella o brutta, se è degna di un artista oppure no. Sul disegno lui deve scrivere tre libri per le scuole medie e ci metterà quello che vi dirò solo se voi lo avrete capito.

Vi ricordate che l'attenzione taglia, spezzetta quello che fanno gli altri organi? Per lo piú ne fa tanti pezzetti che durano pressappoco un secondo. Volete che proviamo? Tu, Luca, controlla sull'orologio, con la lancetta dei secondi; e tu, Walter, prova a guardare, in fila l'uno dopo l'altro, la finestra, la lavagna, il tavolo, il portapenne, e me. Via! Batti con le nocche sul banco quando cominci e quando finisci.

Quanti secondi sono trascorsi?

"Un poco piú di cinque."

Prova anche ad immaginarti quei cinque oggetti. Vedrai che il tempo che impieghi è piú o meno lo stesso, circa un secondo per ogni oggetto.

Se però qualcuno ci passa la mano davanti agli occhi, anche molto in fretta, noi la vediamo od almeno vediamo qualcosa che si muove, anche se la mano è rimasta davanti agli occhi per meno tempo. Quando poi si debba osservare qualcosa di complicato o di poco noto, o se invece di servirci degli occhi, alla luce, ricorriamo alle mani, al buio, si può impiegare anche molto di piú.

È un po' quello che avviene a chi cammina per esempio per casa, ed ora fa un passo in fretta, ora adagio, e si ferma e ricomincia, cosí, senza regolarità.

Noi sappiamo tuttavia che è possibile camminare anche con una certa regolarità, secondo un ritmo. Quando?

"Quando si balla," "Anche quando si marcia."

Benissimo. E che cosa succede quando si marcia e si arriva davanti ad un muro?

"Si segna il passo," "Tac-toc-tac-toc: si alzano i piedi, ma non si va piú avanti," "Solo i piedi vanno su e giú."

Proprio cosí. Non importa cioè se il passo è lungo o corto od anche se si sta fermi, ma le gambe devono muoversi con lo stesso tempo.

Ora, quello che fanno le gambe, quando si cammina con questo ritmo, pensate che possano farlo anche gli occhi?

"Sí," "Anche le orecchie," "Anche le mani: si batte il tempo."

Quindi lo sapreste fare seguendo con gli occhi una linea cosí, tutta diritta?

"Signor professore, io ho già visto dove metterei gli occhi. Posso venire alla lavagna e farglielo vedere?"

Mostrami.

"Ecco. Però adesso che sono vicino mi cambia... No, li metterei qui e qui e qui..."

"Io li metterei come lui, ma un poco piú lontani," "Anch'io," "Io no, io come lui."

Però sulla linea non c'era nessun arresto, nessuna differenza. Come avete fatto allora a fermarvi là, a rompere la linea in quei punti?

"Guardando e non guardando," "No, con l'attenzione," "Come nel plurale."

Va benissimo. Ma allora pensate anche che, quando si vuole, l'attenzione possa funzionare come le gambe e gli occhi sempre con gli stessi tempi secondo un ritmo?

"Sí, io penso di sí."

Facciamo un'altra prova. Ecco un'altra linea:

Chi vuole descrivermela?

"Ha la forma di una esse sdraiata," "Di un serpente," "È una linea ondulata," "Ci sono un dosso ed una cunetta."

Tu, che ci vedi un dosso ed una cunetta, dove faresti finire il dosso e cominciare la cunetta? Vieni a farmi vedere.

"Qui."

Anche voi?

"Sí," "Sí."

Ora state attenti a quello che vi chiedo e cercate di farlo subito. Dove mettete il taglietto quando vi domando se la linea è bella o brutta?

"Per me non è né bella né brutta," "Bisognerebbe vedere: se è un'onda, è bella; se è un serpente, è cosí cosí."

Provate a dimenticarvi che sia un'onda o una esse o un serpente, e rispondetemi soltanto, adesso che vi chiedo se la linea è bella o brutta, se vi piace o no, se mettereste il taglietto nello stesso punto di prima.

"No, dove era prima no. Un po' dopo." "Ora le faccio vedere: io ne metto uno qui ed uno qui, due."

Vieni fuori anche tu, Walter. Dove li metteresti?
"Pressappoco come lui."
E se invece di partire all'inizio della linea cominciassimo da un punto fuori, prima, una specie di cornice? Cosí.

"Comincerei prima, qui, e andrei avanti cosí."

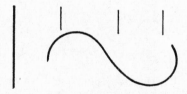

Quando si guarda una cosa per vedere se è bella o brutta, la nostra attenzione la rompe sempre in tanti pezzetti regolari. Non importa, come vedremo, se ogni pezzo contiene una sola cosa o piú di una cosa o solo la parte di una cosa; ma bisogna che i tempi siano eguali. Se il professor Parini rimane con noi anche domani, gli mostreremo che sappiamo mettere insieme alle linee i versi di una poesia. Vedrete come gli accenti dei versi ed i taglietti sulle linee vanno insieme, in certi tempi precisi, che controlleremo sull'orologio; e io forse avrò vinto la mia scommessa.

Lezione IX

Pino Parini vi traccerà sulla lavagna una bella linea. Noi la seguiremo con gli occhi mentre recitiamo il verso di una poesia e vi faremo un taglietto ad ogni accento del verso.

Sapete che cosa sono gli accenti di un verso? Ve li faccio sentire battendo il pugno sul tavolo:

> *Rataplàn e s'andàva alla guèrra*
> *come al bàllo cantàndo si và*
> *Rataplàn, rataplàn, rataplàn,*
> *rataplàn, rataplàn, rataplà.*

Tutti insieme:

> *Rataplan e s'andava alla guerra*
> . . . .
> . . . .

Vediamo la linea che ha disegnato il professor Parini:

È troppo bella, delicata, per quel "rataplan." Sarà meglio che cambiamo la poesia. Faremo la nostra prova con un verso di un grande, di un grandissimo poeta, Giacomo Leopardi. Sentite:

> *D'ìn su la vètta della tòrre antìca*

Ripetiamolo due o tre volte e lo ricorderemo senza difficoltà. Ecco. Ora lo recitiamo scorrendo la linea con gli occhi. In quali punti mettereste i taglietti?

"Signor professore, vengo io," "Vengo io."

Prova tu, Giorgio.

"Io li metto qui e qui e qui:

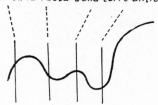

D'in su la vetta della torre antica

E tu Luca?

"Pressappoco come lui."

"Io invece no. Se chiama me, signor professore, io metto i taglietti piú vicini."

"Non è vero. È perché lui vuol sempre darmi torto."

State buoni, che non siete ancora grandi! Chi è d'accordo con Giorgio, alzi la mano. Quindici sono d'accordo. È un bel successo; ma anche se qualcuno sentisse di far coincidere gli accenti con sbarrette messe piú vicine o piú lontane, non avrebbe importanza. Ciò che conta è che abbiate capito che l'attenzione può lavorare, cioè tagliare, frammentare, spezzettare senza un andamento regolare, senza un ritmo, ma che essa può venire adoperata anche ritmicamente.

Dobbiamo a questa attenzione se la poesia, la musica, la pittura, la scultura, i monumenti e i palazzi diventano quelli degli artisti, dei poeti, dei musicisti. Essi si mettono a produrre quelle cose, belle, facendosi guidare da questa attenzione che segna il tempo, ma anche noi, quando leggiamo, guardiamo, ascoltiamo, per trovarle belle, dobbiamo farci guidare da questa attenzione. Soltanto allora l'artista ci aiuta con la sua opera: "rataplàn, rataplàn, rataplàn." Vorrei che facessimo un'altra prova. Segniamo ancora i passetti sulla nostra linea; ma questa volta chiediamo al professor Parini di disegnarla a puntini od a trattini. Pino, prova a farla punteggiata:

Vorrei che Giorgio mi rimettesse i taglietti:

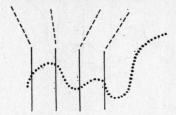

D'in su la vetta della torre antica

"Mi vengono piú vicini... Forse perché in questa ci metto piú tempo."

E tu, Luca?

"Anch'io vado piú lento. Mi piace di piú."

Ora il professor Parini vuol fare un'altra prova. Vi segnerà lui il primo passo sulla linea, voi andrete avanti. Uno alla volta, uno alla volta!

Lezione X

"Signor professore, lei ci ha tanto parlato dell'attenzione che ce l'ha fatta proprio scoprire, nella testa"; "Io sapevo che si stava attenti e non attenti; ma non avevo mai pensato che senza stare attenti non si vede e non si sente niente"; "Ho convinto anche il mio papà, che non ci credeva"; "Io ho fatto vedere a mia sorella che le mattonelle del pavimento si possono vedere sia di traverso che diritte, basta che si sposti in quel modo l'attenzione"; "Però il mio papà mi ha domandato a che cosa mai ci servirà sapere queste cose, se ci sarà l'esame."

Tu, Fulvio, con questa domanda sull'esame tocchi un argomento del quale vi volevo parlare. Cosí interromperemo i nostri discorsi sull'attenzione; anche perché poi dovremo affrontare un tema che richiederà proprio tutta la vostra attenzione: come si fa a pensare. Ma anche questo punto dell'esame di quello che serve e di quello che non serve quando si studia è davvero molto importante.

Intanto, provate a rispondermi voi. Che cosa vi sembra di aver imparato da quando ci siamo incontrati la prima volta? Vi sentite eguali o diversi? Meglio o peggio? Parlo della testa, s'intende!

"Io mi sento un po' di confusione"; "Io no. L'attenzione è una cosa che mi piace di piú delle altre materie"; "Riesco a capire meglio le cose"; "Ci si conosce"; "Ci si studia;" "Gli altri non le sanno queste cose, e si fa bella figura"; "Pare facile, ma non lo è"; "A me piace perché è difficile"; "Per me hanno preso significato le cose che a scuola non ce l'hanno."

Vorrei che quest'ultima frase fosse vera per tutti. Ma anche quelli che si sono sentiti confusi ed hanno trovato difficile ciò che vi ho detto sull'attenzione, Marco ed Anna, non devono spaventarsi. Se non sbaglio, fate la terza. Quando anche voi frequenterete la quinta, dovreste capire proprio benino tutto quanto.

"Io sono contento perché prima non sapevo neanche che queste cose esistevano, e adesso invece ci penso"; "Vorrei trovarne qualcuna anch'io. Ci riusciremo?"; "Perché non ci dice subito come si fa a pensare?"

Del pensiero parleremo la prossima volta. Adesso vorrei che vi rendeste conto di una cosa che è successa nella vostra testa e che un pochino l'ha cambiata. Vi è nata una curiosità, una curiosità nuova di sapere. Sapete cosa diceva un filosofo molto importante, che si chiamava Aristotele? Diceva che la curiosità è la prima molla del sapere. E se io posso aggiungere una esperienza mia, vi dirò che la soddisfazione ed il piacere piú grandi li ho provati quando diventavo curioso di qualcosa e finalmente potevo soddisfare il desiderio di conoscerla.

"Mio zio dice sempre che 'sapere è potere'."

Sí, anche questo è vero. Chi sa, non solo spiega le cose, e le prevede, ma anche le domina a suo talento, e, perché no?, come diceva uno di voi, "fa bella figura!"

"Lei, signor professore, era curioso dell'attenzione anche da piccolo?"

No, allora no. Allora ero curioso soltanto di sapere come fanno i musicisti a scrivere la musica bella, le sinfonie di Beethoven, le opere di Verdi. Ne volevo scrivere anch'io; ma la mia non veniva mai cosí bella. Però quando ho finito le scuole, ho cominciato subito ad occuparmi delle operazioni della nostra mente. E adesso, con quello che ho imparato, sapete quello che faccio? Sinora non ve l'ho detto perché volevo vedere se quello che studiamo insieme vi poteva piacere lo stesso, come se fosse una delle tante materie che trovate nel sussidiario.

"Io lo so"; "Lei, professore, fabbrica i robot"; "Fabbrica le macchine che pensano"; "Una volta ho visto la sua macchina su un giornale. Aveva gli occhi"; "Ci porta a vederla?"

Certamente, andremo a vederla presto. Ma non è che io faccia proprio i robot. Le mie sono macchine che ripetono qualcuna delle operazioni che abbiamo studiate e che studieremo, operazioni come quelle dell'attenzione. E adesso avrete capito perché queste operazioni bisogna saperle così bene. Altrimenti, come faremmo a costruire una macchina che sta attenta come noi e che parla come noi? Bisogna insegnarle tutta la grammatica e la sintassi, per esempio tutto dei nomi e dei verbi, degli articoli, delle congiunzioni, delle preposizioni, dei soggetti e dei complementi. Non vi pare?

"Ci sono i nomi comuni e i nomi propri."

Sí, brava Daina. Ma ora vorrei che steste bene attenti a quante cose di piú bisogna sapere quando si insegna ad una macchina di quando si insegna ad un bambino.

Lezione XI

"Signor professore, mi è venuta un'idea."

Su, che cosa? Sentiamo.

"Su quello che lei diceva ieri, che bisogna avere la curiosità e non studiare per passare l'esame. Anche Luca, Fulvio e Giorgio sono venuti della mia idea. Se si studia per la curiosità, per sapere come è fatta l'attenzione e che cosa succede quando si guardano le cose, allora si è contenti subito. Se si studia per l'esame, allora magari si è contenti dopo, ma al momento qualche volta ci si annoia. È come fare le cose per un altro"; "Sí, lui diceva che non c'è molta differenza da quando si gioca e si è contenti subito."

Siete proprio bravi. Sapete che cosa avete distinto? Il gioco dal lavoro. Nel lavoro i risultati, i prodotti, vengono dopo, quando si è finito di operare, ed è da questi che ci dobbiamo aspettare qualcosa. Ma nel gioco tutto ci arriva mentre giochiamo. È questo che ci rende contenti, soddisfatti, non desiderosi di altro. Se potessimo far tutto in questo modo! Comunque, ci si può sempre provare. Studiando, andando a far la spesa per la mamma, il dirci "facciamo un po' questo gioco" qualche volta ci aiuta davvero.

Adesso, come vi avevo promesso, vedremo come si fa a pensare, che cosa sia questo pensiero. Altrimenti, come faccio io a costruire le macchine che pensano? Voi sapete pensare benissimo. Dunque, in che cosa consiste il pensiero? Tu, Cristina...

"Il pensiero è quando si pensa. No, cioè, quando ci viene in mente una cosa, e poi vien fuori un pensiero"; "Bisogna abbandonarsi un poco alla fantasia"; "Se devo fare qualcosa, allora ci penso."

Vediamo un po', forse non ci siamo capiti bene. Io non vi ho chiesto che cosa occorre per pensare, e così se occorra la fantasia o se ne possa fare a meno, e nemmeno se si pensi quando c'è un compito da assolvere, ma quali operazioni facciamo quando pensiamo.

Mi spiegherò meglio con un esempio. Se vi chiedessi come si fa a camminare, che cosa mi rispondereste? Non mi rispondete che il camminare consiste nel camminare quando si ha voglia di sgranchirsi le gambe o nel camminare per andare dalla casa alla scuola.

"Si cammina con le gambe."

No, non va bene neanche questo modo di rispondere. Non vi sembra più giusto dire che si cammina alzando una gamba, un piede, portandolo in avanti, assieme al busto, e poi abbassandolo, e allora alzando l'altro piede, e così via? Vieni fuori tu, Luca, e prova a descrivere quello che fai mentre cammini.

"Sì, è così. Adesso alzo il piede destro e poi lo metto giù, ma più avanti, e poi alzo il piede sinistro, e metto giù anche quello."

"Anche quando si corre."

Sì, anche quando si corre. E adesso proviamo a fare la stessa cosa con il pensiero. Prima però sarà bene che mi spieghi con un altro esempio: il mangiare. In che cosa consiste il mangiare? Quali operazioni facciamo quando mangiamo?

"Si prende la roba dal piatto, si mette in bocca e si manda giù;" "Si mastica, anche."

Va benissimo. Per il camminare ed il mangiare ci siamo capiti. Rivolgiamoci la stessa domanda per il pensare. Quali operazioni facciamo quando pensiamo?

"Nel nostro cervello ci sono degli organi che noi non sappiamo, che ci ricordano una determinata cosa, e allora ci mettiamo a pensare..."; "Prima gli occhi guardano una cosa, poi il cervello la trasmette, e la fa diventare un pensiero"; "Sí, Walter ha ragione. Se a scuola guardo l'orologio, e vedo che sono le dieci e mezza, allora penso che se fossero le una meno venti, andremmo a casa."

Beh, beh. Con questa storia dell'orologio, Bruno, tu mi hai espresso un tuo pensiero, un tuo determinato pensiero, ma non mi hai raccontato come si fa a pensare. Avresti potuto guardare un'altra cosa e svolgere un altro pensiero. Non ti pare? E per pensare avresti eseguito le stesse operazioni. Ma quali sono?

Chi di voi sa cucire?

"Io. Prima si prende l'ago, poi si infila il cotone. Allora si prende la stoffa, due pezzi di stoffa, e si cuce"; "Si spinge l'ago dentro la stoffa e si tira dall'altra parte."

Sí, piú o meno; e vedo che a rispondere sono i bambini e non le bambine. Mah. Voi due, a quanti anni avete imparato a cucire?

"Io quest'anno" "Io l'anno scorso. Guardavo come faceva mia sorella."

E quando avete imparato a pensare?

"Prima."

Sí, molto prima e se cucite solo qualche volta, pensate invece tutti i giorni, anche adesso. Ma com'è che non mi sapete dire come si fa a pensare?

"È pensare come si fa a pensare che è difficile"; "Mi scappa via."

Tu, Giorgio, non hai trovato niente?

"Signor professore, io ho capito quello che lei vuole, ma adesso non ci riesco. Ci penso questa sera, e anche domani e poi domenica."

Lezione XII

Allora, Giorgio, hai pensato sul pensiero? Hai trovato qualcosa?

"No, signor professore. Io sono convinto che c'entra l'attenzione, ma non so come. Ieri c'erano due amici grandi di mio fratello, che fanno l'Università; ma anche loro non ne sapevano niente"; "A me sembra che quando si pensa ci siano tante cose che vengono una dopo l'altra, tante parole, finché è finito."

Bravo Fulvio. Ma dire cosí non basta. Anche i passi sono messi, vengono uno dopo l'altro. Ma cominciamo ad esserci; è un punto dal quale possiamo partire. Ripeti a voce alta quello che hai detto.

"Ci sono tante cose che vengono una dopo l'altra, e allora si pensa."

Guardate i quattro disegni, le tavole, che attacco sulla lavagna, e tu, Maurizio, prova a dirmi che cosa rappresentano.

"Nel primo c'è un ombrello senza manico. Nel secondo c'è un ombrello con il manico. Nel terzo c'è un ombrello aperto senza il manico. Nel quarto c'è un ombrello aperto con il manico."

Siete d'accordo?

"Síííí."

Ora state bene attenti. Guardando ogni disegno, ogni tavola, Maurizio ne ha parlato non con una sola parola, ma con piú parole, cioè ha nominato piú cose di quel disegno, per esempio sia l'ombrello che il manico, anzi ha nominato il manico anche quando non c'era. Questo, che cosa vuol dire?

"Vuol dire che ha visto piú di una cosa. Si vede piú di una cosa."

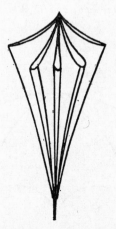

Ombrello senza manico.

145

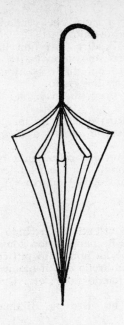

Ombrello con il manico.

Ombrello aperto senza il manico.

Ombrello aperto con il manico.

Sí, d'accordo, si vedono piú cose. Ma come si fa a vederne piú di una anche se il disegno, la tavola è una sola? Chi le separa? Come si fa a rompere il disegno in piú cose? Adoperiamo, come farebbe il falegname, la sega?

"Io lo so! È stata l'attenzione!"; "Prima abbiamo diretto l'attenzione sull'ombrello e dopo sul manico"; "Quando si vede uno non si vede piú l'altro"; "È come con i suoni, quando si sentiva il rumore in questa stanza o di là."

Dunque, sin qui ci siamo. Se vediamo piú cose è perché le abbiamo separate con l'attenzione. Ma bisogna fare ancora un passo. Quando il sarto vuol fare un vestito, con che cosa separa i pezzi di stoffa?

"Con la forbice"; "Lui taglia, ma noi adoperiamo l'attenzione."

Va bene. Ma il sarto potrebbe fare il vestito se lasciasse i pezzi di stoffa separati, ognuno per conto suo?

"No"; "Bisogna cucirli insieme"; "Adopera il filo."

E noi? Che cosa facciamo delle cose che abbiamo isolato con l'attenzione?

"Le mettiamo insieme."

Con che cosa le mettiamo insieme, come le leghiamo?

"Secondo me, noi leghiamo le cose con lo sguardo."

Che cosa vuoi dire con questo "sguardo"?

"Lui, signor professore, forse vuol dire con l'attenzione. Secondo me, le leghiamo con l'attenzione."

Bravo, Giorgio. È proprio cosí. Ma ora dovremo renderci conto di come operi questa attenzione che, mentre separa le cose, non le lascia staccate, ognuna per sé, ma appunto le lega, le connette, come abbiamo fatto nel caso dell'ombrello e del manico, che una volta abbiamo legato mediante il "con," "ombrello con il manico," ed un'altra mediante il "senza," "ombrello senza il manico."

"Professore, io capisco che li abbiamo legati quando ci mettiamo in mezzo il 'con,' ma quando ci mettiamo in mezzo il 'senza,' allora li sleghiamo;" "No che non li sleghiamo: anche se c'è il 'senza' le parole stanno unite lo stesso, sono una dopo l'altra, e stanno unite."

Sí, Giorgio ha ragione...

"Lui fa la quinta."

È vero, fa la quinta. Ma io credo che tutti possiate sentire che tanto dicendo che "C'è un ombrello con il manico" quanto dicendo che "C'è un ombrello senza manico," in tutti e due i casi abbiamo svolto un pensiero, cioè sono entrambi pensierini.

"Sí, sí, è un pensierino anche 'C'è un ombrello senza il manico.' Si potrebbe dire anche la penna, che ha il cappuccio o che è senza il cappuccio."

A proposito della penna, c'è qualcuno che vuol provare a stringere con una mano la penna e con l'altra il cappuccio ed a pensare, sono due pensierini, una volta "penna e cappuccio" ed un'altra "penna o cappuccio." Prova tu, Claudio. Via! "Penna e cappuccio"; "penna o cappuccio"; "penna *e* cappuccio;" "penna *o* cappuccio." Va piano, cerca di pensare lentamente. Che cosa fa la tua testa di diverso?

"Signor professore, 'o' è una congiunzione disgiuntiva."

Sí, ma non è quello che c'è scritto sul sussidiario che ti chiedevo di rispondermi.

"Anch'io ho provato, signor professore. Vuol sentire?"

Dimmi, Walter.

"Mi pare, ma non sono sicuro, che quando dico con l"o' la penna sparisce un poco."

Altre lezioni sperimentali sono state svolte in scuole elementari e medie di varie città, fra cui, per esempio, Taranto,

Sulmona, Genova, Vicenza, Trento. Piú di una volta gli incontri hanno avuto un seguito nella richiesta di precisazioni e di aggiunte da parte dei giovani allievi. Riproduciamo qui due lettere pubblicate, insieme con le risposte, dal Giornale.

Vicenza, 21-3-1970

Caro professore,

io ho capito che certe volte la parola punto significa in quel posto.

Ma quando si tratta di un punto geometrico se non ha larghezza, non ha lunghezza, non ha l'altezza nella mia testa il punto diventa una cosa immaginaria, ma come si può imprimere questa idea al robot.

Erica Pranovi

Confesso che la prima impressione è stata che la bambina fosse l'ambasciatrice di uno o piú dei maestri e maestre che avevano assistito al piccolo esperimento. Tuttavia un paio di quegli scolaretti era davvero intelligente; e mi sono ricordato anche di un colloquio di anni fa con una nipotina ed una sua amichetta, incontrate sul portone di casa mentre rientravano da scuola, una IV elementare. Che cosa avete studiato questa mattina? "Geografia, italiano e geometria." Brave. E chi di voi sa dirmi che cosa è un punto? Le due faccette si guardavano con imbarazzo; finché la nipotina si fece coraggio: "Secondo me è una roba stramba."

Certamente, fra quella "roba stramba" e l'incrocio delle definizioni negative di premessa alla "cosa immaginaria" c'è un bel passo. Tuttavia, è anche possibile che un bambino che non si limiti ad imparare a memoria le parole da ripetere all'interrogazione, ma che si preoccupi di capire ciò che gli dicono, trovi incomprensibile quello che anche un adulto ha sempre finto di aver capito.

Risponderò quindi proprio ad Erica Pranovi.

Cara Erica, proprio tutto non riuscirò a spiegartelo. Questo lo farò tornando presto nella tua scuola. Ma intanto voglio che tu capisca perché ti riesce difficile immaginare un punto nella testa del robot, e probabilmente anche nella tua.

Io scommetto che tu ritieni che le cose alle quali pensi abbiano tutte due posti: uno fuori dalla tua testa, con quello spessore, larghezza, lunghezza, ecc., ed un altro dentro alla tua testa, dove, però, proprio cosí come sono non ci starebbero, perché essa è già occupata dal cervello. Tuttavia, di quelle cose che si troverebbero fuori, nella testa rimarrebbe qualcosa, se non lo spessore, almeno la larghezza, la lunghezza, la figura, come succede con l'immagine dello specchio. Ho indovinato? E allora tu dici: Sta bene se io o il robot pensiamo alla pulce o all'elefante, ma come può essere per il punto, che non ha la larghezza, la lunghezza, la figura?

Ebbene, per prima cosa ti voglio mostrare almeno con qualche esempio che quello che credi è sbagliato. Quel passaggio dall'esterno all'interno della testa non avviene mai: non solo non avviene nel caso del punto, ma per nessuna cosa. Nella testa non ci sono mai "immagini" nel senso né dello specchio né delle figure sulla carta. Con la testa eseguiamo soltanto operazioni. Già se ti chiedi a quale immagine nella testa potrebbe corrispondere un rumore, un sapore, un odore, che cosa potresti rispondere? Oppure pensa alla giustizia, alla bellezza, e persino all'aria e all'acqua. Sono forse lunghe tanto e larghe tanto? Hanno una figura?

Prova invece ad ammettere che dentro alla testa, nostra o del robot, ci siano tanti piccoli organi ognuno dei quali in certe condizioni si metta a funzionare in un certo modo: l'uno in quel certo modo per esempio se davanti agli occhi, nostri o della macchina, mettiamo del rosso, un altro se mettiamo del verde, e cosí via. Noi, da bambini, ed il robot, impariamo sí a dire "rosso" o "verde," ma perché, anche senza saperlo, leghiamo quel parlare al funzionamento di quei piccoli organi. Dentro alla testa non potrebbero mai finire nessun rosso e nessun verde.

Facciamo un altro passo. Supponiamo ora di avere un altro organo che ci permetta di spostare l'attenzione da un colore all'altro, compiendo cosí un certo percorso, magari seguendo la linea di demarcazione fra due colori. Anche in questo caso non potremmo legare certe parole al funzionamento di quest'organo? Allora, non sarà per esempio il risultato di un certo movimento quello che noi chiamiamo quadrato o cerchio?

Ti voglio aiutare con un altro esempio:

Prova a pensarlo come l'anello di una catena. Ti accorgi subito che prendi il nero e lasci il bianco del foglio, non solo, ma con l'occhio percorri questo nero in tondo, circolarmente. Dal di fuori nella tua testa non si trasferisce niente di simile all'anello, che è invece soltanto il risultato di quelle operazioni, ed è proprio questo che tu chiami con quel nome. Prova infatti a pensare al disegno come una finestrella, come una feritoia. Questa volta tieni il bianco e lasci il nero e non giri piú in tondo, ma passi con l'attenzione da sinistra a destra e dal basso in alto. Da queste operazioni salta fuori la finestrella e sono queste che tu nomini.

Anche se il disegno si fosse trasferito nella tua testa con la sua larghezza e la sua lunghezza, non sarebbe mai divenuto senza quelle tue operazioni né un anello né una finestrella.

Cominci a capire perché non vi sia nessun bisogno, anzi sia sbagliato, per vedere qualcosa, per esempio un cerchio, mettere "un cerchio fuori della testa" ed "una sua immagine dentro alla testa."

E ora veniamo al punto. Supponiamo che invece di spostare l'attenzione da un posto ad un altro, come si fa per ottenere una figura, tu, dopo aver diretto l'attenzione su un posto, la diriga ancora su questo stesso posto, la mantenga su di esso. In tal modo hai compiuto certe operazioni, ed in un certo senso operazioni opposte a quelle con cui ottieni le figure, di una, due o tre dimensioni. E se fossero proprio le operazioni da cui si ottiene il punto? Guarda che non importa che il posto sia piccolo o grande, piccolo come quello occupato da un granello di sabbia o grande come quello occupato dal sole. Ciò che conta è soltanto quello che tu hai fatto con l'attenzione: cioè hai guardato e riguardato senza cambiare il posto.

Non ti sembrano operazioni che puoi compiere sí con la tua testa, ma che dovremmo essere in grado di far ripetere anche ad un robot?

È ancora una scolaretta, Lucia Rigolon, che mi scrive:

Vicenza, 22-5-1970

Egregio professore

vorrei anch'io farle una domanda, che riguarda quella "scatoletta metallica,, di cui Lei ci ha parlato nella lezione che gentilmente ci ha fatto. Io vorrei chiederle quando si usa la parola "scatoletta metallica,, e se si usa questa vorrei sapere il perchè o quando si usa la parola "scatoletta di metallo,, e anche di questa vorrei saperne il perchè.

Le rispondo pubblicamente perché la sua domanda potrebbe porsi anche ad un adulto con interessi linguistici, o semplicemente curioso, e perché egli allora troverebbe ben poco di cui soddisfare la curiosità nelle grammatiche, vecchie o nuove, benché strutturali, trasformative, generative, ecc. Rispondo pubblicamente anche perché la lettera richiama ad una responsabilità didattica generale. Noi adulti, ricevuta una conoscenza, possiamo dimenticarla o ricordarla, ma in qualunque modo ci venga comunicata è ben possibile che anche nel secondo caso essa finisca abbandonata fra le mille altre. Nel bambino, purché si faccia appello al suo pensiero e non soltanto alla sua memoria, purché gli si chieda di cercare, di provare, la nuova conoscenza lavora.

"I miei compagni hanno parlato di questo argomento," scrive Lucia; e mi scrive oggi a tre mesi di distanza dal mio primo ed unico incontro con quella scuola. La conclusione? Non si insegni nulla al bambino, al ragazzo che egli possa semplicemente affidare alla memoria. Gli si chieda invece di partecipare almeno nel senso di renderlo consapevole delle operazioni che compie nel far suo ciò che gli altri hanno fatto, le operazioni contenute in quella conoscenza.

Quel giorno, Lucia, cercai di farvi "scoprire" che cosa sia il pensiero, o meglio come si faccia a pensare. Ti ricordi? Nello svolgersi del pensiero, vi dissi, non è che le cose semplicemente si susseguano. C'è qualcosa che le lega, che le tiene unite; altrimenti ognuna se ne starebbe per sé, un po' come le perle se mancasse il filo della collana. Ma nel pensiero non può essere un filo, la colla, gli incastri delle costruzioni con il "Lego," a tenerle assieme.

Ciò che le tiene insieme è il nostro modo di operare nel passare dall'una all'altra. Te ne voglio dare un esempio. Che cosa vedi nella seguente figura?

Credo che non ci siano dubbi. È una "torta con le candeline."

Ebbene, con lo sguardo tu hai visto la figura dapprima tutta insieme, ma poi hai separato le due cose, la torta e le candeline. Il tuo "con" vuol dire proprio questo, che prima hai visto le due cose insieme e le hai separate dopo, ed in questo modo sei passata appunto dall'una all'altra. Non importa se le cose sono viste, udite, toccate, immaginate, ecc., ciò che importa sono quelle operazioni. Se invece la figura fosse stata questa?

Anche ora credo che non ci siano dubbi. La figura rappresenta "una torta e delle candeline." Questa volta sei passata dall'una all'altra vedendole già subito separate, e quel tuo "e" mi dice proprio questo.

Hai capito come procede il pensiero? Qual è il "filo" che nel pensiero lega le cose? Appunto, il modo in cui si passa dalle une alle altre, per esempio quando le facciamo coincidere nel tempo o nello spazio, quando passando alla seconda non lasciamo la prima oppure lasciamo la prima (in questo caso diciamo un "o": "la torta o le candeline"), ecc. ecc. Sai in quanti modi leghiamo le cose nel pensiero? Piú di un centinaio.

Adesso spero di aver detto abbastanza per poterti mostrare quale sia la differenza del modo in cui nel pensiero passiamo fra due cose quando adoperiamo il sostantivo e l'aggettivo e quando adoperiamo il "di." Qualche bambino me l'ha trovata da solo. Tuttavia non è tanto facile e ti voglio aiutare.

Tu con la mente stai lavorando ad una di queste cose, cioè la stai osservando, immaginando, ecc., e senza mai smettere di lavorare passi alla seconda. Oppure, tu stai lavorando ad una delle cose, ma questa volta, prima di passare a lavorare alla seconda, smetti per un attimo, cioè fai le due cose separatamente e le metti insieme solo dopo. Ebbene, nel primo caso indichi quello che hai fatto con il sostantivo e l'aggettivo od anche accostando semplicemente i nomi delle due cose, e nel secondo caso legando i loro nomi con un "di."

Vuoi provare ripetendo ora le tue espressioni: "scatoletta metallica" e "scatoletta di metallo?" Ti suggerisco altri esempi: "bianco latteo" o "bianco latte," per il primo caso, e "bianco di latte" per il secondo; "castello sforzesco," "bacinella marmorea," per il primo caso, e "castello degli Sforza," "bacinella di marmo" per il secondo.

Non sono proprio le stesse operazioni e quindi la stessa differenza che distingue i due casi nell'esperienza seguente, ma c'è qualcosa di analogo e ti potrà servire per comprendere di quale tipo di differenza si tratta. Eccoti dei birilli:

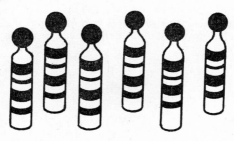

Prima prova a guardarli ed a passare dall'uno all'altro dicendo: 1, 2, 3, 4, ...; poi prova a guardarli ed a passare dall'uno all'altro dicendo: 1 + 1 + 1 + 1, ... Nel primo caso le unità sono aggiunte nel momento stesso in cui sono fatte, nel secondo le unisci dopo averle fatte.

Fare le cose senza fermarsi o farle fermandosi, ognuna per sé, pur che alla fine si mettano assieme, ci dà lo stesso risultato. È chiaro che se entri in un negozio e chiedi un "vestito invernale" od un "vestito d'inverno" il commesso ti dà lo stesso vestito. Ma il modo con cui hanno operato la tua mente e la sua nei due casi è stato diverso.

Prima di sapere come si svolge il pensiero era impossibile rendersi conto di queste differenze, e si credeva che dipendessero dalle particolarità delle cose messe insieme, legate; mentre esse non c'entrano proprio per niente.

Tu mi chiedi anche quando si usa il primo modo e

quando si usa il secondo. Una regola precisa non c'è; e cosí qualche volta i due modi sono adoperati indifferentemente: tanto, come hai visto, il risultato rimane lo stesso. Tuttavia, il patrimonio della nostra lingua non sempre ci permette di pensare nei due modi per tutte le cose, in quanto non avremmo le due forme per indicarli. Per esempio, solo dei metalli piú usati abbiamo l'aggettivo, del ferro, dell'oro, ecc., ma non degli altri, del platino, del cesio, del rubidio, ecc. Inoltre, se ciò che segue nella frase si deve aggiungere ad una sola delle due cose, e non a tutt'e due, esse devono rimanere staccate, indipendenti, come le presenta il "di."

Per esempio, se dicessimo "statua marmorea di Carrara" saremmo condotti a pensare che di Carrara è la statua, e non il marmo, e cosí diciamo "statua di marmo di Carrara." Infine, qualche volta l'aggettivo c'è, ma ha assunto un significato un po' diverso. Per esempio, abbiamo sia "pasta" che "pastoso," ma con pastoso si allude solo ad una delle caratteristiche della pasta, e non a tutte.

8.

Questioni di aritmetica e di grammatica

M'accade abbastanza spesso, girando per le scuole, di sentirmi dire con un certo compiacimento, con una certa fierezza: "Qui, professore, facciamo della matematica moderna. Abbiamo introdotto l'insiemistica." Fra i non addetti, poi, si può trovare persino l'entusiasmo: "Adesso sí che i bambini contano bene!" Qualcuno che, come me, da bambino "contava bene," un po' sorpreso rimane. Una volta, i bambini come imparavano a contare? Attraverso quale diavoleria questi bambini, ancor prima di andare a scuola sanno, non solo contare, almeno sino ad un certo numero, ma anche eseguire le quattro operazioni fondamentali? Ferratissimi, quando siano minacciate per esempio le loro palline o le loro caramelle: "Dammene un'altra, cosí ne ho quattro"; "Mamma, Luigino me ne ha rubata una; adesso io ne ho solo tre"; "Dividiamocele due a testa"; ecc.

Come si apprende a contare ed a eseguire quelle operazioni? Certo, nello stesso modo in cui si impara a pensare e a parlare in generale, sull'esempio trasmesso dai padri senza consapevolezza, cosí come del resto essi l'hanno ricevuto. L'uomo è bravissimo in queste imitazioni, suona e risuona "per simpatia" come tante corde musicali; ci casca anche quando non lo vorrebbe e crede di essersene premunito. Se per imparare a pensare ed a parlare si dovesse chiedere al padre, od anche all'insegnante, e di ogni ordine di scuole, che cosa sono il pensiero ed il linguaggio, persino Alessandro, che pure aveva Aristotele per maestro, sarebbe cresciuto vegetativo e muto.

Tuttavia, per insegnare i numeri ecco l'insiemistica ed un suo certo successo, anche se non del tutto incontrastato, fra i maestri elementari. Da che cosa dipende?

La storia dei numeri è fra quelle intricate di tutte le cose che, non essendo fisiche, da vedersi e toccarsi, ma mentali, furono comunque cercate fra queste, dai primi filosofi e da quelli che li seguirono. Si ragionò pressappoco in questo modo. Qui ci sono per esempio cinque o dieci dita, sassi, ecc. Se tiriamo via le dita, i sassi, o meglio la ditità, la sassità, cioè la fisicità, deve rimanere il numero nudo e crudo per "astrazione"; la stessa sorte che toccò alle figure geometriche. Ne risultò la matematica come scienza "pura," appunto, come "astratta."

Senonché in questo modo del numero si diceva quello che non era di fisico, non quello che era di mentale. D'altra parte, se qualcosa si conta da qualcosa si parte; ma da che cosa? Non è un numero la stessa unità? Già alle prese con l'uno e con il piú, Parmenide si era rotto la testa.

Per le situazioni difficili di questo tipo, Platone aveva avuto però un'idea destinata ad incontrare fortuna. Se di una cosa, di cui pure gli uomini si servono utilmente con fiducia, non si riesce a capirci molto, si può provare a raddoppiarla, dicendo poi che in quanto le due cose sono fra loro eguali, esse si illuminano a vicenda. Come questo possa avvenire resta avvolto nella magia, tanto piú se una delle due viene collocata, come volle Platone, quale idea nel mondo delle idee, e quale copia nel mondo terreno; ma intanto se ne parla di piú.

A questa soluzione del raddoppio si è ricorsi, per esempio, quando non si è riusciti a definire in termini quotidiani convincenti proprio alcuni termini quotidiani, e si è impostato a loro proposito un secondo discorso, detto assiomatico, perché è vietato discuterne. Se ne serví Euclide per il punto, la linea, la regione, ecc., che gli sfuggivano, Spinoza per l'etica, Peano per i numeri; oggi diversi linguisti e logici con la proposta di un metalinguaggio che incastoni parole e frasi.

Ed eccoci agli insiemi, quando Giorgio Cantor, circa cento anni fa, avendo trovato preoccupante la situazione dei numeri e non volendo rassegnarsi a considerarli, come Leopoldo Kronecker, un regalo del buon Dio, al quale gli uomini avevano aggiunto tutto il resto, vi applicò l'antica soluzione del raddoppio, e proprio nel modo piú semplice (anche se qualche maligno fu indotto a pensare che da questo sforzo derivarono i suoi disturbi nervosi).

In breve, e per quello che oggi ne rimane nei sussidiari, raggruppati di qua e raggruppati di là alcuni oggetti, farfalline, gattini, margheritine, ecc. (i famosi insiemi), ciò che sulla carta corrisponde al tracciarvi intorno un circolo, quelli di qua e quelli di là si collegano, oggetto per oggetto, unendoli per esempio con una linea.

E salterebbe fuori il numero! È proprio una fortuna che dal papà e dalla mamma sia il bambino che il maestro, ripeto, abbiano già imparato a contare, ed ora senza accorgersene si siano già messi a contare le farfalline, i gattini, ecc.: perché il miracolo dell'insiemistica sta tutto qui.

Con questi procedimenti, purtroppo, al bambino non saranno mai rese consapevoli alcune fra le più fondamentali operazioni della mente. Basterà ricordare quelle da cui si ottiene il singolare, quelle da cui si ottiene la ripetizione, perché è dalla ripetizione del singolare che si ottengono i numeri, sempre diversi ad ogni ripetizione, ma sempre eguali in quanto risultato della ripetizione del singolare. Inoltre, sparisce la dipendenza di quell'operare numerico dall'eguaglianza che si pone fra gli oggetti per contarli, e già per farne un plurale. Sparisce infine la consapevolezza del duplice uso che si fa dei singolari ripetuti: mantenendoli tutti mentalmente presenti, quando si costituisce la serie dei numeri cardinali, cioè 1, 2, 3, ecc.; oppure lasciandoli perdere man mano che si procede con la ripetizione per restare solo con l'ultimo, quando si costituisce la serie dei numeri ordinali, cioè, I, II, III, ecc.

Che cosa piace al bambino dell'insiemistica? Il poter adoperare quegli occhi e quelle mani che altrimenti niente hanno a che fare con la matematica: perché gli piace fare il collezionista, il botanico, lo zoologo, trovare differenze fra i suoi "amati" e suddividerli secondo il vecchissimo rapporto di genere e specie (qui insiemi e sottoinsiemi). L'insiemistica, cioè, come un capitolo dell'*ars classificandi*.

Io, queste cose, tuttavia, le terrei ben separate; altrimenti, dopo la contaminazione, i poveretti non sapranno mai quando stanno contando e quando stanno classificando, anzi quando lavorano con la mente e quando lavorano con le mani. Ma forse l'insiemistica tramonterà da sé come ogni moda.

A questo articolo seguirono alcune riunioni pubbliche sollecitate anche dalle numerose lettere giunte soprattutto da insegnanti di scuole elementari e medie.

Padova

"Ho letto su 'Il Giorno' del 18 novembre l'articolo del professor Ceccato relativo all'introduzione dell'insiemistica nell'insegnamento dell'aritmetica nelle scuole elementari, articolo che è comparso sotto il titolo: 'Insiemistica, un gioco che fa piú confusione; di moda nelle scuole, affascina i bambini ma non li stimola a far uso della mente.'

Non posso accettare il modo sommario e francamente superficiale con il quale in quell'articolo si liquida un tema che in questi ultimi tre anni è stato al centro di centinaia di corsi di aggiornamento sulla didattica della matematica, e in rapporto al quale moltissimi insegnanti stanno compiendo numerose ed assai positive sperimentazioni.

Come psicologo, dissento completamente dal professor Ceccato là dove egli afferma, per esempio, che 'con questi procedimenti, purtroppo, al bambino non saranno mai rese consapevoli alcune fra le piú fondamentali operazioni della mente,' o dove sostiene che 'dopo la contaminazione (e cioè dopo la introduzione di concetti e di operazioni di insiemistica) i poveretti non sapranno mai quando stanno contando e quando stanno classificando, anzi quando lavorano con la mente e quando lavorano con le mani.'

Le cose stanno infatti in modo 'ben diverso.' Le operazioni che consistono nella costruzione di insiemi a diversi livelli di astrazione (nel passare, per es., da una situazione in cui si considerano separatamente oggetti come 'bottiglie,' 'bicchieri,' 'tazze,' ad una in cui vengono tutti considerati equivalenti in quanto 'recipienti'), o quelle per cui si mettono fra loro in rapporto in vario modo piú insiemi, sono operazioni logiche che 'stanno alla base' delle operazioni aritmetiche elementari (come quella del contare, dell'addizionare, del sottrarre, ecc.). Esse rendono pertanto assai piú comprensibile il meccanismo delle diverse operazioni aritmetiche, permettendo anche una piú intima fusione fra aritmetica e geometria (attraverso, per es., la costruzione di grafici che rappresentano la distribuzione delle frequenze di tipi diversi di oggetti, ecc.).

Inoltre, e cosa anche piú importante, le operazioni logiche che un bambino compie per costruire degli insiemi e per metterli fra loro in rapporto in diversi modi, possono contribuire in misura molto grande ad esercitare ed a sviluppare certe fondamentali capacità della mente che non riguardano piú solo lo studio dell'aritmetica ma anche quello di tutte le altre discipline, come la capacità di analisi, la capacità di costruire delle strutture o di modificare strutture già esistenti, e soprattutto la capacità di individuare, entro la molteplicità qualitativa del reale, degli elementi di invarianza, cosa che costituisce l'essenza di un modo di pensare scientifico."

(Prof. Guido Petter
Direttore dell'Istituto di Psicologia del-
l'età evolutiva dell'Università di Padova)

Non è difficile rendersi conto di come possa dispia-cersi chi, avendo fatto proprio un indirizzo di pensiero, magari avendone ricevuto riconoscimento, lo vede messo in dubbio, minacciato di fallacia, o semplicemente non preso troppo sul serio. Anche l'editore, che vi stava inve-stendo denaro, deve sentirsene scontento. Fra l'altro, se quell'indirizzo contiene davvero il salto incolmabile, il circolo vizioso di ragionamento, è pure da attendersi che per la forma mentale di chi lo praticava, la sua sostitu-zione, sia per la parte critica che per quella costruttiva, sia trovata superficiale, in contrapposizione alla apparente profondità della dimostrazione lacunosa. Infine, ne viene scossa ed eccitata l'emotività, affettività, stati d'animo, che in questo tipo di ragionamenti sono destinati a bi-lanciare l'insicurezza intellettuale.

Tuttavia, raggiunta la convinzione, dopo qualche doz-zina d'anni di analisi della vita mentale, che un certo modo di prospettarsi alcune operazioni sia sbagliato, e vedendo come questo sbaglio venga suggerito da qualche anno sistematicamente ai bambini delle scuole elemen-tari, ho ritenuto che il dispiacere di alcune per quanto degne persone non fosse da anteporre ad un doveroso avvertimento, affidandolo alle pagine di un quotidiano. Che esso già figuri discusso negli scritti ponderosi (po-trei ricordare anche semplicemente il migliaio di pagine dei miei due volumi "Un tecnico fra i filosofi," Marsilio Editore, Padova, 1964 e 1966) non può bastare perché non sono certo questi i volumi che raggiungono le persone piú interessanti, cioè gli insegnanti delle scuole elementari.

Le reazioni all'articoletto sull'insiemistica? Ho ripor-tato una lettera per intero, ma per le altre, purtroppo, dovrò limitarmi a citare pochi frammenti e soltanto di alcune.

Tuttavia basteranno per esempio queste espressioni del-la lettera di Linda Criscuolo, di Odolo, a mostrare come l'adesione all'insiemistica possa non riposare su conside-razioni di ordine razionale, ma piuttosto sgorgare da un trasporto affettivo, per esempio dall'impressione che ora, finalmente, ci sia qualcosa di comprensibile ove prima regnava l'oscurità, ciò che può essere esattissimo, soltanto che ciò che si capisce non riguarda i numeri, le loro serie, le operazioni su questi, ecc.: "...durante la febbrile attività di quel primo corso, certo tutti intravvedemmo gli splendidi orizzonti che l'insiemistica apriva ad ogni campo dello scibile..."; "Per me l'insiemistica è stata ed è una meravigliosa esperienza vissuta e sofferta sino allo spasimo."

Piú grave però mi sembra la posizione di chi all'insiemistica aderisce "ragionatamente," contando sulla vecchia deviante tesi-procedimento dell'"astrazione" (benché con l'insiemistica ed anche con l'assiomatica il legame sia tutt'altro che diretto); "...il professor Ceccato dimentica che un insieme di oggetti è una esemplificazione concreta dell'astrazione, la quale nasce o meglio si forma nella mente del bambino come momento sintetico di diverse analisi concrete" (lettera di Sandro Parati, di Ripalta Cremasca); "...è proprio la matematica che ha la caratteristica di coinvolgere processi di astrazione che partono da situazioni reali" (lettera di Alba Rossi Dell'Acqua, responsabile della diffusione in Italia del progetto Nuffield per la matematica, ed alla quale consiglierei di leggere quanto sull'insiemistica scrisse per esempio P. W. Bridgman, il Premio Nobel); "Le operazioni che consistono nella costruzione di insiemi a diversi livelli di astrazione... stanno alla base delle operazioni aritmetiche elementari..." (nella lettera di Guido Petter); ecc.

Perché la tesi-procedimento non regge? Intanto l'antefatto. Inconsapevoli del loro operare mentale gli uomini hanno assunto quali datità di per sé esistenti i risultati di questo operare. Inoltre, quando estesero i loro interessi di fisici al mentale, applicarono anche alla sua analisi lo schema della fisica. Ne conseguí che i singoli percepiti furono sempre, non solo assunti come localizzati spazialmente, ma anche raddoppiati, con la nota collocazione dell'uno in un metaforico esterno e dell'altra in un metaforico interno dell'uomo. Tutto si dovette trovare poi portato da queste datità di tipo fisico; e quando ciò che si cercava non era fisico, si inventò un procedimento per isolarvelo, in primo luogo l'"astrazione." Scrivo questa parola fra virgolette perché il suo uso fu dall'inizio irriducibilmente metaforico. Il termine italiano deriva dal latino "abstractio," che traduce il greco "afairesis," nome per l'operare dello scultore il quale, sapendo in precedenza quello che vuole, toglie via dal blocco di pietra le parti eccedenti. Ma nel nuovo uso il significato fu rovesciato! Si doveva infatti partire dalle supposte datità fisiche esistenti di per sé per trovarvi ciò che ancora era ignoto; e questo senza possedere alcun criterio per la scelta delle cose su cui operare, né di ciò che in esse si dovesse tenere e scartare.

Viene in mente la storiella di quel brav'uomo che in campagna, dimenticato l'orologio, chiede l'ora al contadino. "Pressappoco l'ora di mungere le vacche," risponde quegli. "Già, ma a che ora le mungete le vacche?," "Eh, pressappoco a quest'ora." Una storiella cui però nel nostro caso si dovrebbe aggiungere la miracolosa apparizione dell'ora, per esempio, un 16,30.

I metodologi della scienza, almeno alcuni, sanno da tempo che le cose non stanno cosí, che l'assiomatica invano cerca di porre rimedio all'errore, degnificandolo, dogmatizzandolo. Lo stesso Benedetto Croce ne fu ben consapevole ed introdusse al posto degli impossibili "universali astratti" i suoi "universali concreti": si veda l'acuto carteggio scambiato con Vilfredo Pareto.

Il mentale ha una provenienza sua, da combinazioni di stati d'attenzione, che attualmente danno vita a qualche migliaio di categorie, numeri ed enti geometrici fra queste, e si applica alle cose fisiche e psichiche, arricchendole; non deriva certo da queste con un procedimento impossibile. Pretendere da quel procedimento i numeri, con l'induzione, la generalizzazione, l'astrazione, codificando il tutto in una assiomatica intessuta di espressioni metaforiche o negative, vuol dire aggiungere, non profondità, bensí magia alla scienza ed alla tecnica.

Pensavo che almeno Petter avesse avvertito questo ordine di difficoltà, ed avesse deciso di starsene giudiziosamente alla larga, eliminando la definizione di tutto ciò che è mentale, come mostra di fare nei suoi sussidiari per le scuole elementari, "Come Quando Perché," per esempio quando indica certe distinzioni grammaticali. Tanto, se il bambino sa già servirsi correttamente di quelle parole o lo impara dagli esempi, perché indurlo in errore?

Ed allora il Progetto Nuffield per la matematica? Io lo trovo buono per la guida che offre al bambino nell'arte classificatoria ed ordinatoria, una efficace ginnastica mentale nell'applicazione di certe categorie, come parte, tutto, resto, singolare, plurale, ecc. Ma proprio perché non le definisce. L'ingresso nei numeri è invece un cattivo ingresso, con quella illusoria astrazione, abusiva moltiplicazione degli enti, ecc.

Da due parti ho ricevuto infine una proposta: di organizzare sull'insiemistica un seminario, tavola rotonda, e simili, chiamando a singolar tenzone le opposte fazioni. Accettato. Accettato dalla Società Olivetti, che recentemente ha pubblicato per le scuole una serie di volumetti ad indirizzo insiemistico; ed offrirà la sua sede. Accettato da "Il Giorno," che darà notizia dei lavori e dell'"esito della sfida."

Un'altra lettrice, Rosa Rinaldi Carini, di Urbino, chiede infine come mai il giornale abbia sostenuto tesi diverse sull'insiemistica. La risposta è facile. Il giornale risponde, e sino ad un certo punto, credo, di una linea politica; ma non è impegnato da tesi scientifiche e tecniche di cui riferisca o che accolga firmate.

Scrive da Firenze la dottoressa Evelina Camilletti Gori, del GISAMM (Gruppo italiano di sperimentazione e di studio per l'apprendimento della matematica moderna), che ha cercato in quel mio primo articolo del 18 novembre 1969 "le frasi-chiave" che ne "spiegassero e giustificassero il contesto."

"Una in particolare mi è parsa essenziale," continua l'autrice e mi cita: "i poveretti (gli alunni) non sapranno mai quando stanno contando e quando stanno classificando, anzi quando lavorano con la mente e quando lavorano con le mani." La commenta: "Con una simile premessa che evidenzia la scissione fra lavoro teorico-intellettuale e lavoro manuale-pratico, non vedo come potrebbe essere compreso lo spirito che anima la nuova metodologia dell'insegnamento matematico."

E qui devo confessare il mio stupore. Non pretenderei certo che tutti coloro che si occupano professionalmente di queste cose abbiano un'idea dei principali problemi che ne segnano la storia e tanto meno del quadro generale in cui entrano questi problemi, con la distinzione che vi fa da pilastro, per tutti i grandi pensatori filosofi e scienziati e soprattutto metodologi di ogni tempo, la distinzione cioè della mente e del corpo, e la natura dei loro rapporti, problema legato indissolubilmente a quello che vi fa da premessa e conseguenza, del conoscere, della conoscenza, "la parola più importante della lingua." Ma una certa consapevolezza al proposito e sui discussi quadri di classificazione delle scienze, non dovrebbe mancare anche in chi si dedica alla matematica, non fosse che per i ricordi liceali.

Non si tratta di scissioni (terminologia presa dalla politica?), bensí di disporre di buoni criteri di analisi per sapere quando il nostro operare ha carattere mentale, oppure fisico, oppure psichico, e proprio per riuscire a porne i tanti rapporti di dipendenza e di interdipendenza; almeno per non confondere il pensare con il digerire, il percepire e rappresentare con il manipolare, o costrutti di sola origine mentale, come singolare e plurale, con costrutti misti, come mel-a e mel-e. Ma soprattutto per non portare il bambino o ragazzo a "fare di tutte le erbe un fascio," come si diceva una volta.

Quando questo è avvenuto, credo valga poco affidarsi al "moderno," allo "scientificamente sperimentale" (chissà, applicato magari all'addizione aritmetica od al punto geometrico!), alla "nuova metodologia," alla "moderna didattica," al "rinnovamento reale," al "rinnovamento metodologico," all'"adeguatamente condotto," ai "problemi del nostro tempo," alla "metodologia scientificamente valida," al "coscientemente applicato," al "problema attuale," ecc. Cioè, vale molto, ma in senso negativo, perché si tratta di una tecnica verbale (ed ho riportato solo alcune delle espressioni di questo tipo contenute in una lettera di due facciate e mezza) a base emotiva che può andare bene nella pubblicità, per esempio per il "nuovo dentifricio scientifico" o per il "detersivo dei nostri tempi," ma che non dovrebbero mai sostituire il bisogno di rendersi conto e di rendere conto di quali operazioni eseguiamo, passo per passo, per esempio quando contiamo, e già quando parliamo di uno e di piú, di pochi e di tanti, ecc. Sí, da questa consapevolezza, viene l'unità del sapere, sia per il rapporto di una disciplina con le altre, sia per il diverso modo di considerarne gli oggetti.

Per lo piú, tuttavia, il contenuto delle lettere ricevute rivela una preoccupazione degna di riflessione, una riflessione, anzi che, che confesso, non mi accompagnarono abbastanza quando criticai quella prima volta l'insiemistica sul giornale. Lascio parlare per me e per non poche sue colleghe, Francesca Pasini, una maestra di San Pietro in Campiano (Ravenna):

"Egregio professor Ceccato, il suo articolo sull'insegnamento dell'insiemistica nella scuola primaria, ... ci è giunto mentre nell'aula di mio marito, un insegnante elementare, un gruppo di professori di matematica di scuola media superiore, accompagnati da un professore dell'Università di Roma, ispettore centrale alla P.I., stava assistendo ad una lezione dimostrativa sulla cosiddetta 'nuova matematica.' Lo stupore per quanto scritto da lei è stato generale. Passata l'ondata dei commenti negativi, mio marito mi ha prospettato l'ipotesi che la sua valutazione completamente negativa dei risultati dell'utilizzazione della nozione intuitiva di insieme, per una complessa ed articolata intenzione pedagogica che trascende i confini della matematica, fosse dovuta a poco edificanti constatazioni di fatto o alla lettura di certa editoria 'scandalistica' di tipo matematico. Posso assicurarla che qui, a Ravenna, è avviata da tre anni una sperimentazione seria... Mi permetto di invitarla ad assistere ad una lezione dimostrativa... Sono convinta con lei che un insegnamento dell'insiemistica senza una adeguata preparazione psicologica e matematica possa ingenerare confusione e disorientamento, ma sono anche fermamente convinta che un tale apprendimento, ben guidato, possa contribuire allo sviluppo delle facoltà logiche dei fanciulli e aiutare quei processi di astrazione, generalizzazione, simbolizzazione ai quali l'insegnamento tradizionale non ha mai seriamente provveduto. In una parola, si tratta di una formazione realizzata mediante le implicazioni logiche degli stessi processi matematici, col sussidio di tecniche che danno ai fanciulli un ancoraggio concreto e non equivoco."

Il tono di lettere come questa rivela una preoccupazione ed un entusiasmo encomiabili (anche se solo la prima fosse ben riposta), destinati ad avere ripercussioni senz'altro positive sia sul ragazzo che sull'insegnante, tanto piú se la materia veniva impartita con la "tradizionale" acquiescenza ripetitiva (e questo vale naturalmente per la matematica come per la storia, la fisica come il disegno o la ginnastica, ecc.). Io non avevo riflettuto abbastanza, con quell'articolo sul giornale, che non avrei certo contribuito a conservare né la nobile preoccupazione né il nobile entusiasmo; tanto piú che non avrei potuto sostituirvi immediatamente una pubblicazione adattata nell'esposizione e negli esempi all'insegnamento elementare.

Purtroppo però la mia posizione non discende, anche se tanto me lo augurerei, da un uso cattivo, "poco edificante," "scandalistico," di una buona teoria e prassi, ma da una critica che, nonostante le precedenti considerazioni "umane," sarebbe a mio avviso pericoloso sospendere.

Vivo interesse fra gli insegnanti hanno suscitato anche le macchine linguistiche, in quanto le analisi dell'operare mentale che vi fanno necessariamente da premessa sono state accolte come feconde ipotesi di lavoro per l'insegnamento della grammatica nei vari ordini di scuole.

Che cosa sia il linguaggio, una lingua, direi che ormai sia chiarito. Il nostro pensiero fluisce con i suoi contenuti, noi cioè pensiamo questo o quello, come nostra vita privata, intima. Il linguaggio rappresenta la parte pubblica di questo pensiero, accoppiando al suo dinamismo suoni, grafie, gesti, ecc., che sono invece percepibili, e quindi, appunto, pubblici. Per esempio percepiamo o ci rappresentiamo una certa cosa: il risultato di quelle operazioni è certamente presente a noi, ma non agli altri, e per comunicarlo si deve accompagnarlo con un suono stabilito, per esempio "cane"; sicché poi chi oda questo suono ripeta le stesse operazioni che lo portano a rappresentarsi od a percepire il cane. Non è diverso, ben si intende, se le operazioni sono per esempio quelle con cui scomponiamo una situazione che dapprima ci è stata presente globalmente, quando il suono che le designa è "con" e per esempio una bottiglia che vediamo tappata diventa "bottiglia con tappo."

Sono operazioni, fra l'altro, che ciascuno è in grado di trovare e controllare da sé; e lo stesso articolarsi del pensiero non ha nulla di complicato. Affinché i suoi contenuti non si succedano l'uno indipendente dall'altro, bensí costituiscano unità piú o meno ampie, bisogna che siano legati fra loro ponendoli in rapporto cosí come la mente se li fa presenti. Per esempio, se dopo una cosa ne sopravviene un'altra e ce l'aspettavamo, le due cose potranno essere unite da un "e," e se non ce l'aspettavamo, da un "e anche." Del "con" si è già visto. L'uomo si è apprestato, nelle sue tante migliaia di anni di vita *sapiens*, circa 170 di questi modi di mettere in rapporto le cose.

L'unità minima di pensiero è quindi costituita da tre elementi: le due cose messe in rapporto e questo stesso rapporto. Anche quando pensiamo per esempio a "Mario studia," benché le parole siano due, gli elementi sono sempre tre, Mario, lo studiare, ed il mantenere mentalmente presente Mario mentre ne seguiamo la storia, affinché appunto "sub-iaccia," divenendo il soggetto dello studiare. Se poi l'intera triade, o correlazione, si adopera come elemento di una piú ampia, deve figurare anche questo rapporto: per esempio un "con" se si aggiunge a "Mario studia" l'entusiasmo, cioè "Mario studia *con* entusiasmo."

Uno schemino

RELAZIONE	
1° TERMINE	2° TERMINE

aiuta a comprendere come tutto questo diventi pubblico nella designazione linguistica per mezzo di cinque indicazioni, divise in due ordini: tre per le tre particolari cose combinate, indicazioni che potremmo chiamare di dizionario, e tre, ridotte a due, per la funzione assolta dalle tre cose nella combinazione, nella triade, indicazioni che potremmo chiamare di sintassi, di logica, o piú genericamente, di grammatica.

Si direbbe cosí che la grammatica ed il dizionario, chiariti e suddivisi i loro compiti, siano anche in grado di soddisfarli, eliminando le oscurità e le controversie di cui hanno sofferto da secoli. Tuttavia, una sistematica esauriente della situazione linguistica presenta in ogni lingua non poche difficoltà — del resto avvertite da secoli dai compilatori delle grammatiche —, ma che purtroppo proprio all'accrescersi della consapevolezza sul dinamismo del pensiero e dei suoi contenuti, hanno mostrato di non essere facilmente superabili, tanto che si sono infine erte davvero impietose nei vari tentativi di costruzione delle macchine con prestazioni linguistiche.

Vediamo di indicare come si presenta nella lingua italiana la prima di queste difficoltà.

Essa discende da una carenza nelle cinque indicazioni richieste per stabilire una corrispondenza unica fra le strutture triadiche del pensiero e la loro designazione. Non che manchino le indicazioni, se non in certe espressioni volutamente sibilline, ma le indicazioni esplicite non sono sempre cinque bensí talvolta quattro, tre, o semplicemente due, in quanto le altre sono fornite da ciò che si sa per altra via degli elementi combinati. Questa altra via è costituita dalla cultura generale, dal contesto piú ampio in cui si inserisce la correlazione, dal vivo operare da cui risulta ogni contenuto del pensiero e che a volte impedisce che due di questi entrino in un certo rapporto, in quanto ad essi appunto non si addice.

In effetti, perché si dovrebbe indicare ciò che già ognuno sa dalla sua cultura o dalle espressioni precedenti del testo stesso che sta leggendo? Né sarebbe facile anche proponendoselo fornire per esempio le indicazioni che riguardano ciò che indica non una sola parola ma un gruppo di parole e che, per essere sicuri che siano quelle e non una di meno od una di piú ad entrare in quel certo rapporto con le altre, tutte dovrebbero portare questa indicazione, o venire chiuse fra particolari parentesi, come si usa nelle espressioni matematiche (ma come pronunciarle?). Nella musica è l'indicazione della durata delle note che mantiene presente tutto quello e non altro, sino al momento voluto (ed in effetti il pensiero ha un andamento polifonico, mentre si parla e si scrive con andamento monodico).

Ecco dunque la grammatica in difficoltà, per riferire di cose che non compaiono esplicite nelle parole e nelle frasi, e per ciò sfuggono ad ogni loro classificazione, e tuttavia sono parte integrante, e non eliminabile del discorso, se si deve render conto di tutti i suoi aspetti designativi, od anche soltanto di quelli che compaiono. La funzione della grammatica, orpellosa per chi già parla, permetteva che di queste lacune classificatorie si potesse non essere consapevoli. Ma la macchina, che ancora non parla e se ne dovrebbe avvalere nelle sue simulazioni, l'ha posta in crisi.

Ecco alcuni esempi di queste difficoltà classificatorie grammaticali.

Si legge sulla fiancata di un carro merci: Trasporto di olii vegetali ed animali non commestibili. Diavolo! Quali sono gli "animali non commestibili" per quest'uomo che è davvero onnivoro? Cosí, con ciò che sappiamo della alimentazione, si riprende la frase per darle un diverso significato, per farle corrispondere un diverso pensiero. "Animali" perde la sua pariteticità di rapporto con "olii"; paritetici diventano invece "vegetali" ed "animali," che insieme sono riferiti ad "olii." Ma la grammatica lasciava possibili le due alternative, perché "animali" è classificabile sia come "sostantivo" che come "aggettivo." Sin qui, comunque, si potrebbe ritenere che ciò è dovuto alla solita parola equivoca, dirimibile se la lingua avesse, oltre ad un "animale," anche per esempio un "animalico," e cosí un "vegetalico," ecc.

Ma la situazione designativa è molto meno dominabile da una classificatoria grammaticale in frasi in apparenza del tutto innocenti, come "Luigi corre veloce," "Luigi corre felice," "Luigi corre stanco," "Luigi corre ansioso," e simili; e questo anche prescindendo da un qualsiasi variare di pause, fra "Luigi" e "corre" e fra "corre" e le parole che seguono, le eventuali ma ben piú povere virgole. Né la situazione sarebbe molto diversa se al posto di un "veloce" avessimo un "velocemente," ecc. La grammatica parlerebbe di aggettivi o di avverbi, ma ci sarebbe di poco aiuto. La classificazione che indifferentemente ne faccia un "predicato" è ben lontana dall'indicare se quel "veloce" si riferisca ad entrambe le parole, solo alla seconda o solo alla prima.

Nella scrittura musicale la difficoltà sarebbe in parte risolta dando per esempio un tempo ad ognuna delle cose nominate dalle tre parole e prolungando o meno quello delle prime due affinché si sovrappongano o meno quando sopraggiunge la terza. Né questo sarebbe sufficiente, perché nel pensiero abbiamo altri gradi di libertà, cioè di variabilità, per esempio una attribuzione, che presumibilmente fonde con percentuali di presenza abbastanza diverse non solo "Luigi" e "veloce" e "Luigi" e "stanco," ma anche "Luigi" e "stanco" e "Luigi" ed "ansioso."

Si potrebbe concludere che questi non sono problemi di grammatica e sintassi; e tuttavia sono di lingua e non di dizionario. Si potrebbe anche concludere che la grammatica e la sintassi per l'uomo che parla sono sempre aggiuntive e come tali relativamente superflue, mentre per la macchina linguistica, cioè per i suoi costruttori, esse sono il primo passo e come tali relativamente lacunose.

Purtroppo gran parte delle classificazioni delle grammatiche non sono adoperabili neppure come "primo passo" nella meccanizzazione dei processi linguistici, in quanto costruite su piú di un criterio, della cui pluralità nonché dei singoli contenuti manca una sufficiente consapevolezza. Vedremo qui una categoria, quella di nome, che da sempre è stata uno dei pilastri del sistema classificatorio grammaticale.

Sappiamo che i grandi pensatori del passato, ed anche del presente, si rompono la testa per riuscire a capire che cosa sia per esempio l'essere, l'infinito, il numero, il determinato, il probabile, ecc. ecc. Ma il nome, la nozione, la definizione di nome, la domanda "che cosa è un nome" dovrebbero sollevare le stesse difficoltà? restare egualmente insoddisfatte? E perché? In effetti, dalla scuola i ricordi non sono chiari. Dinanzi a parole come "sedia," "Giovanni," "pipistrello," "acqua," "passeggiata," "tornitore," "bontà," e tante altre nessuno dubitava che esse fossero nomi; ma che cosa avevano di comune fra loro e di diverso dalle altre parole? Nessuno dubitava nemmeno che le parole "piove," "e," "o," "con," "il," "abbastanza," e tante altre, non fossero nomi; ma ancora, in base a quale criterio?

I grammatici hanno incontrato le loro difficoltà seguendo principalmente due vie, quelle appunto cui dobbiamo i discutibili risultati offerti oggi agli studenti di ogni ordine di scuole.

Secondo la prima via, cosiddetta semantica, si cercò di trovare la particolarità del nome in quella delle cose nominate, ricorrendo ad alcuni criteri introdotti durante la lunga storia del sapere per operare distinzioni fra queste per i piú svariati scopi: fra questi criteri per esempio quello morale secondo cui distinguiamo le persone dagli animali. Ma allora perché non parlare anche dei vegetali? Inclusi i vegetali, perché non i minerali? Un altro criterio aggiunge la distinzione fra qualità e quantità. Ma resterebbero fuori gli strumenti, i materiali, ed i prodotti. Si aggiungano. Ma, gli eventi? Ammessi quelli fisici, il criterio rimanda a quegli psichici ed a quelli mentali. Se la lista fa riferimento alla realtà bisogna aggiungervi la fantasia; se fa riferimento alla concretezza, la astrattezza. Ed i rapporti? Congiunzione, disgiunzione, ecc.? Si includano. Ma sono state dimenticate, per esempio, le città.

Alla fine il buon grammatico ricorre al rimedio estremo, chiudendo la lista con le "cose," magari con qualche rimorso che si traduce nell'avvertenza che "cosa" sí, "è parola comoda, buona a tutti gli usi" (cfr. S. Battaglia e V. Pernicone, "La grammatica italiana," Loescher Editore, Torino, 2ª ed., 1965, p. 103). Infine, poiché le cose in questi contesti possono rimandare alle "idee," ai "concetti," l'elenco si arricchisce anche di questi.

Purtroppo però, di questo passo, dalla categoria dei nomi non si riesce a tenere fuori piú niente. Forse che "e" ed "o" non sono rapporti? Eppure non si classificano come nomi; e nemmeno "piove," che pure è un evento. Persino "il" chiederà di entrare a far parte dei nomi. Non abbiamo forse un'idea, un concetto di "il?" Anzi, possiamo chiederci benissimo: "che cosa è 'il'?"

Cosí il grammatico tenta la seconda via, rivolgendosi alla morfologia ed alla sintassi. Mi spiego subito con un paio di casi. Far riferimento al tempo, cioè all'azione, come processo o stato per legarvi il verbo, ed allora opporvi il nome, non va bene, perché per esempio "passeggiata" o "seduta" hanno tutte le caratteristiche rispettivamente del processo e dello stato, eppure non sono verbi ma nomi; far riferimento alla qualità o quantità di altro per legarvi l'aggettivo, ed allora opporvi il nome come primo passo per arrivare al sostantivo, che designa questo altro, non va bene perché per esempio "pallore" ha quelle caratteristiche, eppure non è un aggettivo, ma un nome, ecc. In italiano, francese, tedesco, greco, latino, e tante altre lingue, tuttavia, i nomi non si coniugano ed i verbi sí; e l'antitesi è anche piú completa nelle lingue in cui i nomi non solo non si coniugano, ma non si declinano.

Tuttavia, la strada incontra due ostacoli. Sentiamo che la nostra separazione dei nomi da altre categorie di parole va piú in là di queste eventuali differenze di forma, anche in chi non riesce poi a precisare in che cosa consista questo andare piú in là, e quanto a queste differenze di forma, esse sono appunto eventuali, cioè le cercheremmo invano in certe lingue, per esempio in cinese.

Non vale nemmeno cercare aiuto nella derivazione dal latino e dal greco della parola "nome," sia che essa si colleghi alla "nozione", da *gnoscere*, cioè a ciò che si impara a conoscere quando si nomina, sia che si colleghi al nominare, perché ad ogni parola corrisponde la sua cosa nominata, altrimenti si riduce a semplice suono o grafia (ed in inglese le due accezioni sono distinte nel *noun* e nel *name*).

Ed allora? La categoria del nome è destinata a restare sfuggente come nei "vecchi" sussidiari delle nostre scuole?

"Caro professore — mi diceva sere fa una insegnante di scuole medie superiori a Verona —, lei si richiama a testi superati. Oggi abbiamo ben altre linguistiche, strutturali, matematiche, ecc. Gli americani, i russi..." Io ho preferito non insistere, non essere cattivo, non togliere illusioni, non chiedere cioè in qual modo in esse venga precisata la categoria del nome; perché so bene che non vi si trova niente di piú, anzi di solito qualcosa di meno che nelle striminzite grammatiche della mia lontana era scolastica.

Persino il Noam Chomsky che, secondo Bar Hillel, avrebbe trasformato la linguistica in una "rigorosa scienza teoretica, paragonabile con la fisica teoretica o con la genetica" (Walter R. Fuchs, "La cibernetica illustrata," Rizzoli Editore, Milano, 1968, p. 48), persino il Noam Chomsky rimanda all'intuizione, alle strutture profonde, e tace. I vecchi tentativi definitori, andati a male perché incapaci di accordarsi con gli esempi, sono rimasti là.

Eppure io credo di poter ormai sia indicare l'ostacolo incontrato dai grammatici, sia proporre una impostazione ed una soluzione del problema diverse da quelle tradizionali e piú convincenti.

Se poi nella mia critica e costruzione, per caso avessi ragione, beh, ancora una volta dovrei dire: non insegnate ai bambini, ai ragazzi od agli adulti la grammatica in quel modo; non solo perché quelle definizioni sono sbagliate, perché questo sarebbe il male minore, tanto nella pratica del parlare esse non servono, ma soprattutto perché con esse si insegna un cattivo modo di definire, si suggerisce un procedimento, un metodo scorretto.

L'ostacolo ad una definizione del nome sorge, ripetiamo, se questa definizione viene cercata in qualche particolarità delle cose nominate dalle singole parole. Fra l'altro, queste cose nominate si possono considerare fra loro, sia tutte indipendenti, se non si introducono criteri con cui si mettano in rapporto, sia tutte differenti, o tutte eguali, se si introducono criteri di confronto e di raggruppamento. La definizione del nome, infatti, si trova, come mostreremo, nel significato che le parole acquistano in quanto usate per indicare una particolarità che alle cose nominate spetta perché fatte assolvere una determinata funzione nel costituire le caratteristiche strutture correlazionali del pensiero.

A queste strutture del pensiero ho accennato piú volte. Qui ricorderemo soltanto che ogni cosa, come contenuto del pensiero, deve venire designata mediante due indicazioni: l'una che dica quale essa è, fra le tante possibili, e l'altra che dica quale funzione essa assolve nel costituire la correlazione, cioè se di correlato primo o secondo o correlatore. Per esempio "di," "tela," e "sacco" restano sempre quelli in "sacco di tela" e "tela di sacco," ma compongono due diverse unità di pensiero.

Ora, niente impedisce che ogni indicazione, anche doppia, sia fornita in parole senza parentela formale fra loro, parole che, una volta invalsa per esse, consapevolmente o meno, una convenzione, vengano poi trasmesse una per una con quel valore, di padre in figlio, mentre si insegna-impara una lingua. Tuttavia, questa soluzione sarebbe profondamente antieconomica e graverebbe davvero troppo sulla memoria. Non sarebbe piú conveniente cominciare a dividere le parole in due grandi classi: quelle che indicano i correlatori e quelle che indicano i correlati? L'informazione fornita dalla distinzione sarebbe in parte superflua ed in parte no. Infatti, se a fungere da correlatore vanno bene solo certi giochi dell'attenzione, e non mai per esempio il risultato di una osservazione, è invece possibile il contrario, cioè che anche questi giochi dell'attenzione figurino fra i correlati.

In effetti, questa soluzione è stata adottata nel modo piú ampio in molte lingue, al punto da mettere in circolazione due parole per indicare la stessa cosa, usata però una volta come correlatore ed un'altra come correlato. Si pensi in italiano alle parole "e" e "congiunzione," "o" e "disgiunzione," "a" e "coincidenza," "con" e "compagnia," ecc.; tanto che potremmo dire indifferentemente, per esempio "Congiunzione e disgiunzione sono rapporti" o "E e o sono rapporti," ma forzeremmo la designazione se nel secondo caso non isolassimo con la voce o con le virgolette la "e" e la "o" che fungono da correlati, cioè "'E' e 'o' sono rapporti."

Comunque, sia che la distinzione abbia assunto un aspetto anche formale, sia che non l'abbia assunto, è chiaro che noi veniamo a disporre di due classi di cose designate e quindi delle parole che le designano: quelle destinate a fungere da correlatori e quelle destinate a fungere da correlati.

Se il criterio distintivo si fermasse qui, si potrebbe asserire che nomi sono tutte quelle cose che si usano come correlati, qualunque ne sia la provenienza operativa, abbiano quali elementi costitutivi il tempo o lo spazio, la materia o la forma, ecc., qualunque distinzione si possa effettuare fra di essi con i vari criteri, del fisico e psichico e del mentale, dell'animale, vegetale e minerale, dell'osservato e immaginato, del proprio e comune, del concreto e astratto, ecc. ecc.

Ed in effetti, questo è il riconoscimento intuitivo che facciamo dei nomi, cioè anche se non consapevolizzato, quando essi si isolano in un testo; e sia che una lingua abbia scelto per indicare i correlatori ed i correlati parole separate, sia che abbia fuso la loro designazione in una parola unica.

Fra i correlatori piú frequenti figura il semplice mantenimento, da parte dell'attenzione, del primo correlato in presenza del secondo, suggerito quindi dal succedersi stesso delle parole che indicano i correlati. Nelle lingue la sua indicazione sarà dunque saltata? Lasciata implicita?

Certo è una soluzione possibile. Ma potrebbe suscitare una certa confusione, sicché in molte lingue anche per il mantenimento si è aggiunta una indicazione per lo piú nella forma del suffisso alla designazione di uno o di entrambi i correlati, con la possibilità quindi di precisare il posto assegnato a ciascuno.

In italiano, e nelle lingue di famiglia non lontana, ne è risultata per esempio la forma personale del verbo, nella correlazione che fa quindi del primo correlato il soggetto, di cui segue la storia. La parola che designa il soggetto conserva la forma del nome, e la seconda, cosí segnata, non potrà piú figurare al posto del soggetto, se non contraddicendo le convenzioni semantiche invalse, e di conseguenza non viene classificata fra i nomi.

Naturalmente, lo stesso svolgimento, stato o processo, al di fuori di quella funzione correlazionale, e perdendo quindi la forma del verbo personale, potrà figurare come correlato primo o secondo in moltissime altre correlazioni. C'è sí per esempio, "Mario canta," ma anche "cantare rallegra," ecc. Né conta il fatto contingente che nella particolare storia di una lingua sia comparsa la designazione prima nella forma del nome o del verbo. Lo stesso è accaduto quando uno dei due correlati è stato mantenuto per attribuirgli l'altro, nell'ordine sia proclitico che enclitico, quando quello attribuito spesso ha ricevuto il suffisso che lo fa classificare come aggettivo, mentre l'altro rimane con la forma originaria della designazione del correlato in generale, anche se dalla relazione è stato promosso a sostantivo (onde la frequente indentificazione da parte dei grammatici del nome con il sostantivo). E cosí per l'avverbio, per l'articolo, ecc.

Questo quadro andrebbe precisato in molti punti, se lo spazio lo permettesse. Qui tuttavia basti ricordare che la grande distinzione delle parole in non nomi e nomi sembra suggerita in primo luogo dalla necessità di distinguere le parole con cui si designa ciò che si usa come correlatore, cioè congiunzioni, preposizioni, certi suffissi, ecc., e quelle con cui si designa ciò che si usa come correlato, i nomi; sicché i nomi, in tutto od in parte, porteranno sempre le loro cose nominate ad occupare, nelle correlazioni del tabellone, le due caselle affiancate in basso, e non mai quella che le sovrasta *(pp. 31-2).*

9.

L'istruzione programmata

Vorrei iniziare con una constatazione ed una proposta. Della constatazione, che riunisce alcune osservazioni del tutto ovvie, dovrò dire poco.

Per esempio, tutti sanno come l'istruzione sia alla base della diffusione organica e relativamente uniforme delle conoscenze. Si avvale dei docenti e dei libri, che facilmente si integrano. La lettura apre la via alla riflessione ed alla memorizzazione, ed i suoi risultati sono vivificati nel discorso dell'insegnante e con l'insegnante. Cosí questi può adattarsi al discente e controllarne l'apprendimento. Non solo lo informa, ma lo forma, lo educa, chiedendogli di maturare osservazione, pensiero e discorso costruendosi su se stesso mentre risponde.

Tuttavia questa situazione ideale riguarda piú l'eccezionale scambio fra l'insegnante tutto a disposizione e l'unico allievo. In pratica le cose non stanno affatto cosí.

La popolazione studentesca si è accresciuta a dismisura in rapporto al numero degli insegnanti e delle scuole; né si prevede che questo andamento si inverta. Oggi una persona su due è analfabeta, ma potrebbero diventare presto due su tre.

Inoltre, è cresciuto il corpo delle conoscenze ed il ritmo con cui si rinnovano. Difficilmente un insegnante, nonostante la buona volontà ed i corsi di aggiornamento, potrebbe continuare a dominarle; tanto piú che è cresciuto anche il numero delle specializzazioni.

Infine, l'afflusso alla scuola di un numero sempre maggiore di persone in rapporto ad una popolazione, cioè l'istruzione di massa, accomuna alunni sempre piú diversi fra loro per intelligenza, carattere, ambiente culturale familiare; e richiederebbe insegnamenti differenziati.

Alla carenza di insegnanti e scuole specializzati suppliscono almeno in parte le nuove vie di informazione, come la radio, la televisione, il fonografo, il cinematografo, accessibili anche agli analfabeti, ed il grande numero delle pubblicazioni, dal libro e dal periodico al quotidiano, di ogni livello di lettura, di ogni prezzo o addirittura gratuiti nelle biblioteche.

Tuttavia si sa anche che soltanto la persona dotata di una certa spontanea maturità od eccezionalmente ordinata e disciplinata è in grado di assimilare per questa via i primi robusti passi di un'istruzione, cioè la base fornita pressappoco dalle nostre classi elementari. In queste il maestro, soprattutto quando manchi l'aiuto della famiglia, appare fondamentale, e le altre vie rimangono soltanto complementari, integrative.

Non deve quindi stupire se in un'epoca dove regna, almeno nello spirito, l'automazione, in cui si diffondono i calcolatori e ad essi si richiedono prestazioni anche di carattere umanistico, come la traduzione ed il riassunto meccanici, qualcuno abbia cominciato a pensare ad una istruzione in cui potesse mancare il docente uomo, la cosiddetta istruzione programmata. L'autodidattismo, naturalmente, ha vecchie radici; e forse non c'è grand'uomo che non sia stato un autodidatta per la maggior parte del suo sapere. Il ricorso ai dischi per lo studio di una lingua straniera era già diffuso. Parecchi libri di testo contengono da anni, dopo il capitolo espositivo, esercizi, problemi, in cui l'allievo si cimenta, ed alla fine del libro la loro soluzione esatta, di controllo.

Ma ora il programma diventava più ambizioso. È possibile fare apprendere senza l'insegnante uomo, ricorrendo cioè ai soli libri o ad una macchina? È possibile per tutti e per ogni corpo di conoscenze? La sostituzione dell'uomo con una macchina ha già mostrato in molti campi vantaggi e svantaggi. Quali?

Oggi, fra l'altro, su almeno tre punti la didattica fa assegnamento.

1) Ottenere la partecipazione attiva, cioè che vada al di là della semplice memorizzazione di ciò che il discente legge od ascolta. In breve, alle conoscenze trasmesse va data una provenienza che ne metta in luce se non la storia almeno le operazioni che di volta in volta le hanno quale risultato e ne va data almeno una applicazione. In tal modo il discente non solo le potrà vedere in una alternativa, senza doverle ripetere dogmaticamente avvilendo la sua fantasia, perdendo di elasticità mentale, ed il suo senso di responsabilità, ma anche si sarà familiarizzato con i procedimenti della ricerca. Inoltre, teoria e pratica non vanno disgiunte.

Per esempio, noi ci avvaliamo di un sistema numerico decimale; ma potremmo sostituirlo con uno di base due, cinque, sei, ecc., e talvolta lo facciamo. Oppure, adottiamo quale schema, quale termine di confronto nella storia delle nazioni lo stato di pace, sicché ne spieghiamo le guerre; ma potremmo adottare lo stato di guerra e spiegare la pace. E simili.

2) Non operare mai fratture fra il fare ed il sapere quotidiano e quelli della scuola: l'uno deve fluire dall'altro e nell'altro, entrambi uscendone arricchiti. Solo in tal caso le conoscenze non sono piú affidate soltanto alla memoria, ma affondano le radici in ciò che si ripete continuamente.

3) Le conoscenze che si trasmettono non devono mai lasciare l'impressione di trascendere le capacità di comprensione del discente, e tanto meno del docente.

Questa richiesta potrebbe apparire superflua nelle discipline di tipo naturalistico fisico, ed ancor piú se l'insegnamento riguarda un'attività manuale od un processo di trasformazione industriale. Ma essa cade a proposito se le discipline sono di tipo mentale, quando cioè siano in gioco per esempio il linguaggio, grammatica, logica, ecc., o la matematica, nozioni di numero, punto, linea, ecc. Il docente dovrebbe poter descrivere quanto nomina senza dover ricorrere ad espressioni di cui non riesce a ridurre la negatività o la metaforicità, affinché il discente non cerchi, appunto invano, di operare in quel modo, che non gli viene indicato, al fine di ottenere la cosa nominata. In queste condizioni si sa anche quale sia l'animo del docente: poco persuasivo e molto aggressivo, e quello del discente, timoroso e scostato.

Ebbene, l'istruzione programmata risponde a questi punti fondamentali della didattica moderna?

Che soddisfi le esigenze pratiche dell'istruzione non si può dubitare, in quanto non sarà difficile disporre a volontà non solo di libri ma anche di macchine, sempre piú perfezionate ed economiche, studiati, i libri e le macchine, in vista delle varie competenze desiderate e tenendo conto del tipo e grado di intelligenza del discente, magari del suo carattere, del tempo a disposizione, ecc. Certo, mentre l'insegnante si adatta alla scolaresca inviatagli dalla sorte, e forse ad ogni scolaro, quando ne abbia il tempo e la voglia, il libro o la macchina, per non riuscire rigidi, devono contenere l'inventario di tutte le possibili condotte del discente, compresi i suoi errori ed i motivi dei suoi errori. Il compito, è vero, appare molto vasto, ma bisogna ricordare che l'insegnante uomo deve contare soprattutto sulle sue forze personali, mentre il libro e la macchina sono opera collettiva e non muoiono mai. Inoltre, se essi restano eguali e sono moltiplicabili in tanti esemplari, la sperimentazione può avvalersi almeno di un termine fisso nel rapporto fra docente e discente, e può venire prolungata a piacere.

L'istruzione programmata risponderebbe così ai tre punti della didattica moderna, nei limiti in cui questa didattica è consapevole dell'operare costitutivo ed applicativo delle conoscenze che trasmette, nei limiti in cui non lascia fratture fra il fare ed il sapere quotidiano e quello scolastico, e nei limiti in cui non comunica le conoscenze con espressioni irriducibilmente negative o metaforiche. Tuttavia, non solo questi limiti sussistono, e non piccoli, ma l'istruzione programmata ne incontra anche altri.

In un Colloquio sulle tendenze attuali della ricerca nell'insegnamento programmato, organizzato di recente in Francia dalla Nato, qualcuno poteva asserire e dimostrare come l'insegnamento tradizionale, se ripreso in vista di ottenere da esso il programma di una macchina, si riveli "un gioco senza regole."

Del resto, l'istruzione programmata, sin dai suoi primi passi si è impegnata nella ricerca di queste regole, al fine di organizzare in passi minuti la materia dello studio, confidando che in questo modo l'allievo la assimili secondo il suo ritmo personale, e venga controllato passo per passo nel suo apprendimento.

Ci si avvicinerebbe così all'ideale dell'insegnante privato, la cui vigilanza assicura ad ogni conoscenza trasmessa la risposta attiva e vagliata del ragazzo, senza che questi debba mai sentirsi forzato od ansioso, o rallentato, o possa accumulare e consolidare gli eventuali errori.

I sostenitori dell'istruzione programmata ne vantano con calore questi pregi. Tuttavia, non mancano le critiche, le riserve, non certo limitate ad ammettere come l'inventario di tutte le possibili condotte del discente, dei suoi errori e delle loro ragioni, sia impresa abbastanza ardua. Quando non si disponga in nessun modo del docente uomo, non è certo il caso di mettersi a discutere l'istruzione programmata; ma può anche affiorare qui un problema fra i più grossi del nostro futuro, come ogni presa di posizione nel campo dell'educazione, tanto essa è fondamentale per l'individuo e per la società.

Un ordine di riserve all'istruzione programmata mi sembra particolarmente significativo, e ne accennerò anche perché, come si vedrà, si prospetta un rimedio alle carenze denunciate: né del resto vi era mai sfuggita completamente l'istruzione tradizionale.

L'istruzione programmata prevede, ovviamente, un grande numero di utenti, non fosse che per i suoi costi, sicché il livello delle conoscenze trasmesse dovrebbe abbassarsi, prendere un andamento elementare e quindi superficiale. In campi strettamente applicativi, cioè per gli aspetti di una scienza piú scontati, questa elementarità non solleverebbe obbiezioni: per ottenere quei certi risultati si fa cosí e cosí e non occorre saper altro. Tuttavia, non ogni dominio del sapere può prendere questa forma, pena lo snaturarne la portata sia informativa che formativa, per esempio nelle cosiddette scienze dello spirito. Né un sapere strettamente specialistico e funzionale è adatto ad assicurare al discente una base, apertura ed elasticità di cui potrebbe abbisognare in seguito, proprio per riuscire ad assimilare senza troppa fatica un altro sapere quando il primo fosse superato. Si sa ormai bene di quanto una riqualificazione sia agevolata se può prendere le mosse da una preparazione non polverizzata, ma che a tutte le speculazioni dia il sostegno di una piattaforma comune. Né la riqualificazione è cosí ipotetica come un tempo, dato il sempre piú rapido evolversi della scienza e tecnica e loro prodotti.

Sembrerebbe che l'istruzione programmata potesse risolvere la sua difficoltà inserendo nei suoi corsi questa cultura di base, sulla quale appunto innestare le preparazioni specialistiche. Tuttavia essa incontra allora ingigantita una difficoltà dell'istruzione tradizionale. Tutti si sono sempre accorti che le premesse di una scienza naturalistica come la fisica, la chimica, la biologia, ecc., od anche di una scienza psichica, non appartengono allo stesso livello di queste: per esempio, pur della fisica o della chimica, esse non sono illustrabili attraverso qualcosa di osservabile. I cosiddetti fondamenti, metodologie e logiche, ecc., di una materia anche d'osservazione, sono presentabili infatti soltanto in forma linguistica. Ed una differenza si nota anche fra le scienze cosiddette pure, astratte, come la matematica, la linguistica, ecc., e le loro premesse, come si vede con i sistemi assiomatici.

Abbiamo avuto piú volte occasione di mostrare come le espressioni linguistiche che costituiscono queste premesse siano state sempre formulate in termini o tautologici o metaforici o negativi e ne è stata riconosciuta l'origine nella speculazione conoscitivistica (capitolo 2 e passim).

Ecco dunque almeno un paio di difficoltà per chi deve istruire. Bisogna prima scalzare la tesi conoscitivistica. Infatti, anche se essa non è piú assunta ed elaborata professionalmente, invita chiunque, in quanto siamo spontaneamente portati a commettere l'errore del filosofo, come una specie di peccato originale, non fosse che perché le nostre operazioni costitutive degli oggetti, nella percezione, rappresentazione, pensiero, ecc., sono svolte da prima in modo del tutto inconsapevole, e tali possono rimanere durante tutta la vita, sicché i loro risultati sarebbero da noi contemplati passivamente. Giustamente è stato detto, "si fa della filosofia come si respira." Bisogna poi condurre le analisi di queste operazioni mentali, operazioni che la tradizione filosofica ha sostituito con le famose "entità astratte." Senza aver superato le due difficoltà è impossibile fornire al discente la base generale sulla quale innestare le diverse specialità.

Comunicare invece le conoscenze assieme alla loro provenienza operativa sembra la soluzione che piú assicura la partecipazione attiva del discente. Il ricorso alle espressioni linguistiche inadoperabili quali criteri sia di costruzione che di riconoscimento, non solo limita l'apprendimento alla loro memorizzazione, ma infonde nella materia qualcosa di magico, lasciando l'impressione che essa superi le capacità di comprensione del discente (e del docente!); e fra l'altro basterà allora che la forma mentale del discente non sia magica perché la materia susciti una reazione di antipatia. Se nell'istruzione tradizionale l'insegnamento avviene nonostante questa magia, è soltanto perché chi sente nominare certe cose con parole che figurano nel linguaggio corrente e che egli usa in modo corretto (appunto, "tempo," "spazio," "causa," "effetto," "punto," "linea," "e," "o," "di," "per," ecc.) già esegue anche se inconsapevolmente le loro operazioni costitutive, apprese nello scambio del parlare quotidiano. Grazie ad una comune potenzialità operativa non occorre che le parti abbiano consapevolezza di questi scambi. Ma come ritrovarli nelle irrigidite unità di conoscenza in cui l'istruzione programmata deve confinare il suo insegnamento?

In effetti non credo che nell'istruzione programmata esista sinora un capitolo che contempli questa base generale, fra i molti dedicati alle preparazioni specifiche e quindi già innanzi nella via delle conoscenze. Né del resto essa ha mai tentato seriamente le scienze dello spirito. Per intenderci, da tempo si fa un utile ricorso ai dischi, per esempio per le lingue, ma non per una linguistica. Sia i teorici che i pratici dell'istruzione programmata hanno cioè avvertito chiaramente l'ostacolo. L'uomo di cultura non sembra avanzare riserve nell'affidare all'istruzione programmata i campi piú scientifico-tecnici, ma ne diffida per quelli umanistici: ristretti alla formula, al ventaglio delle domande fra cui scegliere quella giusta, la loro conoscenza si diffonde allora portatrice di un esclusivismo dogmatico o di un relativismo acritico.

Tuttavia, se l'istruzione tradizionale non è trasferibile senz'altro nell'istruzione programmata, ed in alcuni settori non permette certo che la materia venga articolata in piccoli passi operativi, io credo che stia prendendo corpo una ricerca che dovrebbe porre rimedio a questa deficienza. Alludo agli studi sulla mente condotti in vista di apprestare un modello cibernetico.

Al contrario di quanto avviene nell'analisi di una cosa già esistente, quando essa, prendendo le mosse dalla sua interezza, comunque si arresti costituisce sempre un accrescimento di sapere, se l'intento è di costruirne una copia, essa non sarà adoperabile finché non l'abbia scomposta in elementi riproducibili e combinabili con la tecnica del momento. I risultati di questa analisi sottilissima sono però senz'altro trasferibili nell'insegnamento piú elementare e generale, in quanto prenda ad oggetto proprio le prime e piú semplici operazioni, a cominciare dalla percezione, rappresentazione, categorizzazione sino a finire nei molteplici contenuti del pensiero e struttura di questo, linguaggio, ecc. Se è l'allievo stupido che fa intelligente l'insegnante, questo insegnante avrà raggiunto il piú alto livello quando sarà riuscito a costruire un modello della mente partendo dal piú stupido degli allievi, cioè una macchina che all'inizio non dispone di alcun operare mentale, nemmeno come potenzialità. I risultati di queste analisi sono già formulati fra l'altro nei termini operativi desiderati dall'istruzione, sia tradizionale che programmata al fine di assicurare, come si è visto, la partecipazione attiva e responsabile del discente.

Per una trattazione particolareggiata delle analisi ope

rative rimandiamo ad altri saggi (*Vol. I, pp. 32-58*), ma vorremmo ricordare ancora una volta che non si tratta di rendere accoglibili nell'istruzione programmata anche le scienze dello spirito, senza che il discente, perdendone il colloquio, la discussione, la passione che le accompagnano nell'insegnamento orale del filosofo, ne perda anche la portata benefica, di allenamento "loico" al pensiero, per ridurle ad esercizio di pura memoria od a sorgente di dogmatismo aggressivo o di relativismo scettico. Si tratta anche di dare una provenienza operativa ad ogni conoscenza trasmessa, in modo che anche la piú elementare goda di una posizione in una nostra catena operativa. Soltanto cosí il discente diventa il soggetto operante e responsabile di ciò che assimila nel campo mentale non meno che in quello manuale. Il possedere insieme i prodotti, i procedimenti, o metodi, per ottenerli, ed il materiale gli assicura un orizzonte di autonomia.

Lo specialista potrà anche dimenticarsi, per i fini pratici ai quali relega le sue conoscenze, di questa loro provenienza mentale, ma essa è là ogniqualvolta debba connettere la sua specialità vecchia con una nuova, costituendone il comune operare, la comune radice. L'enciclopedista troverà in essa le fila per tenere insieme le tante isole del suo sapere.

Qualcuno in Italia ha parlato di una istruzione ideale in cui lo scientismo ed il crocianesimo si troverebbero fusi, in cui strutture superficiali e strutture profonde si giustificherebbero reciprocamente. Anche l'insegnante uomo la potrebbe fornire in modo completo solo orientandola operativamente; ma questo orientamento è ora essenziale all'istruzione programmata se non si vuole che le carenze di quella tradizionale non risultino in essa ingigantite.

Nelle pagine precedenti si era accennato ad un colloquio sul tema dell'insegnamento programmato svoltosi a Nizza nel maggio del 1968. Eccone il resoconto e le prospettive che ne sono emerse.

Si narra dell'allievo di una scuola, diciamo, pionieristica che, avendo ricevuto il tema, "Alessandro, alla vostra età aveva conquistato mezzo mondo. E voi?," ne diede per svolgimento "D'accordo. Ma il suo maestro era un altro." L'aneddoto mi è tornato alla memoria durante i lavori del "Colloquio" organizzato dalla Nato, sulle "Tendenze attuali nell'insegnamento programmato," al quale hanno partecipato 14 nazioni con 150 rappresentanti. Avremo un giorno da un programma di calcolatore, da una fabbrica, il maestro di Alessandro, Aristotele? E cosí veniva da chiedersi come si configurerebbero in questa nuova prospettiva le agitazioni, contestazioni, rivoluzioni, ecc., dei nostri studenti, ricordando che l'insegnamento programmato prevede la scomparsa anche totale dell'insegnante. Un'atmosfera da Karel Čapek.

Perché, se quelli cui assistiamo oggi sono i primi balbettii dell'impresa, non vi è dubbio che prima o poi assisteremo a trasformazioni radicali nel modo di insegnare e di apprendere e presumibilmente negli stessi contenuti di sapere trasmessi, con varietà per ora impensabili. Certi entusiasmi ed ingenuità attuali possono anche far sorridere, ma la situazione mondiale della scuola preme in questa direzione e lo attestano gli ampi fiduciosi investimenti americani come certe tenaci ricerche francesi, inglesi, tedesche.

Non che la via sia facile. Contrariamente al noto proverbio, facile in questi campi è cominciare; difficile continuare. Questa situazione è comune ogni qual volta si cerca di meccanizzare l'una o l'altra delle attività umane cosiddette superiori, e comunque un'attività connessa con il linguaggio. Ne sappiamo ancora troppo poco della mente. Quando si parla e si ascolta parlare, sembra davvero tutto fatto, ma dietro a quel comportamento pubblico la mente svolge un lavoro estremamente ricco; tanto che viene un dubbio, proprio oggi che di quel lavoro si comincia a capirne qualcosa. Varrà forse mai la pena, sul piano pratico, di tentare la costruzione di una macchina che lo ripeta integralmente? Ed in effetti le macchine che sinora sono riuscite utili all'uomo sono state progettate e realizzate isolando, anche della mano, una o poche operazioni, o meglio una o poche prestazioni, ottenendo queste dalla macchina, e magari per una via diversa dalla nostra.

Un programma non dilettantesco di questa riduzione delle funzioni di un insegnante sarà anch'esso certamente possibile, ma per ora noi sappiamo davvero molto poco dei rapporti che si stabiliscono fra l'allievo e l'insegnante, ove si ponga la distinzione fra insegnamento informativo e formativo, di quale sia il valore di un incontro di personalità sia nella scuola che nella vita, e simili.

La pedagogia attuale può rappresentare una prestazione raffinatissima ed in molti campi, ma in quanto si avvalga dell'occasione fortunata, dell'estro brillante. Vale a dire piú della improvvisazione che della riflessione, e quindi proprio delle soluzioni che piú sono lontane da un insegnamento che deve prevedere tutto: la materia e la sua organizzazione, tenendo conto dell'organizzazione mentale di chi apprende e secondo le sue diverse capacità e sino ai suoi diversi modi di ragionare, atteggiamenti ed attitudini, prevedendo infine non solo gli errori ma anche le loro cause nonché le correzioni che assicurino le non ricadute.

Che cosa vuol dire "organizzazione della materia?" Una intera sezione del "Colloquio" è dedicata a portarvi chiarimenti. Intanto, si può parlare di una organizzazione storica della materia, ma ve ne è anche una logica; ma non è detto che né l'una né l'altra siano quelle piú rispondenti ad una organizzazione destinata all'insegnamento di quella materia. Per non dire delle finalità dell'insegnamento, in quanto c'è chi della materia aspira ad una padronanza pratica, eventualmente dopo il corso accelerato, chi ad una padronanza teorica, approfondita, e chi addirittura se ne serve come momento metodologico nei confronti di un'altra materia. Basti pensare ai diversi modi di interessarsi delle lingue, che vanno dalla prassi linguistica, per la quale può essere sufficiente il bombardamento con le espressioni accoppiate della lingua madre e di quella da apprendere, alle linguistiche comparate con relativa storia, e sino a fare del linguaggio la via di accesso al pensiero, la finestra per l'ispezione della mente. Per quel bombardamento, le macchine ci sono già; ma non per le altre finalità di chi ha interessi linguistici.

Fra i problemi piú complessi c'è comunque la trattazione meccanica degli errori, anche dopo aver individuato i punti di errore facile. Si può procedere con il semplice confronto delle risposte con quelle giuste e tabellate. Ma altre volte si tratta di controllare la correttezza dell'espressione linguistica e sinché l'esame verte per esempio sull'ortografia, tutto va bene, ma non altrettanto quando è in gioco la grammatica. Chi si è provato a meccanizzare i processi linguistici, nella comprensione, traduzione, riassunto, descrizione, ecc., ne sa qualcosa ed ormai si è fatto pessimista. Ancor piú intricato è l'intervento per individuare e correggere l'errore concettuale, di ragionamento, di operazione mentale.

Si cerca pertanto di suddividere la materia in passi, in operazioni il piú possibile minute, affinché ci sia poi la possibilità di controllare non solo la fine della catena operativa, ma anche certi passaggi intermedi e sino il singolo passo.

Niente di diverso, naturalmente, da quanto è sempre avvenuto nell'insegnamento. Ma, ripeto, ora questa tattica e strategia vanno composte in un sistema coerente ed esauriente, sicché, qualsiasi debba essere la sorte dell'insegnamento programmato e delle macchine, in ogni caso dovrebbe avvantaggiarsene copiosamente l'insegnamento tradizionale. Sinora è sempre mancato un insegnante, "l'"insegnante, fisso, da adoperare quale termine di confronto e al quale far quindi riferimento per apportarvi miglioramenti e miglioramenti, od anche le variazioni richieste dalla diversa situazione di impiego. Inoltre, al contrario di ciò che si produce artificialmente, ogni uomo deve ricominciare pressappoco da capo a farsi le sue competenze. Questa è la risposta piú difficile da controbattere da parte di chi sostiene la superiorità e l'insostituibilità dell'uomo; e che può infonderci coraggio quando la ricchezza della mente tenderebbe a dissuaderci da intenti tanto ambiziosi.

10.

Note e commenti

*Riuniamo in questo capitolo vari articoli che, pur non sco-
standosi dalle linee di ricerca già esposte, sono legati ad oc-
casioni particolari e costituiscono unità autosufficienti: si tratta
infatti di resoconti di simposi, mostre, pubblicazioni, ecc. Apre
la rassegna il tema dell'estetica e dell'educazione artistica.*

Non è molto chiaro né quando alcune nostre attività
abbiano inizio né come si sviluppino: ed io non esiterei
a mettere fra queste l'espressione figurativa. Molti bambini disegnano e dipingono con trasporto facile e con risultati che per noi adulti sono spesso di interesse non solo
espressivo ma anche estetico. Tuttavia con il passare degli anni questa spontaneità ed originalità si riducono,
matite e pennelli sono messi da parte, e, se si escludono
gli eventuali accorgimenti tecnici appresi a scuola, soltanto in pochissimi si potrebbe riconoscere una evoluzione
in senso estetico.

Perché?

Nel mondo dei suoni la domanda non si pone neppure,
in quanto i bambini, pur nascendo oggi circondati
di musica e crescendo impregnati di motivetti, magari ap-
prendendo a suonare qualche strumento, non mostrano
nessuna creatività in nessun momento. Ma dalla parte
dell'espressione figurativa l'impressione è invece spesso
appunto di un fiorire rientrato.

Parecchi sono così propensi a ritenere che la fantasia
del bambino si ridurrebbe nel processo di socializzazione,
e con essa una sua libertà di linguaggio estetico. In effetti, anche le recenti ricerche cibernetiche sui modelli
della mente mostrano come l'uomo disponga di un gran
numero di alternative nel costituire le sue percezioni e
rappresentazioni, le sue categorizzazioni ed infine i suoi
pensieri; ma le riduca a ben poche e rese comuni già dal-
l'uso delle parole con cui comunica ed alle quali corri-

spondono come cose nominate. In particolare, la scuola soffocherebbe l'originaria libertà di linguaggio estetico.

Ebbene, è una tesi che non mi convince molto. Io ritengo invece che il bambino semplicemente esegua meno operazioni dell'adulto, e cosí per esempio osservi poco (basterà ricordare che nei primi anni, richiesto di copiare un cerchio od un poligono, anche un triangolo, il bambino traccia sempre una stessa figura chiusa tondeggiante). Scarnificati e diversi in rapporto a quelli di un adulto saranno cosí anche i risultati espressivi di una percezione e rappresentazione tanto povere. Ma proprio questa eccezionalità per difetto, mentre scoraggia chi guarda dall'assumere l'atteggiamento descrittivo della cronaca, gli suggerisce l'assunzione, anche se non fosse di per sé ben disposto, di quello estetico, tanto piú che la povertà del tracciato infantile accoglie facilmente la frammentazione ritmica attenzionale caratteristica di questo atteggiamento.

Senonché questa frammentazione ritmica, piú improvvisata da noi all'incontro con le linee e colori sorprendenti perché inaspettati del bambino, che non sollecitata e sostenuta da questi, si esaurisce ben presto, già quando l'incontro è ripetuto. Proprio il contrario di quanto accade alla fruizione dell'opera dell'artista, che parte da una ricchezza percettiva e rappresentativa maggiore della comune per ridurla agli elementi che assicurino la frammentazione ritmica che sta alla base della risposta poetica, lirica, drammatica, tragica, ecc. L'aridità musicale creativa della quasi totalità delle persone di ogni età si spiega sia in quanto in natura c'è ben poco di sonoro da scarnificare e diversificare, sia in quanto suoni ritmicamente scomposti difficilmente permetterebbero al fruitore di comporsi lui una nuova frammentazione ritmica.

Se la situazione è quella descritta, si comprende quale sia il compito dell'insegnante di disegno e pittura qualunque sia l'ordine di scuola. Non è certo possibile né augurabile che il bambino rinunci ad arricchire i suoi processi di osservazione e nemmeno che rinunci a socializzarli; ne andrebbe di mezzo la sua capacità di osservazione scientifica ed anche di comunicazione linguistica. Bisognerà invece che mentre questi vengono promossi, il ragazzo sia fatto consapevole che esistono tanti modi di "saper vedere" quanti sono gli atteggiamenti che possiamo assumere, che quello della scienza è soltanto uno di questi, e soprattutto che gli si faccia notare quali sono le diverse operazioni costitutive di ognuno.

Non si tratta infatti tanto di non distruggere sul nascere una creatività estetica, quanto di aiutarla a nascere ed allora di arricchirla con la ricerca sia in sé che nelle opere dei grandi analizzate in quei termini.

Bisogna pertanto essere grati al Rotary Club di Mantova, ed in particolare al suo presidente, Renato Calvi, per avere allestito in Palazzo del Té una mostra di disegni e pitture di bambini dai 3 ai 15 anni, fatti arrivare da tutto il mondo. Il pretesto che essa offre per discutere queste considerazioni è eccellente, tanto piú che dinanzi a quei lavori si avvicendano migliaia di scolari con i loro insegnanti. Io ne ho profittato una mattinata.

"In questa parete, quale ti piace di piú?". Per i piú piccini ovviamente è soltanto il contenuto che conta, il suo riconoscimento: "È un razzo!," "È la Befana!" Si deve arrivare alla scuola media per trovare un gusto che comincia ad orientarsi esteticamente. Alcune ragazze di un istituto magistrale mi scartano subito "le cartoline illustrate"; poi chiedo di scegliere fra un dipinto non figurativo in acquarello a sfumature rosa e viola ed un disegno a matita, di una tredicenne dell'Alaska, dal cui segno incerto, maldestro, esce una figura di donna con un rastrello impugnato come uno scettro, figura ieratica e misteriosa. Fra le ragazze c'è incertezza, finché quella fra loro "che si dedicherà, forse, alla pittura," si dichiara in favore del disegno.

"Tu saresti capace di dipingere cosí?" Ricevo piú no che sí. I bambini, abituati ai foglietti dei loro quaderni, sono intimiditi dalle dimensioni maggiori delle opere esposte, ma è chiaro che il formato grande li tenta.

Voglio soddisfare una mia curiosità sulla percentuale dei bambini che preferisce matita o pennello ed il foglio bianco oppure il *collage*, che offre il pezzetto di stoffa, di carta, la pietruzza, ecc. Questi "semilavorati" danno coraggio ad alcuni ma infastidiscono gli altri. Peccato non poterne fare lo spunto per un colloquio che aiuterebbe il giovane a conoscere se stesso.

Una riuscita applicazione in campo didattico di alcuni risultati delle analisi operative è costituita dai tre volumi destinati ai corsi di educazione artistica per la scuola media unica "L'immagine," di Pino Parini e di Maurizio Calvesi (La Nuova Italia, Firenze, 1970). (*Già nel primo volume le ricerche del Parini erano state esposte, fornendone anche alcuni esempi, alle pp. 206 e sgg.*)

I motivi di favore per "L'immagine" sono parecchi. In generale, le pubblicazioni per questo ordine di scuole sembrano scritte per assolvere un dovere: un po' di storia dell'arte, un po' di critica persuasiva, un po' di ricettario. Tanto, è un'arte per chi, nella quasi totalità, all'arte non appartiene e non apparterrà mai. Gli anni fantasiosi della terza elementare sono passati, il bambino-ragazzo è ripiegato sul disegno e pittura di cronaca, dal vero o dal finto. Non interessa piú nessuno.

Ora, certo, la sensibilità per l'opera d'arte, per atteggiarsi esteticamente, è in ognuno maggiore o minore, ha ancora alla base, purtroppo, un "nascitur" e non un "fit," e non solo per chi produce, ma anche per chi guarda, fruisce. Tuttavia, l'arte ha come costitutiva una componente mentale che può ben interessare ogni persona intelligente, basta appunto che sia comunicata intelligentemente. Il ragazzo non diventerà per questo un artista, ma porterà nella vita, sua e degli altri, una dimensione mentale artistica, per soddisfazione propria e quale tema ricco di scambi, di agganci, nel dialogo con l'uomo della strada come con ogni specialista di un sapere che nell'operare della mente affonda anch'esso necessariamente le radici.

È merito di Parini aver compreso questo aspetto operativo e mentale dell'opera d'arte; applicando del resto studi che da piú parti convergono per individuare, analizzare e descrivere l'operare mentale, sin dal piú elementare gioco dell'attenzione e della memoria, ben prima quindi che si giunga alla percezione ed alla rappresentazione delle cose. Forte di questa consapevolezza, egli ha elaborato, applicato e verificato quindi nella sua chiave vari procedimenti sia per far comprendere sia per far produrre ai ragazzi l'oggetto di soddisfazione estetica, soprattutto per rompere uno schematismo, una stereotipia di cui tutti soffriamo e che di una sensibilità estetica sono paralizzanti. Le tavole di guida ed il materiale che completano ogni volume sono a questo proposito preziose.

È merito di Calvesi l'aver fatto sua questa apertura didattica e l'averne arricchiti i contenuti nuovi di un elevato supporto storico e critico. Per esempio, egli mostra al ragazzo come i grandi della storia dell'arte abbiano seguito, sia pure di "ispirazione" o di "intuito," i dettami, sí del momento e della loro originalità, ma anche dell'operare estetizzante proposto da Parini.

Se un appunto si può fare è che l'analisi operativa non

è sempre stata spinta sino in fondo. Forse perché si tratta della prima pubblicazione di questo indirizzo portata nelle scuole; forse per le dimensioni forzatamente ridotte dei volumi, vincolati al rispetto di un programma ministeriale; forse perché gli autori lo hanno ritenuto difficile per il ragazzo.

Alludo soprattutto al coraggio mancato di proporre una operazione davvero originale dell'atteggiamento estetico, e quindi dell'opera d'arte, che come tale lo distingua da ogni altro, senza il ricorso alla musicalità, armonia, equilibrio, lirismo, sentimento, emozione, stato d'animo, ecc., che appunto possono essere presenti in quasi tutte le nostre manifestazioni, artistiche e non artistiche. Alludo cioè all'operazione affacciata e subito ritratta dalla frammentazione ritmica ad opera dell'attenzione.

A mia esperienza è invece una delle cose piú facili da far intendere, anzi da far scoprire, al bambino. Basta chiedergli di dirci che cosa faccia di diverso per esempio quando cammina e quando marcia, quando legge una certa frase in un raccontino e quando in una poesia, e simili. Parlerà di tempi, di accenti.

E sarà allora sufficiente chiedergli che cosa faccia di diverso, ad ogni passo successivo, del precedente, cioè nel caso che cammini o che marci. Non tarderà a trovare, lui stesso, che nel primo caso ogni passo lascia il posto all'altro, senza che ne rimanga traccia, mentre nel secondo se lo porta dietro.

Questo diverso operare dell'attenzione e della memoria, al quale si deve se il frammento precedente è trasferito sul successivo, e cosí via, è costitutivo del ritmo; ed è questa infatti anche la parola che un bambino di quarta o quinta elementare pronuncia ben presto, mentre esegue quelle operazioni. Ma "L'immagine" è certo pronta a ricevere in una prossima edizione anche questa consapevolezza.

Un simposio sulle ricerche visuali per mezzo dei calcolatori organizzato a Zagabria nel maggio del 1969 ha riproposto in una nuova chiave la vecchia problematica di arte e scienza.

Assicurarsi l'arte attraverso la scienza è un vecchio desiderio, sia degli artisti che la natura abbia dotato parsimoniosamente, sia dei non pochi con i quali la natura è stata invece generosa, e che si sono preoccupati di apprestarsi e di confessare ricette od anche una vera e propria sistematica estetica. Nell'epoca dell'automazione, dei calcolatori, della programmazione, del nuovo razionalismo, il fascino doveva venire da quella parte; ed infatti è venuto. La cibernetica vi ha aggiunto il suo fascino, soprattutto su coloro che non la professano se non da lontano (ed in effetti un relatore, fra gli ultimi, dinanzi alle inevitabili difficoltà di fisicizzare e matematizzare l'opera dell'artista non si perdeva d'animo, affidando fiducioso la soluzione alla cibernetica).

Né potevano mancare, dato il Paese organizzatore, gli spunti politici, cioè di un'arte che deve iscriversi nella "concreta realtà sociale," nella "società socialista," delle due culture, con quella umanistica restia a farsi scientifica e tecnica per motivi ideologici (*élite* opposta alla massa?) e non già, come invece sembra proprio, per un errore fisicalistico nell'impostare gli studi sull'uomo come soggetto di operazioni mentali e psichiche.

La tendenza, del resto, è quella piú generale della democrazia, od almeno di un certo modo di concepirla. Nell'opera non sia presente solo l'autore oggettivato e quindi bilanciato possibilmente dalla macchina, dalle varie teorie che egli applica, del campo e della forma, psicologiche, dell'informazione, fisico-matematica, dei modelli semiologici, linguistica, ecc., ma anche il fruitore, che partecipa, interviene nell'oggetto, per esempio cinematico, guidandone a suo piacere le possibili configurazioni, o musicale, cantandoselo, ballandoselo, ecc.: partecipazione estetica a guisa della partecipazione operaia o studentesca al potere, alla gestione, contro l'autoritarismo, contro il "ne ultra crepidam" del vecchio pittore greco. Anche lo spettatore deve produrre.

Se si tratta di prendere atto di una tendenza ideologica, quale essa si impone in simposi come questo, la tendenza è innegabile, ed agli occhi della storia, non fosse che una cronaca, essa è storia, storia nostra. Indica insoddisfazione, in ogni caso personale, anche se prende l'aspetto della dichiarazione sociale; e forse indica anche la paura di una presa di posizione dell'individuo, di una sua responsabilità e resistenza che scricchiolano, per lo stringersi dei tempi di affermazione in uno spazio che accavalla i produttori confrontandoli con la rapidissima rete delle informazioni.

Piú incerto rimane il rapporto con le macchine, con i calcolatori elettronici. Essi sono macchine universali, ma appunto per questo da soli non sanno fare niente sinché non si comanda loro quello che devono fare. Sappiamo però quello che si debba fare per ottenere l'opera d'arte? A parte alcune ricette tratte dalle simmetrie, cioè dalla ripetizione variata che garantisce l'osservanza del vecchio principio dell'unità nella varietà, ricette sfruttate da tempo anche in strumenti-giocattoli, come il caleidoscopio o il teleidoscopio, purtroppo si sa ben poco di ciò che solleciti l'atteggiamento estetico e lo concluda con un giudizio positivo. Né ci viene in aiuto, tutt'altro, la possibilità che noi abbiamo di atteggiarci deliberatamente in modo estetico di fronte a qualsiasi cosa, perché essa divene allora sí estetica, ma senza invogliarci a ripetere l'esperienza.

Queste riserve al simposio, del resto, non sono mancate. Un tedesco obbiettava che l'affidarsi al caso, cioè alla produzione a caso, è davvero troppo dispendioso. Quante opere prodotte e quanto lungo spoglio per trovare poi quella buona? Io ho richiamato l'attenzione su alcune operazioni che sono apparse caratteristiche della produzione portatrice di valori estetici, e sulla difficoltà per il momento di meccanizzarle. Non si tratta della magica intuizione, ma per esempio di complessi e poco chiari rapporti dei giochi ritmici attenzionali con il funzionamento degli organi cui vengono applicati e con le varie funzioni della memoria.

Rimane infine difficile nascondersi una discrepanza fra questi appelli, che suonano innegabilmente grandiosi, alla scienza ed alla ideologia (basterebbe riportare quello di un relatore a proposito dell'"uso umano dei calcolatori": ma "umano" di quale uomo?) e le opere presentate, figurative, plastiche, architettoniche, filmistiche, opere che all'occhio estetico, e non solo il mio, questa grandiosità non possiedono e tendono piuttosto a somigliarsi di mostra in mostra, ormai stereotipiche, quasi la scienza rispondesse all'invito dell'arte, pareggiando entropicamente i suoi eletti. Basterà attendere i tempi piú maturi?

Chiamato a migliorare la concezione del prodotto manufatto e la qualità dell'ambiente umano, il designer si trova ad affrontare il problema estetico in un modo particolare. Il congresso ICSID (Londra, settembre 1969) ha riunito designers, architetti, futurologi ed altri studiosi sul tema "Design, società e avvenire."

Perché ci occupiamo tanto di questo avvenire? Che significato ha questo 2000 che è sulle bocche di tutti? Risponde uno dei relatori, Donald A. Schon, "Il suo significato è simbolico. Esprime il desiderio di una trasformazione radicale." Perché si debba trasformare il presente lo enuncia un altro relatore, Hasan Ozbekhan, "Avendo fatta sua la tavola dei valori della tecnica, l'uomo vive ora di entusiasmo e di paura. Uniti essi danno vita ad una tensione sottile, penetrante e molto complessa, le cui conseguenze oltrepassano la frontiera del razionale e confinano con l'assurdo. L'uomo sembra ridotto ad una entità sprovvista di senso, che in sé non trova più uno scopo."

Si direbbe così che quasi per definizione il designer sia un pessimista, uno scontento. Se all'inizio il suo campo si configurava più limitato, a cavallo fra l'arte e l'industria, di un addetto alle sagome, per intenderci, in effetti egli si presenta oggi come il pianificatore per eccellenza ed appunto, come confessa Schon, ciò che lo muove non può essere l'attesa fatalistica di un presente che si continua, bensí la convinzione che la responsabilità dell'uomo attuale verso il futuro è totale, dati i mezzi scientifici e tecnici di cui dispone, e che il mondo può e deve essere reso umanamente abitabile. Se il designer non si sente all'altezza del compito, anche questo è stato detto, "si ridisegni il designer."

Su questo futuro, qualcuno ha idee abbastanza precise. Per esempio M. W. Thring auspica, e costruisce, i robot schiavi, con braccia e mani, gambe e testa, "non troppo intelligente," qualche occhio, ecc., ai quali siano affidate le mansioni spiacevoli, affinché l'uomo, anzi l'intera società si dedichi alle opere creatrici. Lui, appunto, è un inventore. C. Longuet Higgins intende dichiarare guerra alle comunicazioni impersonali, dalle quali "siamo sommersi." Sono una continua intrusione. Basta. Anche se ammette che del passato sia più facile vedere i pregi e del presente i difetti.

Partecipano anche i russi e ad essi il pubblico riserva applausi molto impegnati, soprattutto quando confessano non solo che la scienza rende l'avvenire sempre più interessante e che la nostra è un'epoca di presa di coscienza scientifica, ma anche che sarebbe un errore centralizzare e regolare in modo rigido l'opera degli scienziati. Sia garantita la libertà, l'indipendenza della ricerca. Hanno un Istituto per le ricerche scientifiche sull'estetica tecnica (VNITE). Una discussione verte sulla società dei consumi.

Chi li stabilisce: l'autorità od il consumatore? Li stabilisce il piú saggio.

Secondo A. Kramish è il timore dello sterminio nucleare che ha generato una folla di istituzioni preoccupate dell'avvenire. Siamo in grado di provocare la nostra distruzione; e non abbiamo molta fiducia nelle nostre qualità sociali. Ormai i progetti per l'avvenire devono essere globali. Si sottragga denaro alla guerra e lo si dia alla pace.

La scuola, la ricerca, la pace: sono le parole che ricorrono spesso, anche se meno della parola "uomo," contraddittorio detentore di tutti i valori che non ha e che vorrebbe avere. Un applauso segue la considerazione di un relatore: "È piú facile andare sulla Luna che non risolvere i problemi educativi"; un applauso anche maggiore segue la mia contro-considerazione, che "È piú facile non andare sulla Luna e non risolvere i problemi educativi."

Gillo Dorfles azzarda alcune previsioni sugli aspetti estetici della società futura. L'arte ed il designer avranno maggiori scambi. Del resto, la produzione attuale invecchia presto, proprio nei musei; all'arte pura si preferisce spesso un ambiente reso estetico. La rianimazione dell'arte attraverso l'arte "multipla" (cioè non un solo originale, ma le molte copie) non durerà molto. Si avrà piuttosto un rifiorire dell'artigianato.

Io avviso che non c'è da attendersi troppo da una macchina estetica. Chi ci sta lavorando sa che piú si conosce l'operare dell'artista e piú appare problematico il riprodurlo con una macchina. Chi sinora ha offerto le macchine estetiche ha creato agli altri ed a sé non poche illusioni.

L'uomo e l'ambiente ha costituito il tema di un altro convegno (San Marino, settembre 1969).

Che cosa ne facciamo di quest'uomo? Anzi, che cosa egli ha combinato di se stesso, perché debba essere "rigenerato"? Ma poi, oggi egli com'è? Sono le domande attorno alle quali si sono incontrati e scontrati i sapienti di tutti i tempi. Sembra che la risposta stia lí davanti, tutta pronta, in quanto questo tal uomo siamo proprio noi, e non il suolo lunare o marziano, cosí lontani. Intanto piovono le accuse. I cattivi comandano tormentando i buoni, ove i cattivi talvolta sono i singoli individui e talvolta tutta una classe riunita in nome di qualche altra qualità; oppure in ognuno un ramo proteso oltre misura succhia e comprime gli altri rami, creando il disquilibrio, per esempio l'uomo *faber*, il tecnico, prevarica sull'uomo *sapiens*, *socialis*, *politicus*, ecc., e combina pasticci su pasticci, inquinando l'acqua e l'aria, distruggendo flora e fauna, fabbricando città che sembrano manicomi e manicomi che sembrano carceri. Ci aspetta tutt'al piú un futuro che del presente svilupperà gli aspetti fumettistici, e quindi sadomasochistico, robottistico, perennemente utopistico.

Il rimedio che si riteneva a portata di mano, assicurato dal nome stesso, l'umanesimo — in quanto è un nome che contiene senz'altro quello di uomo, dal quale deriva — non ha dato buoni risultati, se è stato lanciato da tanto tempo e le cose stanno ancora come stanno, ed esso deve venire sostituito con un neo-umanesimo, benché dai piú si aspiri ad idee "umane," città "umane," lavoro "umano," tempo libero "umano," ogni cosa infine "a misura dell'uomo," e non del "neo-uomo," anzi con non pochi rimpianti per il "paleo-uomo."

La situazione naturalmente rimane fluida, ma permette cosí al giudice di sentirsi abbastanza a posto in quanto egli è un uomo e può e deve avere dunque fiducia in se stesso, portatore degli inalienabili valori umani, tanto che oggi qui non deve nemmeno preoccuparsi di cambiare, ma proprio di restare qual è, capace di affidarsi se non alle istituzioni istituite, espressione di dogmatismo, ad istituzioni in divenire, aperte, se non a programmi programmati, esercizio di forza, a programmi auto-programmati, esercizio di libertà. Questo gioco di valori, queste applicazioni di categorie mentali sul comportamento quotidiano del signor Rossi o Bianchi ora, qui, riuscirebbero difficili, risolleverebbero le vecchie irrisolte difficoltà, ma intanto appunto chi ne parla si sente piú tranquillo, né invero dall'intrico di queste provengono le relazioni, in quanto si può anche parlare di cose che non si sono provate a fare.

Ma proprio per questo gli incontri possono prendere la forma di una giostra di bontà, che invita alla tenzone sino all'epiteto acceso verso il collega che non mostri abbastanza sollecitudine per il prossimo, od almeno la nostra sollecitudine.

Questa è l'atmosfera, l'aura in cui si svolgono i convegni, congressi, seminari, ecc., il cui tema è l'uomo ed il suo ambiente, od anche il confrontarsi di due specifiche attività che vengano contrapposte, come la tecnica e l'arte, il commercio e la gratuità, ecc. Soprattutto quando l'accento è spostato sul futuro e sono cosí aperte le porte al pessimismo, all'ottimismo, all'indifferenza del futuro-logo; di solito al pessimismo, próprio di chi non solo si occupa, ma si preoccupa delle cose. L'incontro al quale in particolare alludo è avvenuto nei giorni scorsi a San Marino, organizzato dal Centro internazionale ricerche strutture ambientali (CIRSA), una istituzione da anni protetta dall'onorevole Luigi Preti, equilibrata dal professor Felice Battaglia, centrifugata dall'infaticabile segretario Gerardo Filiberto Dasi.

Dividerei i lavori presentati al Congresso in due gruppi. Le relazioni orientate verso il futuro e tendenzialmente dedicate ad una proposta di modificazione della situazione presente: sia di impostazione generale e molto impegnate, come quelle di G. C. Argan, di Luciano Anceschi, di Leonardo Mosso, di Herbert Ohl, di A. Marcolli, sia ricche di contributi particolari. E le relazioni concentrate sul presente, di un ristretto numero di studiosi che hanno preso in esame che cosa succeda all'uomo, al suo pensiero, a contatto con l'ambiente rappresentato dallo spazio operativo proprio di una professione, mestiere, arte, ecc.: l'infermiere dell'ospedale psichiatrico (V. Andreoli); il pilota che comunica col suo veicolo e attraverso questo con l'ambiente (S. Ceccato); temperatura, illuminazione, rumore, fatica, caratteristiche dell'ambiente in cui si svolgono determinati lavori (G. Cortili); ed infine il ripartirsi delle comunicazioni stesse, fra formali ed informali, specifico di certi lavori, e vantaggi e svantaggi delle prime e delle seconde (C. Scarpellini).

Il tasto del tempo libero non poteva mancare. Esso è stato toccato legandolo piú ad elementi psichici e fisici, che gli sono eventualmente consecutivi, che non agli elementi mentali che gli sono costitutivi. Operata la distinzione di un lavoro-fatica-sofferenza e di un gioco-riposo-piacere, il tempo libero viene accoppiato al gioco. Riuscirebbe piú fecondo a mio avviso inquadrare il tempo libero nello schema mentale della libertà, che è prospettiva di alternative, una delle quali realizzata.

A differenza di molti convegni, quasi tutti, l'interesse dell'incontro di San Marino nasce dal carattere che gli è stato impresso di "lavori in corso." Pretendere di concludere sul presente e sul domani dell'uomo saprebbe davvero di ingenuità o di imbroglio.

I rapporti tra scienza e morale sono stati discussi a Perugia (ottobre 1969) in un convegno che ha visto riuniti laici e religiosi.

L'uomo dispone da tempo di un certo numero di atteggiamenti che in proporzione diversa, a seconda della sua natura e dell'epoca, applica ad eventi di ogni sorta, suoi personali, degli altri, fisici e non fisici, ecc. Per intenderci, sono i vari modi di considerare, i "punti di vista": etico, estetico, scientifico, magico, tecnico, religioso, ludico, lavorativo, filosofico, economico, mistico, ecc.; con l'aggiunta magari della teoria e prassi coerenti o teoria e prassi contraddittorie perché l'uomo è affezionato ad entrambe. Un singolo individuo ed anche un'epoca si possono addirittura caratterizzare per la preferenza, accordata, a parole od a fatti, ad uno od all'altro degli atteggiamenti. Benché nella vita spicciola le cose non cambino molto, si può sentir decantare per esempio una volta la ragione, ed un'altra il sentimento, una il diritto ed un'altra il dovere, dell'individuo o della collettività.

I nostri tempi vengono considerati da parecchi come segnati dalle applicazioni della scienza, dalla tecnologia, le note civiltà della tecnica, rivoluzione dei tecnici, e simili. Assumendo il progresso tecnologico come parametro, come situazione mutata, viene allora da chiedersi che cosa succeda degli altri modi di vita: che ne è e sarà dell'arte, del gioco, del tempo libero, dell'economia, della morale? Per esempio, se il lavoro che sino ad oggi svolgeva l'uomo viene da ora in poi svolto dalle macchine automatizzate, l'uomo che farà? Ozierà con noia, ozierà con gioia, si troverà altri lavori?

Nei giorni scorsi il professor Pietro Prini, presidente degli Incontri internazionali "Il mondo di domani," e l'avvocato Pietro Ferraro, presidente del Gruppo Futuribili Italia, hanno riunito parecchi studiosi in un Convegno a Perugia, per sentirne le opinioni e farli discutere sulla coscienza morale e la trasformazione scientifica del mondo, con una scelta che tuttavia è caduta fra i rappresentanti della filosofia e della religione, piuttosto che fra quelli della psicologia, sociologia, economia, arte, ecc.

Ha preso subito il sopravvento l'atteggiamento filosofico, che nella coscienza morale ha trovato uno dei punti di applicazione classici e che ha scavalcato il contingente dell'oggi e del domani e dello ieri, del quotidiano e, soprattutto, del descrittivo, dell'esplicativo e del preditivo, per portare la voce dell'imperativo, del normativo, "universale e necessario," come dice la nota formula.

Un pratico inglese (Richard Hare), che prenderà le mosse dalla difficoltà a precisare nei particolari gli scopi ed i mezzi già scelti, e le conseguenze intravviste, esemplificando con due problemi del giorno, controllo delle nascite e del traffico, anche se conclude con il consiglio kantiano di "scegliere per sé e per gli altri," viene guardato con sufficienza.

Ma ecco alcune tesi.

Un ieri non scientifico ed un oggi semiscientifico hanno portato ad un certo modo di giudicare, dividendo gli uomini in buoni e cattivi, meritevoli e colpevoli. La Scienza di domani, dicendoci come è l'uomo e quali ne sono le motivazioni, determinerà una generale assoluzione (Ugo Spirito). Le tesi opposte prevalgono. Per esempio, non si capisce perché questa Scienza non giustificherà anche proprio chi continui ad operare la tradizionale divisione e ad adottare l'attuale modo di giudicare; da una situazione descrittiva, a meno che in essa non si nascondano surrettiziamente valori, imperativi, non salta mai fuori una situazione normativa; deciso lo scopo, la scienza e la tecnica indicano i mezzi per raggiungerlo, ma non indicano gli scopi, cioè quel che si deve volere; si dimentica che l'attacco aggressivo richiede, perché le cose si bilancino, una reazione aggressiva, ecc.

Guàrdati dunque dalla Scienza (Jean Brun), che può portare addirittura, e piú di una volta ha portato, ad un terrorismo intellettuale. Scambiando le sue conclusioni descrittive, fra l'altro sempre contingenti, con finalità ideologiche e piani d'azione per raggiungerle, è partita lancia in resta contro l'errore, uccidendo la tolleranza e marciando sui cadaveri. Se fossero questi "uomini senz'anima" a guidare gli "uomini con anima" (Raffaele Franchini)?

Tutto ciò che può offrire la scienza e la tecnica, è di aprire nuove alternative al nostro operare e di mostrarne certe conseguenze, ed eventualmente certe premesse (tesi di quasi tutti i convenuti); e pertanto la Scienza presenta un campo piú vasto di scelte al quale applicare i criteri morali.

Né si deve scordare che piú di una volta la stessa scienza e tecnica riceve richieste prioritarie in nome di questi criteri (per esempio, prima il cancro o le malattie mentali). Infine, sembra proprio che la nostra epoca di grandi progressi scientifici e tecnici sia anche quella della piú profonda crisi dei valori morali.

Un po' di religione non farà dunque male; e c'è chi esplicitamente ne fa il sostegno alla morale. In primo luogo, si comprende, il religioso (Virgilio Fagone), ma anche i laici (Pietro Prini ed Evandro Agazzi), affinché sia dato alla scienza quello che è della scienza ed alla religione quello che è della religione.

Questo fondamento viene poi rinforzato con un richiamo (alla Spirito) all'uomo, che sarebbe Uomo soltanto se si rivolge quelle certe domande ed in quel certo modo, forse anzi se vi risponde in quel certo modo, esprimendo cosí la "realtà effettiva dell'Uomo," l'"autentico," l'"oggettivo" o, combinando un po' di queste parole, l'"oggettiva realtà effettiva nel vero senso autentico."

Se poi ognuno, al posto di quest'Uomo, mette se stesso, per quello che sa e fa, vuole, teme e spera, pazienza. Alla religiosità, se non alla religione, si appella anche il filosofo del Dialogo (Guido Calogero), in quanto qualcosa deve pur guidare la scelta fra il parlare-ascoltare e lo starsene per i fatti propri. Nella nota simpatica foga del discorso ci si aspetta persin di sentirlo tuonare "Ama il Dialogo tuo come te stesso" o "Non avrai altro Dialogo all'infuori di me."

Alcune proposte sono piú modeste. Se non si è tanto sicuri di dove si venga e di dove si vada, non il filosofo, non il politico, e nemmeno il religioso, che il singolo cammini pure piú solo e piú privato (Franco Lombardi), che la giornata sia pure di lavoro pieno, ma lieto perché congeniale (Bertrand de Jouvenel). Nel futuro avremo il livellamento nella massa, cioè mezzi di comunicazione e trasferimento di massa, cultura di massa, diritti e doveri di massa; oppure l'individualismo anarchico, con dissoluzione di ogni norma? Le due soluzioni estreme sono entrambe "inumane" (Raymond Polin).

Chi ha interessi pedagogici è anch'egli abbastanza insoddisfatto della sorte umana attuale, nonostante i grandi progressi scientifici e tecnici. Tuttavia, la psicologia e la sociologia ci aiutano (Giovanni M. Bertini) e vanno messe a servizio della felicità sia sociale che individuale (Fausto M. Bongioanni). La diagnosi mostra un giovane meno disposto a farsi mediare dagli altri, burocrazia o macchine o direttori di coscienze che siano, e vuole partecipare piú direttamente alla vita (Armando Rigobello); mostra un giovane che chiede di disporre piú liberamente dei propri sentimenti (Roberto Mazzetti). Tuttavia la strada non è facile; la spontaneità è per sua natura effimera (Sergio Cotta). Se poi l'amore deve prendere il posto dell'odio, noi avremo una storia senza guerre; ma l'uomo è preparato per questa privazione (Gaston Bouthoul)?

Un "meccanico" (Valerio Tonini) si chiede che cosa significhi la sempre più continua mediazione della macchina, i nuovi tipi di lavoro che il progresso della scienza e della tecnica ci richiedono. Drammatica la situazione di un cervello che fra breve possa scegliere come modificare se stesso. Ma in fondo è un dramma scontato, perché con il pensiero e la parola questo è sempre avvenuto (Vittorio Somenzi).

Anch'io porto al Convegno il mio interrogativo: ieri non si sapeva bene attraverso quali operazioni si costituisse l'atteggiamento morale. Oggi si comincia a saperlo, sarebbe persino possibile immaginare una macchina che ne fosse dotata. Sapendo che sono operazioni, potremo sia eseguirle che non eseguirle. Con quali conseguenze?

Una ragazzina liceale, uscita fresca fresca dal pennello del Perugino, vuole che si sappia che non i problemi del sesso la preoccupano, ma le forze brute che gli uomini potrebbero scatenare agendo (esplosioni nucleari) e non agendo (la fame).

Il Convegno era stranamente affollato di giovani. Essi hanno ascoltato gli uomini di oggi e di ieri; è un peccato che questi abbiano riempito delle loro parole le intere quattro giornate e non abbiano ascoltato questi uomini di oggi e di domani. Sul piano delle speranze e dei timori qualcosa di utile si sarebbe ben potuto scambiare.

Chiude questa miscellanea una breve recensione: "Cibernetica e didattica" di Pietro Boscolo, La Nuova Italia Ed., Firenze 1970.

Avrei non poche esitazioni nell'accettare ciò che secondo l'A. la didattica deve alla cibernetica: una riserva che non riguarda tanto l'autore quanto un indirizzo generale.

Negli ultimi anni le scienze dell'uomo, soprattutto nel cercare di farsi, da normative sempre più descrittive, e da esplicative sempre più preditive, hanno incontrato forti difficoltà. L'uomo è *sapiens* perché possiede una mente, ma non si può certo dire che venticinque secoli di studi filosofici abbiano permesso di capirne molto, e quindi di vederla in azione nei comportamenti che ci interessano, nostri e dei nostri simili.

Le celebri "entità astratte" che la popolerebbero non entrano facilmente in una spirale dinamica. La sociologia, la psicologia, la linguistica, l'estetica, l'etica, la didattica, ecc., che vi si ispirano non riescono ad infrangere certe barriere dell'ovvio, e non vi riescono nemmeno quando abbandonano la mente per buttarsi sul corpo facendosi comportamentistiche, perché allora finiscono con il parlare di altro.

In questa situazione stagnante si cercano le uscite nei domini altrui, che fanno gola, sia perché piú magici, dato il crisma della modernità e spesso dell'algoritmo, sia perché la situazione tradizionale della propria materia può essere lasciata tal quale, negli ampi limiti della loro non pertinenza, e cosí piú facilmente i teoretici accettano il tutto. Ecco pertanto l'aiuto cercato per esempio nella cibernetica, nello strutturalismo, nel gestaltismo, nel formalismo, nelle varie teorie degli insiemi, dei sistemi, dei grafi, dei modelli, dell'informazione, magari attinte nel calderone dell'informatica.

Le mie riserve non toccano naturalmente la competenza di chi riprende ed espone queste discipline, e può cosí fare buon lavoro divulgativo, suggerendo letture, ecc., bensí appunto la pertinenza; e l'impressione distornante e frustrante che il tutto deve lasciare nel povero insegnante che a tanta grazia di Dio chieda metodi e contenuti nuovi per la sua lezioncina di grammatica, di storia e geografia, di matematica, ecc. Illustro la situazione con un esempio.

Si è soliti trovare nei volumi di cibernetica il famoso modello del neurone dovuto a McCulloch e Pitts; il Boscolo vi fa infatti riferimento in vari passaggi del suo volume. In breve, ad un certo grado di stimolazione, il neurone si eccita, se niente lo impedisce.

Lo schema, ovviamente, va bene per qualsiasi cosa. Se esso però ha una sua portata esplicativa e preditiva a proposito del neurone, quando il discorso si allarga alle sinapsi, eccitatorie, inibitorie, ordini di grandezza, ecc., cioè quando fa parte di un sapere specifico dell'anatomo-fisiologo, in cui si precisa e trova la sua validità, che cosa aggiunge alla didattica del buon senso? Quella per esempio che si attende che il ragazzo andando a scuola impari, a meno che non sia svogliato, distratto, ecc., al di là di un certo grado?

La mia critica è forse eccessiva; e nel caso me ne scuso con l'autore, che pazientemente si è fatto precone della letteratura cibernetica. È l'indirizzo, ripeto, che è illudente. Sulla nostra mente e le sue operazioni tanta cibernetica fisicalistica, o al massimo biologistica, dice poco o nulla; mentre nel gioco didattico esse rappresentano il valore piú grande.

11.

Università

I problemi della scuola, e dell'Università in particolare, possono essere esaminati sotto vari punti di vista, della cultura, dell'economia, della psicologia, della sociologia, della politica, ecc. Ma qui ci si occuperà soltanto di alcune convinzioni raggiunte dall'A. a proposito della forma mentis dell'insegnante e dell'allievo in risposta ad alcune variabili mutate, come l'aumento delle conoscenze e delle specializzazioni, dei mezzi di informazione, del numero degli studenti e della loro disomogeneità, insieme con l'indebolirsi di alcune ideologie ed il rafforzarsi di altre. Le pagine che seguono rappresentano una delle voci convocate dal Rotary Club di Milano centro per una "diagnosi dell'Università malata" (Milano, novembre 1969).

Mai come oggi si è chiesto alla scuola di ramificarsi con tanta ricchezza per consegnare alla società persone preparate a svolgere compiti non solo tanto diversi, ma anche tanto mutevoli.

Per soddisfare questa richiesta dovremmo fornire al ragazzo una solidissima preparazione di base, ottenuta rendendo consapevoli al bambino le piú elementari operazioni mentali, quelle che già esegue inconsapevolmente, ed aggiungendovi via via le operazioni che ne sviluppino la mente in generale sino al punto in cui appaia necessario restringere il campo operativo per farne sorgere la specialità desiderata.

Noi siamo però lontani dal disporre di questa disciplina portante. Gli studi sulla mente, condotti in vista di apprestarne i modelli, la fanno intravvedere; ma essa non è presente negli attuali sussidiari, per lo piú compilati raccogliendo proposte e soluzioni di tanti secoli fa, lise dal tempo intercorso, e fra loro senza passaggi. L'unità del sapere si trova solo nell'insegnante unico per tutte, ed anche questa cessa nelle scuole medie ed all'università.

In questa situazione è difficile rendersi conto della funzione complementare e convergente delle diverse discipline nel formare una mente, sia in senso generale che in senso specifico, professionale; anche perché, appunto, per ora questa funzione non è assolta che molto parzialmente, se non ostacolata.

Viene anche a mancare, nella carriera scolastica e dopo, un filo che ne leghi i vari momenti, dando vita ad un sistema di studi in cui tutto si tenga ed in cui pertanto niente rimanga gratuito, inutile, ingombrante, e come tale contestabile.

L'insegnamento a sbalzi, ad isole, si ripercuote, dalla parte degli studenti in una non continuità delle classi, e dalla parte degli insegnanti in una non equiparazione degli stati.

La mancanza di una disciplina portante fondata sulle operazioni mentali e che si sviluppi omogeneamente ed organicamente per aggiunta di operazioni mentali, e tuttavia la necessità di rifarsi pur sempre alla mente, per gli aspetti teorici di ogni disciplina, in un modo destinato quindi a restare magico, provoca tutta una serie di crepe, di fratture nell'insegnamento e nelle parti che lo rappresentano.

Questo insegnamento dovrebbe infatti essere vissuto da entrambe le parti come comunicazione intellettuale, cioè come qualcosa che le menti mettono in comune, né altro significa la partecipazione attiva; come flusso arricchente di vita dentro e fuori dalla scuola, dal gioco al mestiere; come assicurazione che niente di ciò che si scambia superi le possibilità di comprensione di chi apprende e di chi insegna, creando la fiducia di saper essere autodidatti per sempre; come legame della persona scolastica con quella globale. I principi di una didattica, del resto, che se sono moderni nel riconoscimento, rispondono a desideri e convinzioni e buon senso antichi. Soltanto, ripeto, senza poter contare sui risultati di una analisi dell'operare mentale, principi destinati a restare velleitari, e tanto più difficili da soddisfare quanto più elementare, cioè fondamentale, è l'insegnamento. Chi ne ha fatto la prova a tutti i gradini, ne può ben portare testimonianza.

Ma la scala deve apparire rovesciata se l'insegnamento non è fatto di comunione mentale, bensí di scodellamento di informazioni prefabbricate da una parte e di loro mnemonico immagazzinamento dall'altra. Ed ecco allora anche le figure degli insegnanti cosí confinate ai due estremi, tanto che piú di uno ha trovato le loro migliori designazioni nella terminologia orientale delle caste, per esempio del bramino per l'insegnante universitario e del paria per quello elementare.

Una volta che il vincolo fra insegnanti ed allievi ed insegnanti ed insegnanti sia rotto per l'inosservanza di quei principi della didattica, è ben possibile attendersi che la scuola non sia vista come il luogo della reciproca partecipazione, bensí venga rivendicata come il proprio luogo: "L'Università è dei professori!," "L'Università è degli studenti!" E in entrambi i casi, l'insegnamento è bandito.

Ne deve conseguire anche la corsa ai privilegi dell'una contro l'altra parte ed indirettamente contro la società. Per l'insegnante il privilegio di non insegnare, se non come e quando vuole e quello che vuole, anzi di scegliersi, una volta arrivato, i colleghi e le loro materie, infine conservandosi l'autorizzazione a prendere il volo verso ogni altra destinazione, la politica, la consulenza industriale, commerciale, culturale, ecc. Per lo studente, il privilegio di "non essere insegnato," se non appunto alle stesse condizioni, quello che vuole, ecc.

Dove il numero degli insegnanti non permette privilegi, per le centinaia di migliaia di esemplari, come nelle scuole elementari, si assiste alla fuga degli intelletti, salvo le ridottissime eccezioni.

Ma perché tutto questo non è successo prima? È successo anche prima. Soltanto, negli ultimi anni la situazione è trascesa al mutare di alcune condizioni.

Per esempio, abbiamo avuto il maturare di alcuni atteggiamenti teoretici alla fine assorbiti dai giovani come prassi. Ricorderò quello che al bambino dà sempre ragione perché guai alla repressione traumatizzante; e tutto va bene, sinché il padre indulge, meno bene con l'adulto non padre, e tanto meno con i coetanei ai quali egli si rivolta. Ricorderò anche l'atteggiamento che promette a ciascuno una connaturata eguaglianza alla quale dovrebbe corrispondere un eguale ricevimento in ogni campo indipendentemente dai meriti (per esempio, un tutti promossi), e questo proprio quando il numero degli studenti si moltiplicava e se ne moltiplicavano le provenienze, facendo affluire nelle scuole elementi quanto mai eterogenei, sicché ad ogni differenza in difetto, sia propria che di ricevimento, si deve trovare il colpevole, che sarà il sistema, l'organizzazione, la società, un qualche nemico, fuori dal popolo, dalla storia, ecc.

Si è avuto poi lo straordinario accrescersi delle informazioni, per ogni via. Esse sono straripate soprattutto dalle civiltà con argini a civiltà senza argini, portando in queste il fuoco incrociato di diverse marche di slogan; e tutti ne sono usciti un po' scombussolati.

Aggiungerei per tutti anche una maggiore disponibilità di sé, dovuta al maggiore benessere economico. È possibile concedersi di piú.

Quanto all'adulto del privilegio, questi è sempre meno adatto a scendere in campo. Tanto meno se nella corsa ai privilegi, durante gli anni di noviziato, i nuovi arrivati hanno perso di indipendenza e di fierezza, gli anni lunghi di assistentato, di incarico, ecc. Vi è una selezione che avviene verso il piú forte, ma un'altra che avviene verso il piú debole, la seconda destinata a frenare la concorrenza. Sicché non può stupire se in qualche caso si è assistito da parte dell'adulto all'ultimo compromesso, quello con i portatori dell'ultimo slogan.

Ne è risultato un insegnamento che nel dinamico mondo di oggi, magari esasperatamente vivo, di un progresso scientifico, tecnico, commerciale, ed anche culturale, appare rimasto indietro, tanto dalla parte dell'insegnante quanto dalla parte dell'allievo, ed incapace di seguire quel mondo senza sussulti nevrotici. Andrebbe quindi modificato o, come si usa dire, riformato. Tuttavia, non si vede come questo potrebbe avvenire dall'una o dall'altra parte. Un insegnamento che osservi i principi della didattica è contro i loro privilegi. Sarebbe forse stato possibile chiedere ai nobili la riforma della nobiltà allo scoppio della Rivoluzione francese?

In effetti, la reazione è consistita in un irrigidimento che in ogni caso è andato contro l'insegnamento ed a favore soltanto del mantenimento delle posizioni privilegiate: per esempio rimandando le leggi e restringendone la portata, leggi che fra l'altro avrebbero dovuto autorizzare ciò che in parte è stato sempre possibile e talvolta già doveroso, come la promozione della interdisciplinarità, l'introduzione della materia nuova, ecc. Nessuna legge è mai stata varata contro i principi ricordati della didattica, a parte le difficoltà teoriche per assicurarne un pieno dispiegarsi. Il legame può essere stretto fra la legge e certi comportamenti economici, ma almeno per ora non certo fra la legge e lo svolgimento di alcune fra le piú complesse attività della mente e dell'animo.

Di questo irrigidimento fanno parte le procedure per assicurare al mondo accademico anche le iniziative sorte a rappresentare una cultura di voci indipendenti, dai massicci Consigli delle Ricerche alle rubriche radiofoniche e televisive e sino alle fragilissime Associazioni dei futuribili. Come sarebbe altrimenti possibile che nelle stesse mani, magari proprio nella stessa persona, si accentrino le sorgenti dei fondi, l'impiego dei fondi, ed il controllo dei risultati ottenuti con l'impiego dei fondi?

Una diagnosi della situazione universitaria potrebbe continuare affidata alle parti stesse.

Giudicati dai rappresentanti piú ufficiali, cioè dai professori ordinari, salvo rarissime eccezioni, gli affari universitari, dei quali del resto non si parla volentieri, nel complesso vanno bene. Se ci sono lacune, deficienze, queste dipendono dal Governo, con i suoi finanziamenti non troppo generosi, gli edifici non troppo capaci, ecc., come possono dipendere anche dalle scuole secondarie, non abbastanza preparatorie. Si approvi qualche legge limitata a questi punti e le cose andranno meglio. Se l'immagine non fosse irriverente, ricorderei quella dell'oste al quale si chiede se abbia buon vino...

Giudicata sempre dal di dentro, ma dai suoi rappresentanti meno ufficiali, gli incaricati, gli assistenti, gli aiuti, i generici aspiranti, la situazione universitaria appare sotto un duplice profilo. In balia dei professori ordinari, la precarietà del loro stato li rende, come avrebbe detto Goethe, "tapini"; e tuttavia la meta sognata, una specie di "Cittadella," di "Castello" li rende, come avrebbe ancora detto il poeta, "anelanti." La Porta d'Oro separa la loro grande insicurezza, e talvolta gratuità, dalla loro grande sicurezza; e piú la Porta è vicina, e meno il discorso ha accenti critici.

Essi sono insieme, dunque, "tapini ed anelanti." Per esempio, l'incaricato ha già scritto "due originali e fondamentali volumi," ma non li pubblicherà sinché non sia divenuto titolare di cattedra. Un altro ha una dozzina di denti malandati, ma si recherà dal dentista solo il giorno in cui sarà divenuto cattedratico.

Anche per la situazione universitaria giudicata dallo studente bisogna operare una distinzione. La maggioranza degli studenti considera l'università come il lasciapassare per la professione, l'impiego, ecc.; e se non cerca piú in là, l'intelligente, il dotato trova nell'università quello che gli serve, anche perché alle lacune sa supplire in tanti modi, soprattutto oggi che i libri, le riviste, i giornali, ecc., lo inondano di informazioni. Le persone che nella vita hanno concluso qualcosa, del resto, sono sempre state mosse da curiosità che hanno saputo suscitarsi e soddisfarsi in proprio. Almeno in apparenza, il problema dell'insegnamento non va sollevato per questi.

Chi invece ha varcato la soglia universitaria con fatica, la cui preparazione è soltanto quella di una mediocre o pessima scuola secondaria, trova in genere che l'università fornisce lezioni troppo teoriche, astratte, invecchiate, antidemocratiche, inutili, e cosí devono apparirgli, non tanto perché l'insegnamento è disarticolato, ma perché la strada che continua faticosa gli fa apparire lontano ed incerto il mestiere, cioè quel posto nella società, con la donna, l'appartamento, l'automobile.

Infine, una minoranza di studenti, rafforzata da altri elementi, manifesta contro l'università e le scuole in genere, non tanto per il contenuto ed i modi dell'insegnamento, o le figure dei professori, di cui per lo piú sono ben poco informati, ma includendole nelle istituzioni di un ordine che va senz'altro contestato, in nome magari di certi scopi universali, come l'eliminazione della fame nel mondo, i rapporti fra capitale e lavoro, e simili; anche se alla fine la richiesta si precisa in quella dell'esame facile. Dall'esterno giudicano l'università le famiglie, ed i fruitori dei laureati. Le prime rispecchiano abbastanza l'atteggiamento dei figli, provveduti o sprovveduti. I secondi li vorrebbero sfornati pronti per i loro usi, cioè le migliaia di specialità scientifiche, tecniche, umanistiche, di cui abbisogna la produzione attuale; e quindi facilmente trovano inefficiente un'università che lascia a loro carico un apprendistato.

Una proposta?

Non si deve dimenticare che la scuola, universitaria od elementare, non rappresenta che una delle tante facce della vita del Paese, facce interdipendenti. Dare a questa proposta la portata di una recriminazione morale sarebbe pertanto di dubbia efficacia, e di dubbio gusto; né rientra nel mio costume. Se qualcosa di eccezionale affiora nella vita universitaria, la disparità di stato dei docenti, una protezione assoluta ed una protezione nulla, impensabile per esempio in una organizzazione aziendale, non è certo infierendo su questa che si giungerebbe a riformare l'insegnamento, anche perché essa incide ben piú in profondità nelle prime classi che non nelle ultime.

Tuttavia, proprio contando sull'insegnamento, cui mi legano ormai trent'anni di prove e riflessioni e che si è aperto con i bambini delle scuole elementari ed a questi è ritornato, quando i risultati di una ricerca sulle operazioni della mente mi hanno convinto che in esso qualcosa poteva mutare, contando sull'insegnamento oso avanzare una proposta che articolerò in quattro punti.

(1) I primi studi sull'istruzione programmata hanno confermato una vecchia impressione: che l'insegnamento sia un gioco senza regole. Tuttavia queste regole traspaiono quando non si perde di vista l'intento, sempre perseguito, di soddisfare due complementari esigenze:

(a) rendere consapevoli le operazioni mentali che già abbiamo imparato ad eseguire inconsapevolmente;

(b) arricchire questo patrimonio con nuove operazioni, alcune comuni ad ogni progresso mentale, almeno sino ad un certo punto, ed altre proprie delle diverse specialità, dei diversi dispiegamenti dell'intelligenza (non diversamente del resto da quanto avviene per le operazioni manuali).

Ne dovrebbero riuscire assicurate sia la tanto cercata unità del sapere, sia la sua modellabilità per combinazione di operazioni in tutte le ramificazioni suggerite dal desiderio di affermare la propria originalità come di assolvere le prestazioni cosí numerose richieste dalla moderna vita lavorativa. La struttura scomponibile e ricomponibile a piacere, in elementi ordinati su di un unico principio e quindi omogenei, dovrebbe prendere il posto delle attuali distinzioni rigide rimaste da un antico sistema classificatorio, che non aiutano certo l'assestamento dei molti laureati in medicina che non faranno i medici, in ingegneria che non faranno gli ingegneri, in giurisprudenza che non faranno gli avvocati, e cosí via.

Inoltre, chi ha seguito l'operare della propria mente dalle prime sue operazioni se ne saprà servire per ogni futura impresa, cioè per una istruzione, come si usa dire, permanente.

Questo è dunque il primo punto della mia proposta: che gli studi dell'operare mentale figurino al primo posto.

(2) Comunque, sia questo il tipo dell'insegnamento o sia quello tradizionale, è del tutto escluso che per fornirlo, rispettando anche solo in minima parte gli enunciati principi della didattica, si trovino le centinaia di migliaia di docenti per le scuole elementari, le decine di migliaia per le scuole medie e le migliaia per le univer-

sità. Si tratta di una difficoltà che sarebbe insolubile senza gli attuali mezzi di comunicazione, ma che con questi è assurdo non risolvere continuando ad assegnare ad ogni dieci o cento allievi un insegnante, qualunque ne sia il valore, quando alla sua voce ed alla sua faccia corredate dal piú ricco materiale illustrativo potrebbe venire affidato qualsiasi numero di allievi.

Che cosa avverrebbe se si riservasse un gruppetto di ingegneri per ogni cento automobili? Quale secondo punto suggerisco che un intero canale televisivo sia dedicato, ventiquattro ore su ventiquattro, alla scuola, e che un televisore si regali ad ogni famiglia. Che in esso si alternino pure voci e facce ed intelligenze, affinché ognuno trovi quelle che per congenialità piú riescano a suscitargli, se bambino, curiosità, fiducia ed entusiasmo, e se ragazzo, anche riflessione e senso critico.

La scuola, ogni ordine di scuola, conserva la sua insostituibile funzione di luogo di raccolta e di scambio e di comunione fra i giovani e perde quella di luogo di ascolto del "proprio" adulto "personale." Sul posto gli educatori guideranno e promuoveranno questa funzione socializzante della scuola.

Va da sé che in questa prospettiva ogni distinzione fra i bramini ed i paria venga a cadere.

(3) Insegnamento operativo o insegnamento tradizionale, scuola alimentata nel senso piú ampio con i mezzi audiovisivi o scuola tradizionale, io ritengo che quando lo studente affronta i gradini della specializzazione professionale egli trovi la piú efficace spinta e richiamo in corsi-seminari, che gli siano impartiti dalle figure rappresentative operanti nei diversi campi. I corsi-seminari, numerosi e brevi, dovrebbero avvalersi non tanto dei pochi stabili docenti-professionisti, quanto dei molti mobili professionisti-docenti, a tutti gli effetti.

(4) L'ultimo punto della mia proposta riguarda la consapevolizzazione in ogni ordine di scuola di un particolare gruppetto di operazioni mentali, precisamente quelle costitutive dei diversi atteggiamenti, etico, estetico, economico, religioso, scientifico, magico, lavorativo, ludico, politico, mistico, ecc., e dei valori che ne discendono.

In un'epoca come la nostra in cui sempre piú si dubita di una autorità per investitura, da eredità, da proprietà, da divinità, ecc., ed infine anche da competenza, ristretta e limitata agli strumenti, subito sostituiti (soltanto quella carismatica, perché magica, vive), sono convinto che un rispetto per gli altri e per sé sia ottenibile ancora, e forse maggiormente, per la complementarità di noi uomini in quanto portatori almeno potenziali di questa ricchezza.

Si tratta di far uscire l'uomo dal dogmatismo feroce e dalla famosa dimensione unica, tanto facili quando sia assunto un solo atteggiamento, bandendo o asservendogli gli altri, assunzione a sua volta tanto facile quando ne manchi la consapevolezza. Che non suoni mai il "tutto è economico," "tutto è politico," e simili, espressioni di risultati di operazioni ripetute inconsapevolmente e stereotipatamente e scambiati per datità. Già i bambini sono in grado di ricevere questo insegnamento e ne escono equilibrati ed arricchiti, non appena si bilanci l'atteggiamento che al momento tende a prendere il sopravvento sugli altri, impoverendo chi se ne fa il banditore.

Si otterrà che fra gli uomini che si sono fatti mani e piedi da giganti la mente non rimanga quella di un bambino sprovveduto o, peggio, della "pecora matta"?

Mah!, io spero.

12.

Il futuro dell'informazione

L'influenza dei nuovi mezzi e tecniche di informazione non solo si fa sentire sulla scuola, ma ha raggiunto altri settori della nostra attività, trovandoli forse impreparati. Alla diffusione delle informazioni infatti non sembra corrispondere ancora un adeguato sistema di selezione delle informazioni. Al Convegno organizzato a Milano (ottobre 1969) dalla Mostra internazionale grafica, editoriale e cartaria sul "Futuro dell'informazione," l'A. ha cercato di smitizzare il fenomeno pur analizzandolo anche nei suoi aspetti avveniristici.

Si può raccontare la storia degli uomini in nome di un continuo e di una mutevole quantità, e quindi di una evoluzione, come si può raccontarla in nome di un discontinuo e di un certo numero di salti qualitativi, e quindi di rivoluzioni. Il nostro tempo, nei termini non di una lisi ma di una crisi, viene caratterizzato dall'"esplosione dell'informazione," che si vede seguire ed accompagnarsi all'"esplosione dell'energia, o del dominio delle forze fisiche," con la macchina, dopo l'utensile, la macchina mossa dalle forze del carbone, del petrolio, dell'energia elettrica e nucleare, ed infine con l'automa. Che cosa significa "esplosione dell'informazione"? Sino ad oggi il farsi *loquax* sembra essere stata la piú grande conquista dell'uomo. Non si tratta soltanto di dare un'espressione pubblica ad un operare che altrimenti sarebbe rimasto privato, ma proprio di costruire la vita mentale, fissando per la percezione e la rappresentazione, per la categorizzazione, gli atteggiamenti, le strutture del pensiero, quelle certe operazioni comuni a tutti perché trasmesse con la lingua.

Senonché, l'espressione verbale o gestuale moriva subito e non superava che distanze brevi. Con l'introduzione dell'espressione scritta guadagnò in durata e distanza, segnando il passaggio dalla preistoria alla storia. Mancava la possibilità di moltiplicare economicamente gli scritti, e vi provvide la stampa, liberando dalle loro fatiche gli amanuensi. È il passaggio dalla storia antica alla storia moderna. Ed eccoci all'ultima tappa, con la possibilità per la trasmissione di affidare le modificazioni fisiche usate come sostegno dei segni ad onde elettromagnetiche, con la possibilità della registrazione, sia acustica che ottica, di ogni tipo di fenomeni, sia in partenza che in arrivo, e quella ottica, di recente, con presa e trasmissione e ricostruzione tridimensionale, come negli ologrammi.

La carta stampata, naturalmente, non muore ma si difende con i suoi progressi. Nella gara con le onde, il libro ed il giornale cercano di non perdere terreno. Non è facile differenziare per il contenuto i due tipi di informazione, l'orale e la scritta, creando dei monopoli. Piuttosto si fa assegnamento sulla possibilità che lo scritto offre di soffermarsi, e quindi di assimilare ed elaborare le informazioni con la riflessione originale; mentre la parola e l'immagine del teleschermo si susseguono e si sostituiscono con un ritmo loro, incessanti. Non si tratta quindi tanto di affidare alle due diverse vie rispettivamente la notizia ed il commento, il superficiale ed il profondo, quanto di contare sulla complementarità ineliminabile dei due modi di ricevere.

Ed intanto l'automazione accelera la stampa ed alleggerisce i costi; l'aereo i trasporti.

Anche lo spettacolo teatrale deve avvalersi di qualche particolarità per sopravvivere alla concorrenza delle parole e immagini portate dalle onde. Gioca cosí per esempio la carta della partecipazione del pubblico, nella serata accesa di cultura o di mondanità, degli incontri.

Onde o carta, ogni distanza nello spazio e nel tempo viene comunque superata e le nuove tecniche rendono le trasmissioni dei segni sempre, non solo piú veloci, ma anche piú economiche: trasmettere e ricevere dovrebbe davvero essere alla portata di tutti. Già l'uomo invia merci e trasporta sé in modo sempre piú rapido, sicuro ed economico, muovendo alla conquista dello spazio, ma soprattutto invia ciò che rappresenta il lavorio della sua mente, ciò che rende pubblico il suo pensiero, di scienziato, di filosofo, di artista, di industriale, di commerciante, di uomo della strada, di ideologo. Il colloquio fra i cosmonauti sulla Luna ed i compagni sulla Terra è apparso a molti altrettanto straordinario ed emozionante del loro stesso viaggio. Inoltre, ha imparato a moltiplicare quanto trasmette in un numero sempre maggiore di copie, con tempo e denaro in continua diminuzione. Alla stampa si è aggiunta la fotoriproduzione; e sarebbe difficile immaginare una nostra organizzazione che non si servisse di questa disseminazione di documenti.

Certo non è ancora possibile ricostruire con questi mezzi, con queste tecniche, le cose fisiche stesse, quelle dei punti di partenza nei diversi punti di arrivo, ma l'ologramma ed un po' di fantascienza non sono poi cosí lontani dal farcelo intravvedere. In linea di principio non si può escludere che una materia, che in un certo posto serva da stimolo ad un nostro organo, venga trasformata in un'altra, di piú facile mobilità, e che in un punto di arrivo non venga ritrasformata nella prima, avente quindi la capacità di stimolare nello stesso modo i nostri organi. Questo è avvenuto per i suoni e per le immagini ottiche; non è avvenuto per il gusto, l'olfatto, e soprattutto il tatto (benché certi prodotti liofilizzati non siano lontani dall'indicare una certa strada). La telepatia ed ancor piú gli apporti dell'equivoco mondo della parapsicologia e dello spiritismo potrebbero rivelare qualcosa di ben piú serio dei frutti di una stolida credulità. La reversibilità dei processi potrebbe anche essere possibile. In ogni caso credo sia difficile sfuggire alle suggestioni che sprigionano da una letteratura quale è per esempio quella di A. B. Casares in "L'invenzione di Morel," o di Damiano Malabaila, *alias* Primo Levi, con il suo apparecchio Mimete nelle "Storie naturali."

Intanto, può essere interessante riconoscere come gli sviluppi nella trasmissione del poco materiale scelto come specificamente adatto per i simboli, le parole, in particolare quindi le fonazioni e le grafie, non siano disgiunti da quelli della trasmissione di ogni tipo di materiale. E non c'è dubbio che investite in questo modo le vecchie nozioni di territorio e di frontiera stiano subendo una scossa. Anche quelle di edificio e di stanza, di parete, sono indebolite. Si dovrà chiedere una difesa della privatezza? Si ricordi la nudità del famoso "1984" di Orwell. Da un quadro come questo sono nate, è comprensibile, due tesi opposte. Per la prima il mondo è divenuto piú piccolo, "un villaggio"; per la seconda il mondo è divenuto piú grande, senza confini. Le espressioni ovviamente sono metaforiche. Ma non solo per questo sono entrambe possibili: è che esse colgono due aspetti consequenziali entrambi presenti. Il sapere geografico, ed anche storico degli altri, cultura, costumi, flora e fauna, architettura, industria, economia e commercio, toglie il senso dell'avventura, della scoperta, rendendoli vicini, familiari. Ma lo stesso esteso sapere rompe la provincialità, la nazionalità, ecc. Vorrei che si ricordasse questo duplice sentire, in quanto lo ritroveremo varie volte; e mi sembra che esso sia degno di molta attenzione.

Alla trasmissione che potremmo chiamare letterale dell'espressione simbolica si è aggiunta la potenza di elaborazione di queste espressioni da parte dei calcolatori con il loro noto progresso che ne colloca tre o quattro generazioni nel breve giro del quarto di secolo: dalle valvole ai transistori; da questi ai circuiti integrati e stampati; ed infine il calcolatore, piú o meno futuristico, che avrebbe occhi, orecchie e bocca, sicché, oltre a far di conto, leggerà e scriverà e parlerà.

Ho detto "il calcolatore piú o meno futuristico" non tanto perché in linea di principio anche in questo caso tutto ciò che l'uomo fa non sia individuabile, analizzabile e descrivibile in termini di operazioni, e come tale reso riproducibile da parte di macchine, ma perché all'impresa si oppongono alcune considerazioni pratiche. Almeno sinora le macchine che sono riuscite di aiuto all'uomo sono quelle che lo hanno sostituito o coadiuvato in poche semplici operazioni, dalle quali si ottengono prodotti simili a quelli umani ma attraverso procedimenti anche del tutto diversi da quelli seguiti dall'uomo. A questa condizione il loro operato è risultato rapido, sicuro ed economico. Non appena il prodotto richieda le complesse prestazioni di una macchina come il nostro sistema nervoso, con i suoi miliardi di neuroni e connessioni fra questi, è presumibile che la macchina piú economica rimanga l'uomo.

Le illusioni di aver ragione abbastanza presto di situazioni linguistiche ricche come sono presenti nella traduzione meccanica, nel riassunto meccanico, nell'osservazione e descrizione meccaniche, a meno che il campo non sia preventivamente ristretto a pochi elementi, sono ormai cadute. Questo è dipeso non solo dalla profonda ignoranza che avvolge la nostra attività mentale, ma anche dalle difficoltà tecniche di costruzione subito apparse nei tentativi di meccanizzare i primi risultati ottenuti.

Vi sono poi manifestazioni che ognuno intende conservare per sé, che ci interessano in quanto siamo proprio noi ad operare, e che già intralciano la nostra esistenza quando si debbano riconoscere negli altri: certi sentimenti, emozioni, stati d'animo, egoismi, e simili. Perché costruire macchine che vi partecipino? Infine, certe produzioni interessano per la loro unicità, originalità, mentre la macchina trova il suo regno nella ripetizione.

Ciò nonostante, in linea di principio, appunto, nulla esclude la costruzione di un uomo in cui la principale differenza con noi resterebbe la provenienza, la paternità; ed in ogni caso sin d'ora le prestazioni del calcolatore sono davvero molte, ed anche i suoi costi vanno fortemente diminuendo, di costruzione, di manutenzione, ed infine di uso, con la centralizzazione e le unità periferiche, la suddivisione del tempo, e simili. Nasce la scienza dei collegamenti. Tanto per indicare un ordine di grandezza della diffusione dei calcolatori, negli USA nel 1954 se ne contavano 50, oggi 50.000.

Si comprende quale vantaggio il calcolatore, e già il piú modesto centro meccanografico, possano offrire nell'immagazzinare le informazioni, ordinarle ed infine nel rispondere alle richieste di chi abbisogna del documento, della notizia. Anche se il lavoro di preparazione di questo materiale richiede ancora un paziente ed intelligente intervento umano, la cosiddetta biblioteca elettronica già funziona in alcune sedi privilegiate, come il Pentagono. In breve, i documenti, articoli, volumi, ecc., vengono classificati secondo sistemi che si avvalgono sia di quello decimale, sia di parole chiave, preferibilmente poste dall'autore stesso come indicatrici del contenuto dello scritto, ed ordinate poi per maggiore o minore generalità, sicché chi ne abbisogna può richiamare quanto lo interessa attraverso quelle parole. Non si tratta soltanto di dominare il complesso dei 6-700 mila volumi che si pubblicano ogni anno nel mondo e delle piú di 100 mila riviste di cultura, ma per esempio della ricerca dei precedenti giurisprudenziali, sempre piú indispensabile nel groviglio di leggi, decreti, sentenze, ecc., di premessa all'opera del giudice, dell'avvocato, del notaio. La macchina può rispondere in modo esauriente in tempi estremamente brevi e con costi minimi. Tutto ciò si sta facendo e si farà. In questa direzione le difficoltà stanno piú dalla parte degli uomini che non da quella delle macchine. Per esempio il dirigente potrà contare su particolareggiate informazioni di una situazione bellica, industriale, commerciale, ecc. Molto lavoro sarà saltato in blocco, perché, introdotti quei certi dati e fissato il programma della loro elaborazione, è la macchina che ne presenta i risultati. Oggi il torrente delle informazioni che viene riversato in modo abbastanza selettivo e che minaccia talvolta di sommergere l'interessato non è ancora ben regolato; ma pure il problema dei filtri sarà risolto.

Anche la possibilità di seguire un uomo durante tutta la sua vita, per ricordarne ed ordinarne la vita scolastica, in vista di un orientamento professionale, ecc., è legata all'esistenza di questi trattamenti dell'informazione.

Da questo quadro esce tuttavia egualmente la duplice tesi. La tesi di un uomo che atrofizza le capacità che aveva e che ha delegato, che si abitua a trovare già pronto ciò che si apprestava compiaciuto, e cosí si impigrisce, si estrania, dell'uomo che colloquiando con la macchina in ogni caso deve imporsi una disciplina, un rigore ed una stereotipia che lo imbrigliano e ne riducono la spontaneità, l'improvvisazione, la creatività, la gioia della difficoltà incontrata e risolta, la fiducia in se stesso, la tesi dell'uomo che in molti casi, potendo far mediare dalla macchina i suoi contatti con gli altri, perde il senso della solidarietà, la soddisfazione degli incontri, ecc., ecc. E la tesi contraria, dell'uomo liberato dalla soffocante raccolta di dati, dal lavoro ripetitivo, dell'uomo che può riempire il suo crescente tempo libero delle piacevoli conoscenze portate sull'onda dell'informazione, radio, televisione, filodiffusione. E la calma della decisione presa eliminando il rischio dell'incertezza? La comunione di una cultura che si espande eguale per tutti e, appunto, ci accomuna? Liberati dal lavoro ripetitivo, eccoci pronti per la spontaneità, l'improvvisazione, la creazione.

Fra i nuovi mezzi e tecniche dell'informazione deve comparire il capitolo dell'istruzione programmata.

Anche in questo caso siamo soltanto agli inizi di una strada; ma certi balbettii ed improvvisazioni non debbono far paura: le regole alla fine si troveranno, e cosí, almeno per certe sue funzioni, l'insegnamento verrà impartito da macchine.

Eccoci cosí un'altra volta alle due tesi. Sarà finalmente vinta la guerra contro l'ignoranza e, chissà, magari anche ogni forma di contestazione, di scontentezza. Un insegnante muore ed uno nuovo deve ricominciare da capo. La macchina non muore mai, raccoglie esperienze di migliaia di persone, le sue espressioni rigide possono venire vagliate e corrette, ecc., ecc. Quale disastro! Sarà la fabbrica dell'egoismo, del non dare perché non si è ricevuto; sarà la disumanizzazione del piú intimo dei rapporti umani, perché riversa nel giovane la curiosità, l'entusiasmo, l'ansia del dubbio, la ricerca del dissenso per la gioia del consenso, e cosí via. La liberazione dell'insegnante ai compiti formativi è del tutto illusoria, minaccia di assumere i toni della retorica.

Non vorrei trattenermi piú a lungo su questi aspetti dell'informazione. Bisogna dare per scontata la possibilità tecnica di comunicare di tutto e con tutto, di interpenetrare tutto con tutto, di uscire da un territorio, di superare ogni frontiera, nei limiti soltanto in cui un'altra tecnica non elevi barriere. Ancora una volta si alzano le voci, da un lato di plauso per l'equilibrio, la sanità di questa interpenetrazione, e dall'altro di paura, di condanna per la contaminazione, l'infezione, prodotte dagli incroci, imbastardimenti, comunque da questi interventi palesi o nascosti, cercati o subiti, armati con la tecnica della persuasione, in gara commerciale o politica. Immunizzatevi. Mobilitate le ideologie.

Di fronte alle possibilità offerte dai nuovi mezzi e dalle nuove tecniche della diffusione dell'informazione, al modo in cui essa ci giunge, alla sua quantità e qualità, forse è il momento di raccoglierci per un bilancio che ci guidi non solo ad attenderci un certo futuro, ma anche, come dicono i designers, a progettarlo ed a promuoverlo.

Come era l'uomo prima di questa pioggia, di questo uragano di informazioni? per intenderci prima che si appendesse al collo la radiolina? Come è ora? Se è cambiato, come e dove è cambiato? Come orienteremo la parte emittente e la parte ricevente delle informazioni, verso quale uomo futuro, verso quale società futura? Come ben si sa, i progressi della scienza e della tecnica possono soltanto aprire alternative, offrire possibilità prima sconosciute, ma non giudicarle, se non perché ne mostrano premesse e conseguenze piú lontane.

Quale prima mossa io cercherei però di dimensionare il fenomeno, di smitizzarlo. Ben prima della cibernetica, si sapeva che l'uomo, entro certi limiti, conserva un suo equilibrio rispetto ai mutamenti ambientali; e direi che proprio le valutazioni antitetiche con cui si accoglie ed accompagna l'accresciuto diffondersi dell'informazione, lo attestano a suo proposito. Il poco viene adoperato molto ed il molto viene adoperato poco. Cosí come la mente opera attualmente, con un arresto di sviluppo che solo raramente supera i 20 anni (un intelligente amico fisico italiano sostiene che dopo i 25 anni è piú facile scrivere un libro che non leggerlo; una personalità dell'Unesco racconta di aver incontrato tanti uomini di cultura, gli uni che scrivevano libri e gli altri che li leggevano, ma mai i due riuniti nella stessa persona), la saturazione arriva abbastanza presto. I tanti libri e riviste che piovono sul tavolo portano alla cosiddetta lettura in diagonale; ma si sa bene che cosa ne resta. Chi tiene accesa la radio o la televisione l'intera giornata riduce le trasmissioni ad una specie di rumore di fondo delle proprie attività e non solo manuali.

Si è propensi a considerare massificanti i mass media; ma le persone dotate di un pensiero o di un gusto originale, capaci di coltivarseli e di difenderseli, sono state altrettanto poche in tutte le epoche. La trasmissione rapida ed economica indubbiamente facilita la povertà dei prodotti delle mani e dell'intelletto, dalla vita breve, che un tempo non avrebbero mai raggiunto un mercato.

Cosí si tende ad illudersi che la facilità delle comunicazioni allarghi molto la cerchia delle persone con cui si scambiano apporti culturali od affettivi; mentre si tratta sempre di un centinaio di unità.

Sono le nostre strutture mentali, ripeto, che cosí come sono accolgono quel tanto e non altro, non importa quanto si invii, e lo accolgono in quel modo, e non in un altro, comunque lo si invii. A mio avviso il richiamo kantiano è ancora valido. C'è da sospettare che l'intrecciarsi di onde modifichi piú il mondo fisico cosí agitato che non l'uomo già *loquax*, almeno nel senso in cui l'avventura lunare è destinata a modificare piú la Luna che non la nostra vita quotidiana e gli atteggiamenti di cui la costituiamo. Anche l'atteso incontro con "esseri piú intelligenti" nasconde forse un inganno: perché si possa comunicare essi dovrebbero avere la nostra intelligenza; altrimenti il salto qualitativo li estranierebbe. Ora, non so quanto rientri nel tema che mi è stato assegnato, ma certamente tocca il futuro dell'informazione un deciso avanzamento di consapevolezza a proposito della matrice che fabbrica i contenuti dell'informazione e che nel linguaggio si appresta il mezzo principe per diffonderli: la mente.

Il lavorio della mente viene certamente socializzato all'atto dell'apprendimento di una lingua, ma non certo al punto da sopprimere alcune differenze individuali che rimangono quindi operanti nei processi di comunicazione e ne intaccano l'intento che, come dice la parola, è di mettere in comune, di spartire.

(Per uno schema illustrativo del processo di comunicazione linguistica si veda a p. 15.)

La teoria dell'informazione si è occupata del mantenimento in arrivo delle differenze fisiche usate in partenza nel materiale adoperato per le parole, i simboli, in quanto nel percorso esse possono andare in parte perdute; ma a garantire l'applicazione dello schema, cioè che S sia eguale a S', un altro capitolo della scienza deve venire dedicato all'operare mentale che dalle due parti costituisce le cose nominate, i simbolizzati, appunto S e S', ed alle connessioni fra i due dinamismi che compongono il linguaggio, un capitolo cioè della semantica in chiave operativa.

Da questi studi appare per esempio come proprio l'univocità dell'espressione, se in certi settori accomuna i parlanti, cioè li fa parlare nello stesso modo, rendendo il discorso intersoggettivo od addirittura oggettivo, tanto poco vi figura con la sua individualità il soggetto parlante, in altri li tiene distinti e persino li oppone, escludendo il successo della comunicazione, dell'intendimento. Si tratta del settore degli atteggiamenti e dei valori che ne discendono. Gli atteggiamenti, come si è visto, sono costituiti da quadri operativi che riflettono in maggiore o minore grado la personalità del parlante e che si applicano a contenuti mentali di qualsiasi origine, percettiva, categoriale, ecc., per cui, anche se questi contenuti fossero eguali per tutti, la situazione finale apparirà differente. Questo vale soprattutto per l'atteggiamento etico, politico, genericamente ideologico, per l'atteggiamento estetico, ecc. Si pensi che una cosa acquista valore in quanto sia considerata quale termine di un rapporto che essa soddisfi o meno, ma sia il rapporto che l'altro termine possono essere differenti ed il discorso non ha il dovere di indicarli esplicitamente. Gli atteggiamenti si trovano a mezza strada fra la cosiddetta descrizione scientifica, in cui i primi dati sono per lo piú ricavati dal funzionamento di strumenti e la loro elaborazione avviene secondo schemi fissi e dichiarati, e la produzione artistica, in cui il dato primo, oltre alla sua elaborazione, si trova nell'artista stesso. Ma proprio per questo, e perché della provenienza operativa particolare degli atteggiamenti e dei valori la consapevolezza è rimasta sempre scarsa, il discorso che li esprime ci è forse il piú caro, quello che maggiormente cerchiamo di comunicare, di diffondere, non fosse che come affermazione di sé.

Ora, la caduta delle barriere alla diffusione dell'informazione è destinata a portare a reciproca conoscenza atteggiamenti e valori che contrastano, perché affermati e sviluppati in condizioni di storia diverse, e per il raggiungimento di mete diverse. Anche in ambiti culturali ristretti essi possono raggiungere ciascuno con disparità, per cui si annullino fra loro od in cui l'uno prevalga ossessivo, nella propaganda, nella pubblicità, ecc.

La scuola finirà con l'introdurre uno studio, una disciplina che abbia per oggetto gli atteggiamenti, la loro provenienza operativa, in modo da armare ciascuno di filtri critici e soprattutto di chiavi di conversione dei valori affinché sotto la differenza possa ritrovarsi l'eguaglianza che di ognuno fa appunto "un nostro simile."

Dati i nuovi mezzi e tecniche di diffusione dell'informazione sono convinto che i prossimi anni vedranno un aggressivo sviluppo della semantica, o piú genericamente della linguistica operativa, sia a servizio della maggiore diffusione, sia a bilanciarne la pressione.

E non c'è dubbio che da una applicazione dei suoi risultati si intravveda ormai la possibilità di soddisfare quello che è stato uno dei piú vecchi sogni dei parlanti, un linguaggio universale, anche se all'inizio dovesse conservare un carattere ausiliario.

(Le pagine dedicate al linguaggio universale sono state riprese dalla rivista "Pensiero e linguaggio in operazioni," I, 1, pp. 3-19, 1969.)

Da quando si sono incontrati popoli di lingua diversa, il desiderio di una lingua comune dev'essere stato avvertito immediatamente e cosí il suo progetto dev'essere apparso fra i piú ragionevoli.

In primo luogo vengono naturalmente le difficoltà della comunicazione, dell'intendersi. Ma non si tratta soltanto di alleviare questo ostacolo. La diversità della lingua spesso basta infatti a far sentire diversi ed ostili i rispettivi gruppi, anche quando essi si mescolino in uno stesso territorio e non sussistano divari economici, culturali, ecc. Si aggiunga il costo in tempo, denaro, ritardi in ogni tipo di scambi.

Nessun progetto potrebbe quindi apparire piú giustificato, e a maggior ragione oggi, in un mondo sempre piú rapidamente solcato da uomini e voci, con popoli i cui interessi sono sempre piú interdipendenti.

Il progetto appare tanto piú plausibile in quanto una lingua si traduce pur sempre in un'altra, una comunicazione è pur sempre assicurata, sicché si deve concludere che nella comunità umana le diverse lingue designano qualcosa che è davvero comune a tutti gli uomini.

Tuttavia, una lingua universale è stata progettata piú di una volta senza successo, con proposte cadute nell'indifferenza, sicché essa è finita fra i sogni, le utopie, gli intenti di quel buon volere da relegarsi fra le ingenuità della pace perpetua, proprio piú di una mitica età dell'oro che non di una storia fatta di egoismi, di esclusivismi, di missioni interessate. Un sorriso accompagna già la domanda: "Tu studi l'esperanto?" Perché l'esperanto ha sí i suoi seguaci in tutto il mondo; ma chi viaggia e traffica e abbisogna di una cultura, sa bene che deve armarsi dell'inglese, in occidente, del russo, in oriente, e cosí via, cioè delle lingue dei forti. Anzi, a proposito di missioni interessate, va da sé che siano in molti a propugnare l'estensione universale di una di queste lingue. Ma anche questa soluzione è apparsa abbastanza velleitaria. Persino una lingua già internazionalizzata, come il latino ai tempi dell'Impero o della Chiesa, si ruppe. La lingua di importazione o si impasta con quelle locali dando vita a tante lingue diverse, o rimane il corpo estraneo, l'intruso che ricorda l'occupazione, il sudditaggio.

Nonostante questa situazione scoraggiante, io sono convinto che le condizioni di chi si prospetta oggi una lingua universale non siano piú quelle di duecento e nemmeno di venti anni fa. Queste condizioni sono cambiate grazie alla nuova linguistica operativa. Inoltre, altri motivi si sono aggiunti ad accrescere il bisogno di una lingua artificiale.

Ricordiamo i vari progetti per affidare alle macchine — in particolare ai calcolatori elettronici — le operazioni linguistiche, per esempio, la traduzione, il riassunto, la classificazione, ed infine la descrizione.

Tuttavia, dopo i primi successi si è visto che finché si rimane con le lingue naturali il compito è estremamente difficile, soprattutto per la parte che riguarda la comprensione delle espressioni, comprensione che fa da premessa ad ogni loro elaborazione. Anche la dettatura alla macchina delle espressioni di una lingua naturale è apparsa di non facile soluzione, in quanto il parlante fonde le parole, e la loro separazione da parte di chi ascolta riposa egualmente sulla comprensione delle espressioni, comprensione che le attuali macchine non effettuano.

Una lingua artificiale, concepita proprio in vista di superare le difficoltà opposte dalle lingue naturali, già per questi vantaggi potrebbe aspirare prima o poi ad un riconoscimento universale.

Le analisi operative della vita mentale permettono di tracciare di questa un quadro in cui tutti i possibili costrutti si trovino disposti secondo un ordine di complessità crescente in obbedienza a precisi moduli di progressione. Le serie vengono aperte dai singoli stati di attenzione e dai frammenti minimi che l'attenzione abbia ottenuto applicata al funzionamento di altri organi. Una volta raggiunto il pensiero, come si è visto, la costruzione continua passando dalle singole correlazioni alle reti correlazionali. In breve, qualsiasi pensiero-discorso è scomponibile sino a quegli elementi primi e ricomponibile partendo da essi.

"Una scienza non è che una lingua ben fatta," scriveva Condillac; e indubbiamente in questo modo non solo tutto il saputo, ma anche tutto lo scibile si troverebbe ordinato in un unico sistema, la situazione di privilegio di cui oggi godono solo pochi settori, per esempio quello delle serie numeriche o quelli, cui si è accennato, della chimica, della musica, ecc. Non già, naturalmente, che il sistema contenga una volta per tutte ed esaurito questo scibile-saputo, bensí, poiché le serie sono aperte nella direzione della complessità, qualunque prodotto futuro è riconducibile ai suoi elementi di partenza, come una collezione numerica, per quanto grande, è riconducibile all'unità. Né, intanto, alcun patrimonio di cose nominate esistenti potrebbe restargli estraneo.

I vantaggi di questa preparazione nozionale e classificatoria nel dar vita alla lingua ausiliaria universale sono evidenti. Ci limiteremo ad indicarne tre.

(1) L'ordinamento in sviluppi seriali di ogni possibile cosa nominata suggerisce queste cose senza doverne aspettare la scoperta o l'invenzione casuale; come del resto è avvenuto con la Tabella di Mendeleev a proposito degli elementi chimici. Sinora, dato il velo di mistero che avvolgeva la vita della mente, la produzione di buona parte dei costrutti mentali è avvenuta per via spontanea. Il dominio dei moduli di composizione dovrebbe avere la stessa forza innovatrice e di espansione che ha mostrato la genetica nei confronti della biologia.

(2) Nella direzione della complessità questo ordinamento seriale dovrebbe permettere di comporre singoli contenuti di pensiero piú ricchi di quelli che attualmente siamo in grado di concepire come unità isolate. Questa possibilità ed i suoi limiti credo vengano bene illustrati da un riferimento alle serie numeriche. Con il loro sostegno noi riusciamo a comprendere, a dare un significato (attraverso una localizzazione di ordine?) a qualsiasi numero, per quanto sia grande la collezione che vi corrisponde, cioè al di là di quel 6-7-8 in cui le unità contate sono avvertibili distintamente. Oggi, ad un certo grado di complessità, la mente preferisce presentare la situazione in una articolazione di pensiero, cioè attraverso una o piú correlazioni.

(3) Coniare ed assegnare i nomi agli elementi di una serie dovrebbe permettere una terminologia in cui almeno qualche rapporto con ciò che segue o precede o si affianca fosse immediatamente presente, come appunto è avvenuto nella matematica e nella chimica o, piú grossolanamente, in certe nostre parole composte.

Già da questi cenni si comprende quale potente strumento per lo sviluppo mentale, per le nostre capacità di sintesi e di analisi, di invenzione e di scoperta, ecc., potrebbe risultare una lingua basata su un ordinamento seriale delle cose da nominare. Si ricordi che il bambino è sollecitato a pensare ed a formare i suoi schemi di pensiero a seconda della lingua che apprende, anche se è chiamato ad apportarvi poi il suo personale contributo.

Una lingua universale cosí rinnovata rispetto alle lingue esistenti risponde ad un progetto di massima e segna un traguardo presumibilmente lontano, anche se proprio per questo gli studi al proposito vanno promossi al piú presto.

Nel frattempo una revisione delle soluzioni linguistiche che si sono affermate spontaneamente già suggerisce innovazioni interessanti in vista di una lingua che deve guadagnare in univocità e prestarsi ad una trattazione meccanica.

In particolare due considerazioni permettono di rendersi conto della variabilità della distribuzione dei correlati in rapporto ai correlatori, di questi in rapporto a quelli, della composizione stessa degli uni e degli altri. Si può osservare la varietà stessa che regna al proposito nelle diverse lingue: e tener presente come essi risultino da un operare che, sia pure guidato da interessi pratici e da una condizione biologica, che sono abbastanza generali, conserva in ogni caso non poche alternative.

Per la variabilità della distribuzione si noti come già in una stessa lingua alcune cose si possano indicare sia mediante un solo contenuto del pensiero, sia mediante una o piú correlazioni, per esempio un "nocciolina americana" ed un "arachide," un "noce del piede" ed un "malleolo," un "passare l'inverno" ed uno "svernare."

Si tratta di unità attenzionali piú o meno ricche, sicché al posto dell'unica piú ricca se ne possono appunto trovare piú di una nel rapporto o rapporti che ricostituiscono la situazione, anche se nei due casi le cose nominate, ovviamente non sono mai perfettamente identiche. Si pensi a "battere con il martello" e a "martellare," il primo che pone l'accento piú sul movimento impresso al martello, ed il secondo sull'impatto del martello con l'oggetto percosso, una differenza che si aggiunge a quella della presentazione unitaria, del singolo contenuto di pensiero, od articolata, della correlazione.

Quale potrebbe essere un *optimum* di questa distribuzione? Valutato con quali criteri?

Il capitolo piú interessante a questo riguardo potrebbe risultare da una revisione dei correlatori, cioè, come si è visto, dei giochi attenzionali con i quali mettiamo in rapporto le cose che cosí vengono separate ed unite, separate a livello dei singoli contenuti del pensiero ed unite a livello strutturale del pensiero. L'esame di diverse lingue mostra come alcuni di essi siano davvero comuni a tutte, mentre altri compaiono e non compaiono, sono magari abbastanza recenti e possono anche scomparire nella storia di una lingua o nelle filiazioni.

Il sommare elementi, per esempio, si direbbe comune a tutti gli uomini; ma sembra che nel rapporto sommativo i termini non figurino sempre in modo paritetico, bensí che a volte l'uno riceva la categorizzazione dell'oggetto e l'altro quella piú semplice ed aperta della cosa, nei due possibili ordini combinatori, cioè di oggetto+cosa o di cosa+oggetto. Il primo caso ci darebbe per esempio "tavolo robusto," ed il secondo "robusto tavolo," con una caratterizzazione quindi che segue o precede il caratterizzato.

Ecco però già alcune alternative che una lingua potrebbe non adottare tutte; per esempio l'inglese ed il tedesco farebbero un uso piú limitato di quella dell'oggetto+cosa.

Altrettanto comune in tutte le lingue appare il far seguire ed il far precedere ad un oggetto una storia, che viene rappresentata da uno svolgimento, stato o processo.

Fra le alternative piú diffuse ci si deve attendere di trovare, ed in effetti si trovano, quelle di un gioco attenzionale per cui vengono messe in rapporto cose prima costruite insieme e separate poi (l'italiano "con") oppure cose costruite subito separatamente, ed allora cose costruite subito separatamente con un'attenzione tenuta sospesa dopo la costruzione della prima sino a quella della seconda, (l'italiano "e") oppure interrotta e ripresa (l'italiano "anche") od anche cose costruite con un'attenzione applicata loro individualmente (l'italiano "di"), ecc.

Il numero di questi giochi attenzionali, di questi correlatori, potrebbe venire diminuito od aumentato, sia quale specchio di una articolazione di pensiero piú povera o piú ricca, sia lasciando la precisazione del rapporto fra i correlati a ciò che questi stessi suggeriscono. Quale esempio di questa maggiore o minore precisazione si pensi all'italiano "di" con cui mettiamo in rapporto un'opera ed il suo autore (la "Divina Commedia" di Dante), un'opera ed il suo materiale (statua di marmo), uno svolgimento e la sua modalità (camminare di buona lena), un oggetto ed il suo possessore (l'automobile di Giovanni Rossi), un soggetto e il suo lavoro (l'uomo del latte), ecc. Ora, se la lingua non è piú l'italiano, ma per esempio l'inglese, qualcuno di questi rapporti può essere indicato già nel correlatore, per esempio con il cosiddetto genitivo sassone.

Quest'ultima considerazione suggerisce un altro esame di notevole importanza al fine di assicurare alla lingua nuova una comprensione univoca anche al mutare della cultura dei parlanti e soprattutto quando questa manchi, per esempio in una macchina.

Come si è accennato, per designare una correlazione occorrono cinque informazioni. Tuttavia, le informazioni che garantirebbero un passaggio univoco dall'espressione linguistica alle strutture correlazionali del pensiero non sempre sono tutte presenti, in quanto ci si avvale di una seconda sorgente di informazione, costituita dalla cultura diffusa o dal rappresentarci le cose designate cogliendo la compatibilità od incompatibilità di certi loro rapporti, cioè, l'espressione può sí dar luogo a piú pensieri, ma soltanto uno appare corretto. Quando diciamo, per esempio, "siamo andati per i boschi a cogliere funghi felici e contenti," benché gli impegni semantici convenuti permettano di legare "felici e contenti" con "funghi," noi non ci prospettiamo nemmeno questa alternativa e "felici e contenti" viene senz'altro riferito a "noi"; mentre avviene proprio il contrario con l'espressione "siamo andati per i boschi a cogliere funghi porcini e prataioli."

La carenza di informazione esplicita si comprende bene ricordando non solo la seconda sorgente di informazione, ma anche che, se l'espressione linguistica scorre monodica, le strutture del pensiero scorrono polifoniche. Dovremmo cosí indicare sia la durata dei singoli contenuti, sia i legami fra loro (una funzione che nelle espressioni matematiche assolvono per esempio le parentesi, ed in quelle musicali la scrittura anche in verticale e con la durata precisata per le singole note). Il ricorso ad altri suoni intercalati con quelli già adoperati nel discorso corrente finirebbe però con l'appesantirlo; e fra l'altro, una terza sorgente di informazione si trova, fra i parlanti, nel modo di pronunciare le parole e nella modulazione impressa alle loro successioni, nelle piccole accelerazioni, ritardi, pause, ecc., con cui uniamo e separiamo le parole: un patrimonio significante, che tuttavia è perduto quando l'espressione orale prende la forma scritta.

Poiché una parte delle informazioni viene fornita in ogni lingua dal posto assegnato alle parole nell'ordine di successione, l'univocità naturalmente si avvantaggerebbe già stabilendo la significanza di questi posti in modo rigido. Tuttavia, questa rigidità va a scapito della ricchezza di pensiero-linguaggio che la possibilità di variare la collocazione delle parole offre ai parlanti.

Piú si studiano i fenomeni linguistici e piú ci si deve convincere che la lingua ausiliaria universale non sarà la migliore se costruita in modo da soddisfare esaurientemente l'una o l'altra delle prestazioni che da essa ci si attende, e quindi l'una a danno delle altre, ma lo sarà se riuscirà a contemperarle nel modo piú completo, e dopo aver aggiunto a quelle prestazioni la sua compatibilità con le macchine linguistiche fabbricabili per ora.

Sotto questo profilo vanno esaminate anche una accusa ed una richiesta che spesso si rivolgono alle lingue naturali e che la lingua artificiale dovrebbe rispettivamente sfuggire e soddisfare.

In breve, le lingue naturali mancherebbero di oggettività; a parte certi settori della scienza, sarebbero invece soggettive, disseminate di elementi affettivi e personali e cosí creerebbero difficoltà di comunicazione.

Queste considerazioni non tengono presente che noi chiediamo alla lingua di esprimere talvolta proprio la nostra originalità sia biologica che culturale, per esempio la nostra tavola dei valori etici, estetici, economici, ecc. Basti un esempio. All'alzare una valigia il debole la troverà pesante ed il forte la troverà leggera, ed il primo obbietterà quindi al farsene il trasportatore, mentre il secondo non avrà nulla in contrario. La bilancia indicherà invece sempre lo stesso peso, per esempio 25 Kg. Ma ciò che interessa le due persone e diventa la base della loro corretta e sincera dichiarazione non riguarda il numero dei Kg; e la lingua deve prestarsi ad entrambi i tipi di descrizione. La situazione "sembra" ancora piú equivoca, se non si tiene conto della variabile personale, nel caso dei valori, in quanto un valore nasce dalla capacità o meno di una cosa di soddisfare un certo rapporto, ove però i termini dei rapporti possono cambiare indefinitamente, anche senza far intervenire una originalità del parlante. Senza questa situazione di rapporto, per esempio, l'acqua non ha ancora alcun valore. Lo acquista, e positivo, se stabilisco che ci si deve dissetare; ma ne acquista uno antitetico se stabilisco che non ci si debba bagnare.

La richiesta non può dunque essere quella di sopprimere i contenuti di pensiero-linguaggio che fanno riferimento alla personalità dei parlanti, ma piuttosto quella di aggiungere alle parole un contrassegno che avverta della provenienza personale di ciò che designano; e del resto il parlante spesso presenta le sue asserzioni con quella avvertenza, basti pensare ai "mi piace," "secondo me," "a parer mio," e simili. Queste locuzioni tuttavia non denunciano se non in casi eccezionali che ciò che designano proviene da un rapporto, dall'applicazione di un criterio che non è e non potrebbe essere di per sé adottato universalmente. Per esempio, se al posto del "mi piace" l'asserzione contiene un "è bello," si è portati a ritenere che l'elemento personale sia stato scavalcato. Del resto, la provenienza operativa, in operazioni costitutive, della mente, è inevitabile in qualsiasi cosa nominata finché è l'uomo che descrive; senonché in alcuni casi, per esempio nel condurre misurazioni, nel leggere indici di scale, sino ad un certo punto lo scienziato ha introdotto convenzioni operative abbastanza precise; e gli strumenti

sono costruiti il piú possibile eguali fra loro sia per ciò
che misurano sia per come misurano. Supponiamo però
pure che sia possibile un giorno includere le variabili personali nel conto, in modo da tradurre ogni asserzione in
grandezze fra le quali la variabile figuri esplicitamente,
ed anche semplicemente aggiungere l'avvertimento che
questa variabile è presente: la lingua verrebbe a perdere
uno degli aspetti piú interessanti della comunicazione, che
è quello di adattare l'uno all'altro i colloquianti, l'a-
spetto della persuasività che è di garanzia anch'esso al
trovare alla fine un accordo, cioè che qualcosa sia divenuto "comune."

Un'altra distinzione di cui si avverte spesso il bisogno
e che una lingua artificiale potrebbe fornire avvalendosi
dei risultati delle analisi operative della vita mentale è
quella fra le cose nominate di provenienza osservativa e le
cose nominate di provenienza categoriale. "Unghia" è di
provenienza osservativa, ma non "inizio" o "fine" (del
dito), "vetro" ed "aria" sono di provenienza osservativa, ma non "pieno" e "vuoto." Da questa confusione,
cioè dall'assumere tutte le cose come se avessero provenienza osservativa, anzi fossero preesistenti all'osservazione come osservati, sono nate difficoltà nella scienza e nella vita quotidiana. Un artificio linguistico potrebbe
certo introdurre ed assicurare la consapevolezza di questa distinzione. Ma dovrebbero essere sufficienti le scuole.

Quando si parla, la suddivisione delle espressioni nelle
singole parole componenti viene operata solo in piccola
parte grazie alle eventuali pause fra parola e parola, cioè
a livello acustico. Essa viene operata invece, sia pure inconsapevolmente, a livello del pensiero che ne costituisce
la comprensione e nel quale i singoli contenuti si succedono nell'ordine polifonico che gli è caratteristico. Per
l'acustica, nelle espressioni "raccolta di leggi feroci" e
"lancia dileggi feroci," "di-leggi" figurerebbe sempre nello
stesso modo, mentre la nostra comprensione-pensiero nel
primo caso ne fa due parole e nel secondo una.

Ora, poiché almeno per il momento è da escludere la
macchina pensante nel senso nostro, una lingua che sia
dettabile a questa deve assicurare che la divisione delle
espressioni in parole, ed anche l'integrazione dei suoni che
i parlanti "si mangino," e che egualmente noi operiamo
con la comprensione, avvengano sul piano soltanto acustico.

La prima esigenza è ovviamente la piú difficile da assolvere, in quanto la seconda può avvalersi nella macchina della memoria di tutto il patrimonio linguistico. Ma per la prima, quando per esempio si introducesse un suono riservato ad indicare la fine di ogni parola, questo, risultando inutile nel parlare fra uomini, finirebbe con lo scomparire; e cosí l'introduzione di pause, che fra l'altro urterebbe con la significanza delle pause e non pause del discorso usuale. Si può suggerire cosí che alcuni suoni siano riservati per la terminazione delle parole, ed eventualmente altri per il loro inizio, anche se, quando il successo fosse legato a questa duplice limitazione, cioè all'incontro delle due parole, la fine della parola precedente dipenderebbe dall'inizio della successiva, e si dovrebbe quindi attendere questo inizio. Si può anche suggerire che le parole abbiano tutte la stessa lunghezza, o lunghezze diverse, ma allora riservando certi suoni terminali od iniziali alle une ed alle altre.

Fortunatamente sui codici autodemarcanti, autocorrettivi, ecc., sono stati iniziati studi promettenti, basterà ricordare i nomi di Shannon e di Huffman. Ma il problema nel nostro caso è complicato non solo dalle qualità estetiche che una lingua dovrebbe possedere, ma anche per esempio dall'obbedienza ad una designazione che rifletta immediatamente l'ordine seriale delle cose nominate.

Chiuderò con un accenno all'aspetto piú drammatico che mi sia riuscito di intravvedere nella simbiosi fra i nuovi mezzi e tecniche della diffusione dell'informazione e di una altrettanto nuova e rivoluzionaria linguistica operativa. Anche in questo caso l'anticipazione ha carattere avveniristico, non può riguardare il futuro immediato, e tuttavia discende da ricerche in corso, bene avviate e che comunque non sembrano piú incontrare difficoltà di principio.

È noto che il linguaggio viene adoperato non soltanto per esprimere veridicamente i propri pensieri, ma anche per mentire, ed infine, con il tacere, affinché il pensiero rimanga nascosto. La proporzione? Potrebbe essere di un terzo, un terzo, un terzo.

È anche noto come la società, i rapporti fra gli uomini, l'attuale tipo di convivenza, soprattutto la nostra morale, siano profondamente dipendenti da questa situazione linguistica. Uno psicologo notava come il bambino viva il suo primo giorno sociale, cioè esca da uno stato di selvaggio egotismo per diventare un essere sociale, all'accorgersi che può e che deve mentire o tacere. Né sinora era possibile concepire che al pensiero si giungesse se non attraverso la designazione linguistica, a parte le incerte connessioni con alcuni fenomeni psichici e la loro base organica, come il rossore, il tremore, il sudore, ecc., connessioni abbastanza variabili sia per la diversa costituzione dei parlanti, sia per la diversa abitudine al controllo (il motivo della scarsa attendibilità della attuale macchina della verità). Una mente vista non già come il soggetto di un complesso di operazioni particolari da potersi considerare funzione di organi fisici, ma come un complesso di misteriose entità astratte, doveva sottrarsi definitivamente ad una analisi nei termini di una scienza sia mentale che fisica.

Se ora però noi, come si è detto, riusciamo ad analizzare in operazioni sia le strutture del pensiero sia i singoli contenuti, operazioni cui far corrispondere il funzionamento di organi, poiché questi sono fisici, basterà che di ogni loro cambiamento si possa avere notizia attraverso qualche altro cambiamento che lo accompagni in un altro posto. È la via che spiega i fenomeni telepatici, ma essa ora sostituirebbe un mezzo del tutto insicuro, ed estremamente raro, con un mezzo fidato.

A mio avviso assisteremmo alla più grossa rivoluzione sociale ed individuale da quando abita sulla terra l'*homo loquax*, l'*animal symbolicum*. Naturalmente la duplice tesi non manca, io stesso ne ho raccolto le prove. Chi se ne attende un uomo più libero e chi più schiavo, chi più forte, dal coraggio dei propri pensieri, chi più debole, dalla paura dei propri pensieri.

So anche che il mio lavoro, i miei studi, portano verso questo avvenire dell'informazione; ma quale partito trarne, confesso, non so.

Indice analitico e dei nomi

lavoro, 49-52, 142-3
legge, 41
Leibniz, G. W., 103
Leonardo da Vinci, 39
Leopardi, G., 139
Levi, P., 216
libero, 51, 82
linguaggio, 31-3, 66, 167 e sgg., 223 e sgg.
localizzazione, 8-9
Lombardi, F., 201
Longuet-Higgins, C., 195

macchine, 29, 37 e sgg., 53 e sgg., 167 e sgg.
Macorini, E., 96
magico (atteggiamento), 98
Malabaila, D., 216
mantenimento (correlatore di m.), 175
Marcolli, A., 198
Masserman, J. H., 87, 89, 90
Mastrangelo, G., 44, 88
matematica, v. aritmetica
Maupassant, G., 28-9
Mazzetti, R., 202
McCulloch, W. S., 203
Melzack, R., 48, 94
memoria, 23, 25, 42, 45; riduzione di m., 90 e sgg.
Mendeleev (Tabella di M.), 225
mentale, 8-9; categorie m., 24
mentire, menzogna, 45, 92-3
messaggio, 33-4
Milner, P. M., 94
miracolistico (atteggiamento), 98
mobilità, riduzione di m. nel pilota, 75-7
modello, 43 e sgg., 60, 64
morale e scienza, 199-202
Moravia, A., 101-2
Mosso, L., 198
Munari, B., 54
musica elettronica, 59-60

naturale, 16
Newton, I., 114

niente, 84
nome, 112-3, 171-6
normale, 16
Nuffield (progetto), 162-3
numero, 104-5, 157 e sgg.

o, 148
oggetto, 26
Ohl, H., 198
ordine, 132-3
organo, 28, 42-3, 55-6
Orwell, G., 216
Ozbekhan, H., 195

Parati, S., 162
Pareto, V., 163
Parkinson (legge di P.), 70
Parini, G., 134, 138-9, 190-1
Parmenide, 10, 131, 158
parte, 21
Pasini, F., 165
Peano, G., 158
pensiero, 24-5, 31-2, 63, 91 e sgg., 143 e sgg., 167 e sgg., 172-4
percezione, 8-11, 13, 20 e sgg., 72-3
Pernicone, V., 171
Petter, G., 161-3
piacere, piacevolezza, 48, 82-4, 94-5
pilota di automobile, 71-80; p. di aereo, 80-8
Pitagora, 9
Pitts, W., 203
Platone, 46, 60, 108, 158
plurale, 108-9, 126-31
Polin, R., 201
potere, 51, 54-5, 82
Pranovi, E., 149-50
presenziato, 26
Preti, L., 198
Prini, P., 199-201
probabilismo, 16-8
programmata (istruzione), v. istruzione
Prokofiev, S., 47
pronome, 25
prossemica, 75

psichico, 26
punto, 110, 151-2

rappresentazione, 26
regolare, 16
regolazione, 29
regole, 77-8
responsabilità, 84-7
resto, 21
Rigobello, A., 201
Rigolon, L., 152-3
Rinaldi Carini, R., 164
ripresa riassuntiva, 25
rischio, 84-7
ritmo, 134-40
robot, 40 e sgg.
Rossi Dell'Acqua, A., 162
Russell, B., 105

Scarpellini, C., 198
scelta, 62
Schon, D. A., 195
scientifico (atteggiamento), 96
e sgg.
scienza, 96 e sgg.; s. e arte, 192
e sgg.; s. e morale, 199-202
sensazione, 91
senza, 145-8
sforzo, 81 e sgg.
Shannon, C. E., 232
simbolo-simbolizzato, 27
simulazione (su calcolatore),
64 e sgg.
singolare, 108-9, 126-31
Socrate, 20, 114
Somenzi, V., 202

spiegazione, 16 e sgg.
Spinoza, B., 158
Spirito, U., 200, 201
Stendhal, 46
stesso, 93

tabellone dei correlatori, 32-3
Talete, 22
tempo libero, 49-52, 198
termodinamica (secondo principio), 101-2
territorialità, 75-7
Thring, M. W., 195
Tonini, V., 202
traduzione meccanica, 61
trasmissione delle informazioni, 14-5
tutto, 21

umorismo, 46-9
universale (linguaggio), 223 e
sgg.
università, 205-13
uso, 34

valore, 46-9, 83, 230
verbo, 112-3
Verdi, G., 141
volere, 51, 54-5, 81-2
Vonnegut, K., 96

Wall, P. D., 48, 94
Wiener, N., 28-30
Wilson, A., 58

Indice

Finito di stampare il 15 ottobre 1970 da "La Tipografica Varese"

Universale Economica Feltrinelli

Scienze fisiche e biologiche